LA MÉTHODE DES CAS PROGRAMMÉS EN PSYCHOLOGIE DE LA PERSONNALITÉ ET EN CRIMINOLOGIE

J. P. DE WAELE
Professeur à la Vrije Universiteit Brussel.
Médecin-Directeur du Service d'Anthropologie Pénitentiaire.

LA MÉTHODE DES CAS PROGRAMMÉS EN PSYCHOLOGIE DE LA PERSONNALITÉ ET EN CRIMINOLOGIE

—CHARLES DESSART, ÉDITEUR—
2, GALERIE DES PRINCES, BRUXELLES

D/1971/0024/9

© Charles Dessart, Bruxelles 1971

Prof. Dr. Kurt GOTTSCHALDT
dem Lehrer und dem Freund gewidmet.

PREMIÈRE PARTIE

INTRODUCTION

AVANT-PROPOS

Ce n'est qu'après de longues hésitations que je me suis finalement décidé à publier cet ouvrage consacré à la méthode des cas programmés. L'intérêt du sujet ne me semblait guère douteux tant en ce qui concerne le champ de recherches que les perspectives didactiques nouvelles qu'il ouvre. Toutefois les résultats obtenus et les conclusions auxquels ils permettent d'aboutir ne me semblaient pas suffisamment avancés ni assurés pour être communiqués, au-delà de cercles de spécialistes, à un plus large public. Mais, en progressant, dans l'application de la méthode des cas programmés tant de problèmes se sont fait jour qu'il m'a semblé tout à fait utopique d'attendre la solution des principaux parmi eux avant d'en envisager une première présentation générale. Il m'est également apparu que ce n'était qu'à condition de susciter un intérêt suffisamment large pour celle-ci qu'il se trouverait d'autres chercheurs pour s'atteler à une tâche qui s'annonce immense.

Ce n'est donc en quelque sorte qu'un exposé préliminaire, illustré par quelques résultats, qui constitue le contenu de cet ouvrage. Dans le premier volume, on trouvera les principales données sur l'origine de la méthode des cas programmés telle qu'elle fut conçue par Ch. Dailey. Ensuite, à partir d'une critique des conceptions de cet auteur, ce sont nos vues personnelles qui seront abordées. Afin de les concrétiser, un premier cas programmé (A) est présenté intégralement. Il est suivi par la description d'un ensemble de données complémentaires qui ont pour but à la fois de détailler les informations sur lesquelles il est basé et d'en faciliter la compréhension. Puis, c'est la structure même de ce premier cas programmé, qui fait l'objet d'une analyse. Enfin, le terminus a quo ayant été délimité, c'est le terminus ad quem à savoir l'interprétation de la personnalité dont la biographie a été programmée qui termine le premier volume.

Dans le second volume, deux autres cas seront présentés et analysés de la même façon. Mais, avant de clore la deuxième partie de l'ouvrage, il nous faudra nous interroger sur la contribution que diverses théories criminologiques peuvent éventuellement apporter à la compréhension de nos cas programmés. C'est que en exposant notre conception des cas programmés nous nous mouvons simultanément sur deux plans : celui de la Psychologie de la Personnalité et celui de la Criminologie Clinique et il ne saurait être question pour nous d'accorder plus de poids à l'un qu'à l'autre. Je suis en effet intimement convaincu qu'en définitive la Criminologie est beaucoup plus que la « Criminologie ». Non seulement parce que correctement comprise elle débouche sur le domaine plus vaste de la Pathologie Sociale et par là révèle sa continuité profonde avec la Psychologie Sociale et la Psychologie de la Personnalité, mais parce qu'il me paraît entièrement erroné de ne la concevoir que comme une science appliquée tributaire pour l'essentiel d'autres disciplines plus fondamentales. Loin de ne poser que des problèmes spéciaux, la Criminologie, et plus particulièrement la Criminologie Clinique, sont la source de questions générales et fondamentales en matière de Psychologie de la Personnalité. Car c'est de la Personnalité totale considérée dans son évolution globale qu'il y est question. Aussi est-ce pour bien marquer la solidarité des deux plans que j'ai choisi d'intituler le présent ouvrage « La Méthode des Cas Programmés en Criminologie et en Psychologie de la Personnalité ».

La dernière partie du second volume, comprendra un aperçu des premiers résultats obtenus sur divers groupes de sujets ainsi que l'analyse de quelques protocoles individuels. La conclusion finale consistera essentiellement en une vue d'ensemble sur les perspectives qu'offre la méthode des cas programmés et sur les relations qu'elle entretient avec les problèmes contemporains de la Psychologie de la Personnalité.

Je tiens à exprimer de vifs remerciements au Professeur Ch. Dailey qui, non seulement m'a autorisé à traduire deux de ses cas programmés, mais qui en outre a eu l'obligeance de me communiquer le manuscrit du chapitre d'un livre en préparation sur la méthode des cas programmés. Comme le lecteur s'en apercevra facilement j'ai à m'acquitter d'une importante dette de reconnaissance envers M. le Professeur J.P. Brans pour l'aide qu'il m'a si généreusement accordée dans le domaine du traitement statistique des données.

Sans l'aide et le dévouement de mes assistants Melle N. Van den Abbeele, Mrs. H. Sloore et P. Thewissen, il m'aurait été impossible de mener ma tâche à bonne fin. Ma principale collaboratrice au Centre d'Orientation Pénitentiaire, Melle D. Matthijs mérite une mention toute spéciale car de nous tous c'est sans nul doute elle qui connaît le mieux les cas A, B, et C.

Toutefois, l'étude particulièrement ardue du cas C ne fut possible que grâce à la persévérance et à l'habileté clinique du Docteur F. Baudoux.

Je manquerais aux devoirs les plus élémentaires de l'amitié si je ne signalais pas ici à quel point mes nombreuses discussions avec le Professeur G. Houchon, surtout lorsqu'elles tendaient à prendre la forme d'un « délire à deux », ont exercé une action stimulante sur mon travail.

Grâce à l'intervention du Docteur Werli j'ai pu faire usage de l'interprétation automatisée du MMPI par R. Fowler telle qu'elle est utilisée au Roche Psychiatric Institute ; qu'il en soit ici, ainsi que la Maison Roche, remercié.

Enfin, je dois à l'amabilité des éditeurs du « Journal of Psychology », de « Vita Humana »[1] de « Human Relations », du « Journal of Individual Psychology », du « Journal of Personality », du « Journal of Consulting Psychology » d'avoir pu citer divers extraits de ces revues.

N'étant guère poète il m'est difficile de chanter comme il se doit toutes les louanges que mérite le travail de ma secrétaire Mme E. Berghmans.

Bruxelles, février 1971.

J.P. DE WAELE.

---

[1] Édité par S. KARGER A. G. Basel.

CHAPITRE I **ORIGINE DE LA MÉTHODE DES CAS PROGRAMMÉS ET PREMIÈRES INVESTIGATIONS**

**I
PRÉLIMINAIRES**

C'est un psychologue américain, Ch. Dailey, qui le premier a conçu la méthode des cas programmés. Dans un premier article [1] consacré à ce sujet, il l'a définie comme un procédé de formation, destiné à améliorer la capacité de prédire le comportement d'autrui, et consistant en la présentation « programmée » de cours de vie dont les parties successives font l'objet de choix prédictifs de la part du sujet qui y est soumis.

Le matériel de base de la méthode consiste donc en données biographiques organisées sur le modèle de l'apprentissage programmé. Cela signifie que les histoires de vie sont divisées en un certain nombre de segments dont l'interprétateur prend successivement connaissance après avoir vérifié la valeur du choix prédictif qu'il a effectué sur chacun de ceux-ci. Il s'agit notamment de désigner parmi trois segments biographiques différents celui qui est la continuation d'une série de segments biographiques qui ont été dégagés par le sujet au cours de choix successifs. Ce procédé permet une comptabilisation ininterrompue des résultats obtenus, et, en outre, les indications concernant la réussite ou l'échec des pronostics constituent un mécanisme rétroactif (feed-back) offrant la possibilité au sujet de corriger graduellement l'interprétation sur laquelle il se base pour opérer ses choix.

Selon Dailey, la méthode des cas programmés est à même d'améliorer la compréhension d'autrui pour autant que cette compréhension s'exprime par des prédictions vérifiables. Toutefois, à l'encontre du contenu usuel des techniques d'enseignement programmé, la méthode des cas programmés n'a pas pour but l'acquisition de connaissances psychologiques. Ce qu'elle s'efforce de réaliser, c'est l'élaboration chez le sujet qui y est soumis de la connaissance d'un individu tel qu'il se révèle à travers son cours de vie. Ce qui est donc censé être « appris » par approximations successives c'est une personne.

---

[1] Ch. A. DAILEY : « An experimental method for improving interpersonal understanding », Psychological Reports, 1963, 13, 240.
Ch. A DAILEY, S. P. ENGLISH, E. LUCKING, H. G. WOODWARD Jr : « Can Programed Cases Improve the Understanding of People », American Documentation Institute, Auxiliary publications Project. Photoduplication Service Library of Congress. Washington 25 D. C., Document No 75 98.

Mais ce serait se méprendre sur les intentions de Dailey que de ne lui attribuer que des objectifs didactiques. Car les techniques d'enseignement programmé ne sont pas la seule source d'inspiration de la méthode des cas programmés. Il y a en effet lieu de tenir compte de l'ensemble des travaux effectués par cet auteur au sujet des facteurs déterminant la compréhension d'autrui.

On sait quelles vives discussions ont été suscitées parmi les Psychologues cliniciens par les travaux de Fiske et Kelly [2] et par le livre que P. E. Meehl [3] consacra à la comparaison de l'efficacité des méthodes statistique et clinique de prédiction. Parmi les diverses réactions que l'ébranlement des méthodes courantes de diagnostic de personnalité provoqua, celle de Dailey [4] se distingue par son radicalisme.

Tout en reconnaissant le bien-fondé des critiques adressées à celles-ci, il refuse de prendre parti pour les cliniciens ou pour les psychométriciens. Mais il insiste sur la nécessité pour les psychologues cliniciens de se dégager d'un ensemble de préjugés qui entravent une prise de contact directe avec la réalité psychologique. Or, dans le domaine de l'étude de la personnalité, le « cours de vie » ou la « biographie » d'un individu constituent le point de départ et le point d'arrivée de toute investigation.

Aussi, d'après Dailey, est-ce à condition de se fonder sur l'analyse biographique ainsi que sur des observations directes ayant trait au cours de vie que le clinicien pourra formuler des prédictions résistant à l'épreuve de la vérification. Comme c'est à travers sa biographie que s'exprime la personnalité d'un individu, c'est essentiellement par la reconstruction du cours de vie que celle-ci pourra être diagnostiquée.

L'utilisation de données biographiques au cours de recherches sur la perception d'autrui n'est pas seulement un procédé d'investigation parmi d'autres. C'est une exigence fondamentale découlant de la nature « historique » de chaque personnalité individuelle. Mais si la connaissance d'autrui est en définitive la connaissance de la biographie d'autrui, il se pose immédiatement la question de savoir quelle est la structure intrinsèque d'un cours de vie et quels sont les éléments naturels qui le composent. Or c'est précisément à ce problème que Dailey a consacré certains de ses travaux avant d'aboutir à la formulation de la méthode des cas programmés.

Toutefois, l'analyse formelle de données biographiques, même si elle vise à mettre en évidence des structures naturelles ne peut, à elle seule, fournir une compréhension suffisante d'un cas individuel pour que, sur la base de celle-ci, des conjectures vérifiables puissent être émises. Pour ce faire, il faut s'efforcer d'atteindre les conditions régissant les faits qui constituent le contenu même des histoires de vie. Sur ce point Dailey invoque à

---

[2] KELLY E. L. et FISKE D. W., The prediction of performance in clinical Psychology. Ann Arbor, University of Michigan Press, 1951.

[3] MEEHL P., Clinical vs Statistical Prediction Minneapolis : University of Minnesota Press, 1954.

[4] Ch. A. DAILEY, The Clinician and his predictions, Journal of Clinical Psychology vol. VII, No 3, 270-273, July 1951.

titre d'hypothèse de départ les conceptions d'Adler au sujet de la nature foncièrement prospective des conduites humaines et de leur organisation sous la forme d'un style de vie cohérent.

C'est donc au confluent de préoccupations différentes mais étroitement reliées entre elles par une orientation vers la connaissance d'individus concrets que se situe la méthode des cas programmés.

Or cette convergence entre les problèmes psychologiques de la connaissance d'autrui, les techniques de l'enseignement programmé, l'orientation biographique du diagnostic de personnalité, l'analyse d'histoires de vie, et certaines hypothèses empruntés à une théorie clinique de la formation de la personnalité reflète bien plus que les intérêts scientifiques propres à l'auteur de la méthode des cas programmés. En fait, elle est l'expression de toute une problématique qui occupe une position centrale au sein de la Psychologie contemporaine.

Comme néanmoins, la méthode des cas programmés n'a pas encore rencontré tout l'intérêt qu'elle mérite et qu'elle n'a encore fait l'objet que de quelques travaux, c'est à l'exposé critique de ceux-ci que ce chapitre introductif sera consacré.

II
LES TRAVAUX
DE CH. DAILEY

Que dans la vie quotidienne comme dans l'exercice professionnel de la Psychologie et de la Psychiatrie, des caractérisations défectueuses d'un individu soient fréquemment le résultat de conclusions prématurées parce que basées sur des indices insuffisants, est une constatation banale. Ce qui l'est moins c'est l'observation que la nocivité de tels court-circuits inférentiels réside bien plus dans leur imperméabilité à l'influence correctrice d'informations supplémentaires que dans leur fausseté absolue.

C'est l'étude expérimentale de ce dernier problème que les premiers travaux de Dailey eurent pour objet [5].

La question initiale peut être formulée comme suit : de quelle manière une conclusion prématurée au sujet d'une personne affecte-t-elle la compréhension qu'un observateur acquiert de celle-ci ?

L'hypothèse émise par Dailey était que les conclusions prématurées auraient pour effet d'empêcher le clinicien de tirer profit de données supplémentaires et de les intégrer dans sa conception de la personne qu'il est amené à juger. Afin d'en effectuer la réalisation expérimentale, il commença par adopter comme critère de la compréhension psychologique d'une personne la capacité de prédire le comportement de celle-ci.

La technique qu'il retint pour arriver à une évaluation quantitative de la compréhension psychologique définie de cette manière

---

[5] Ch. A. DAILEY, The Effects of premature conclusion upon the acquisition of understanding of a person, Journal of Psychology, 1952, 33, 133-152.

consistait — à l'instar de Luft [6] et Steinmetz [7] — à comparer les réponses d'un individu à l'inventaire de personnalité de Guilford et Martin (Gamin) avec celles fournies par un juge qui, après avoir pris connaissance de certains renseignements au sujet de cet individu, s'efforcerait de prédire ses réponses à ce questionnaire.

Les individus qui avaient rempli l'inventaire de Guilford et Martin étaient des licenciés en psychologie âgés de 25 à 30 ans qui, au cours des investigations auxquelles ils avaient été soumis par l'Administration des Vétérans, avaient également rédigé une autobiographie. Ce sont des extraits de ces autobiographies qui constituèrent les données à partir desquelles les juges eurent à formuler leurs prédictions.

Afin d'en favoriser l'assimilation, ces extraits étaient relativement brefs et leur lecture n'exigeait pas plus d'un quart d'heure.

Dans une première expérience Dailey, envisagea la possibilité que des juges qui, avant même d'avoir pris connaissance des autobiographies, auraient tenté de deviner les réponses au questionnaire fourniraient, ultérieurement, après lecture de celles-ci, des prévisions moins exactes que des juges qui n'auraient pas rempli le questionnaire avant d'avoir lu les extraits des autobiographies. Il s'agissait donc ici de vérifier si le phénomène de « conclusion prématurée » pouvait être induit par une anticipation indéterminée.

Chez les étudiants qui furent utilisés comme juges pour cette première expérience, il n'apparut aucune différence entre le groupe expérimental auquel il avait été demandé d'anticiper sur les autobiographies avant de tenir compte de celles-ci, et le groupe contrôle qui avait uniquement pour tâche de prédire les réponses au questionnaire en s'inspirant des extraits d'autobiographies. L'effet escompté ne se produisit donc pas dans les conditions envisagées.

En fait, spontanément, plusieurs sujets appartenant au groupe expérimental se plaignirent du caractère artificiel de la tâche consistant à deviner divers aspects de la personnalité d'individus inconnus.

On peut même s'étonner qu'il ne s'en trouva aucun pour refuser de l'exécuter. Mais ce serait oublier que cette recherche se déroula dans le cadre de l'enseignement de la psychologie expérimentale à l'Université de Michigan. Il y eut néanmoins des étudiants qui signalèrent qu'ils n'avaient guère pris au sérieux leurs conjectures.

En raison de l'échec de cette première expérimentation et à cause des remarques formulées par certains sujets, l'auteur entreprit une analyse plus détaillée des résultats observés dans le groupe expérimental. En analysant item par item les réponses fournies au questionnaire avant et après lecture des autobiographies, il distingua la « fréquence de fixation » des réponses de leur « fréquence stéréotype ».

---

[6] Luft. J., Implicit hypotheses and Clinical predictions, Journal of abnormal and social Psychology, 1950, 45, 756-759.

[7] Steinmetz H. C., Measuring psychological understanding, Journal of Clinical Psychology, 1945, 4, 331-335.

Par fréquence de fixation, il faut entendre le nombre moyen des réponses concernant un cas qui ne font que répéter les réponses prématurées émises à son sujet.

Quant à la fréquence stéréotype elle est définie par le nombre moyen de réponses fournies au sujet d'un cas qui consistent en une répétition des réponses prématurées émises concernant un cas antérieur.

Comme il résulte des données quantitatives résumées dans le tableau I ci-dessous, il existe une différence marquée entre ces deux fréquences. C'est dire que les sujets furent beaucoup plus influencés par leurs jugements prématurés que les remarques de certains d'entre eux ne permettaient de le supposer. En outre, la répétition des prédictions prématurées diffère nettement de celle résultant de stéréotypes généraux. Le manque de sérieux éventuel avec lequel la première tâche imposée au groupe expérimental aurait été exécutée ne saurait donc être considéré comme une explication valable des résultats négatifs de cette première expérience.

TABLEAU I

	Cas X	Cas Y	Cas X + Y
Fréquence de fixation	66.8	72.3	68.9
Fréquence stéréotype	55.9	64.6	60.4
Différence	10.9	7.7	8.5
Écart de la différence	3.4	6.1	3.4
Rapport critique	3.2	1.3	2.5
Niveau de sécurité	002	02	02

Comme il est indéniable que les juges furent affectés par leurs réponses prématurées, les résultats négatifs pourraient éventuellement être expliqués par le fait que cette influence ne fut pas suffisamment marquée. C'est en partant de cette hypothèse que Dailey décida de réaliser une nouvelle expérience en modifiant le moment auquel les juges étaient amenés à formuler des jugements prématurés.

Dans ce but, les sujets d'un groupe expérimental prirent connaissance des trois premiers extraits d'une autobiographie puis tentèrent de prédire les réponses de l'auteur de celle-ci au questionnaire G.A.M.I.N. Ensuite, les trois extraits suivants leur furent présentés et ils procédèrent à de nouvelles prédictions. Le groupe de contrôle ne remplit le questionnaire qu'après avoir terminé la lecture des six extraits mais, entre la lecture des trois premiers et des trois derniers, une pause d'une durée égale à celle nécessaire pour répondre au questionnaire fut intercalée.

Cette fois une différence statistiquement significative ($P < 03$ pour un $X^2 = 7.77$ avec 2 degrés de liberté) apparut en défaveur du groupe expérimental. Il est donc permis de conclure que des conclusions prématurées basées sur une quantité réduite de données peuvent empêcher un observateur de profiter de données additionnelles.

Mais il reste à prouver que c'est la condition expérimentale mise en œuvre qui peut être tenue pour responsable de la différence entre les résultats obtenus dans cette seconde expérience et ceux provenant de la première.

L'étude du pourcentage de fixation peut apporter la solution de ce problème, car si les sujets du dernier groupe expérimental ont effectivement été plus influencés par leurs conclusions prématurées que ceux composant le groupe expérimental dans la première investigation, il faut que leur pourcentage de fixation soit plus élevé. Or, c'est ce que l'on constate, car le pourcentage de fixation présente une différence statistiquement significative de 6 % dans la direction attendue. En outre, Dailey constata l'existence d'une corrélation négative de — 0.53 entre le pourcentage de fixation et le degré d'exactitude des prédictions finales.

Ce ne sont pas là évidemment les seules questions que l'on peut se poser au sujet des conclusions prématurées. Tout d'abord on peut se demander en quoi consiste le phénomène de conclusion prématurée. S'agit-il essentiellement d'une fixation des prédictions ou des jugements interprétatifs, ou bien y a-t-il lieu d'admettre qu'une conclusion prématurée affecte plus profondément la connaissance d'autrui? Ensuite, il y a lieu de tenir compte de l'importance relative des données mises à la disposition des juges. Des informations importantes induiront-elles des conclusions prématurées plus défavorables aux prédictions ultérieures que des renseignements d'importance secondaire; ou bien, sera-ce l'inverse qui se produira? On est également en droit de s'interroger sur l'influence exercée par le critère de prédiction utilisé. En outre, il se pourrait que les résultats obtenus dépendent de la nature du cas utilisé lors de la seconde expérience.

Ces considérations incitèrent Dailey à poursuivre ses investigations en soumettant de nouvelles hypothèses plus précises à la vérification expérimentale au moyen de nouvelles techniques.

Deux hypothèses furent examinées. Selon la première, des conclusions prématurées exerceraient une influence négative particulièrement prononcée sur la compréhension d'un cas lorsqu'elles sont basées sur des données relativement accessoires et quand elles sont suivies par la lecture d'informations importantes.

La seconde hypothèse à trait au mode d'action des conclusions prématurées et aux deux possibilités que l'on peut envisager à ce sujet. La conclusion prématurée consiste-t-elle en la fixation de certaines décisions de telle manière que l'observateur les reproduit lorsque ultérieurement l'occasion lui en est une nouvelle fois fournie? Ou bien l'influence défavorable de conclusions prématurées s'exerce-t-elle également à l'endroit de nouvelles prédictions.

Les données autobiographiques furent empruntées au cas de Earnst, un individu dont la personnalité fut analysée par H. A. Murray et ses collaborateurs [8]. A l'exception de ceux relatant

---

[8] H. A. MURRAY, Explorations in Personality, Oxford University Press, New-York, 1938.

son évolution sexuelle, 50 passages furent retenus et parmi ceux-ci 12 furent choisis au hasard pour être soumis à un ensemble d'opérations destinées à évaluer leur importance.

Pour commencer, chacune des 12 propositions fut soumise à un des 12 experts dont Dailey s'était assuré le concours. Ceux-ci reçurent également 11 groupes de 4 propositions parmi lesquelles se trouvait chaque fois une des 12 propositions extraites de l'autobiographie de Earnst, et trois propositions provenant de trois autres autobiographies.

La tâche des experts consista alors à choisir parmi les 11 groupes de 4 propositions celles appartenant à l'autobiographie de Earnst en se basant sur la proposition extraite de celle-ci qui avait été mise à leur disposition. Comme chaque expert pouvait effectuer au maximum 11 choix corrects à partir de la proposition en sa possession, l'importance de cette dernière fut évaluée au moyen du nombre de prédictions correctes qu'elle permettait de réaliser. Parmi les 12 propositions initiales, trois dont il fut constaté qu'elles menaient à des prédictions correctes concernant les 9 autres furent sélectionnées pour constituer les données « importantes ». Par contre les trois propositions dont la valeur prédictive était la plus basse définirent les données dépourvues d'importance.

Le critère de compréhension utilisé fut le même qu'antérieurement, c'est-à-dire la capacité de prédire correctement le comportement d'un individu donné. Par contre, la tâche prédictive fut modifiée. Cette fois les sujets eurent à prédire certaines parties de l'autobiographie de Earnst à partir de celles qu'ils avaient lues. Parmi les 44 propositions de l'autobiographie encore disponibles après que trois propositions importantes et trois propositions accessoires en aient été extraites, un nouveau groupe de 12 propositions fut choisi au hasard. Chacune de celles-ci fut placée parmi trois autres provenant de trois autobiographies différentes de manière à réaliser autant de tâches de prédiction.

Quant aux sujets-juges, il s'agissait de 33 étudiants suivant des cours du soir à l'Université et dont l'âge moyen était de 27 ans (extrêmes : 21 et 45 ans) : ils furent divisés en quatre groupes.

Alors que les groupes I et II reçurent d'abord les données importantes, ce furent les données accessoires qui furent présentées en premier lieu aux groupes III et IV. La consigne était de lire ces informations afin de se former une image de l'individu auquel elles se rapportaient.

Après lecture de ces renseignements les groupes I et III furent soumis au critère prédictif consistant en la moitié des tâches prédictives. Pendant ce temps une pause était intercalée dans les activités des groupes II et IV.

Lorsque les groupes I et III eurent achevé leurs tâches, des données supplémentaires furent distribuées à tous les sujets.

Mais, tandis que les groupes I et II recevaient des informations accessoires, des propositions importantes étaient fournies aux groupes III et IV. Lorsque tous les groupes eurent pris connaissance de ce nouvel ensemble de données, les tâches de prédictions qui antérieurement avaient déjà été soumises aux groupes I et III furent présentées à tous les sujets. C'est-à-dire que les sujets des groupes I et II durent une nouvelle fois formuler des prédictions à partir du matériel autobiographique.

Finalement, au cours de la dernière phase de l'expérience, les sujets de tous les groupes furent confrontés avec la moitié des tâches prédictives qui jusqu'alors n'avaient pas encore été utilisées.

Si l'on désigne par I et A respectivement les données importantes et les données accessoires au sujet de Earnst, et par Px et Py les deux groupes de tâches prédictives, on peut simplifier ce schéma expérimental assez complexe au moyen du tableau suivant :

TABLEAU 2

		Groupes de Sujets			
		I	II	III	IV
Phases successives	1	I	I	A	A
de l'expérience	2	Px	—	Px	—
	3	A	A	I	I
	4	Px	Px	Px	Px
	5	Py	Py	Py	Py

Afin de vérifier l'hypothèse selon laquelle des conclusions prématurées gênent l'acquisition d'une compréhension adéquate lorsque les juges commencent par prendre connaissance de renseignements accessoires, l'exactitude des prédictions réalisées par le groupe III fut comparée avec celle du groupe IV et celles du groupe I avec celles du groupe II.

Au cas où le score moyen de prédiction du groupe IV serait supérieur à celui du groupe III, alors que celui du groupe II n'excéderait pas celui du groupe I, il serait permis de conclure que les résultats expérimentaux confirment l'hypothèse.

Par contre, si la supériorité du groupe IV sur le groupe III était accompagnée d'une supériorité du groupe II sur le groupe I, il en découlerait que l'importance relative des données sur lesquelles les décisions prématurées sont basées ne jouent aucun rôle dans l'exactitude des prédictions. En outre, s'il ne devait apparaître aucune différence entre les quatre groupes, il n'y aurait qu'à conclure que les conclusions prématurées n'exercent aucun effet sur l'exactitude des prédictions.

Pour ce qui est des hypothèses concernant le mode d'action de conclusions prématurées, le choix entre les deux termes de l'alternative nécessite le calcul des scores moyens obtenus dans les deux types de prédictions : celles qui avaient déjà été formulées par les sujets de tous les groupes (Px) et celles qui étaient neuves pour tous (Py).

Les résultats quantitatifs ayant trait aux deux objectifs de cette investigation peuvent être résumés dans les tableaux 3, 4 et 5.

TABLEAU 3

Exactitude des prédictions (Px et Py)

Groupes	I	II	III	IV
N	8	9	8	7
$\bar{m}$	3.7	3.8	3.1	4.7
σ	1.8	2.4	0.78	1.29
Différence		0.1		1.6
Rapport critique		—		2.66
p		—		0.03

TABLEAU 4

Exactitude des prédictions répétées (Px)

Groupes	I	II	III	IV
N	8	9	8	7
$\bar{m}$	1.80	2.10	1.39	1.72
σ	1.1	1.6	0.49	0.46
Différence		0.30		0.33
Rapport critique		—		1.32
p		—		0.20

TABLEAU 5

Exactitude des nouvelles prédictions (Py)

Groupes	I	II	III	IV
N	8	9	8	7
$\bar{m}$	2.00	1.66	1.75	3.00
σ	1.21	0.82	0.66	0.93
Différence		0.34		1.25
Rapport critique		—		2.99
p		—		0.01

Quoique les différences observées, tout en étant statistiquement significatives, ne soient pas très importantes, ces résultats constituent une confirmation des hypothèses émises par Dailey. En effet, les conclusions prématurées ne gênent la compréhension d'un cas que lorsqu'elles sont basées sur les données accessoires (tableau 3) et cette influence défavorable est plus marquée lorsque les juges sont confrontés avec de nouvelles prédictions.

Notons encore que, si les conclusions prématurées avaient eu pour effet de faire oublier aux sujets les données dont ils avaient pris connaissance, les résultats expérimentaux auraient dû comporter une supériorité du groupe II sur le groupe I plutôt que celle du groupe IV sur le groupe III. Par ailleurs, les résultats ne sauraient être attribués à la fatigue, l'ennui ou la saturation éprouvée par les sujets puisqu'il n'existe aucune relation entre le nombre de prédictions formulées et l'exactitude de celles-ci.

Il subsiste néanmoins un doute. Comme nous l'avons déjà fait remarquer, les différences observées sont peu marquées. Cette constatation avait déjà été faite au sujet de la deuxième expérience et c'était en partie pour cette raison que Dailey avait modifié son schéma et ses méthodes expérimentales.

En outre, il reste une question qui n'a pas encore reçu de réponse : l'exactitude des prédictions enregistrée chez les juges servant de sujets de contrôle dans la deuxième et dans la troisième expérience est-elle réellement supérieure à celle des sujets appartenant aux groupes expérimentaux? En effet, jusqu'à présent, il n'a pas été fait état de ces données.

Les résultats mentionnés n'ont trait qu'à l'effet final des opérations expérimentales, et rien n'est dit au sujet de l'exactitude des prédictions prématurées elles-mêmes. Car dans le schéma du tableau 2, il s'agit de la comparaison de Px, (4e phase du groupe II) avec Px, (2e phase du groupe I), ainsi que de la comparaison de Px, (4e phase du Groupe IV) avec Px, (2e phase du Groupe III). Or, la valeur démonstrative de toute l'expérimentation réalisée par DAILEY suppose que la lecture de l'ensemble des données autobiographiques constitue un avantage réel par rapport à la connaissance d'une partie seulement de celles-ci. Car ce n'est qu'à cette condition que l'on est en droit de parler de conclusions prématurées.

A cet égard deux possibilités peuvent être envisagées. D'une part, il se peut que les conditions expérimentales n'aient pas permis aux sujets des groupes de contrôle de fournir un rendement optimal. D'autre part, il n'est pas exclu que les prédictions prématurées aient eu pour effet de diminuer chez les sujets expérimentaux la compréhension du cas qui leur était soumis alors qu'initialement l'exactitude de leurs prédictions était peut-être supérieure à celle des sujets du groupe de contrôle.

L'effet défavorable d'une pause d'environ deux minutes fit l'objet d'une étude spéciale consistant en la comparaison de l'exactitude des prédictions de deux groupes de sujets auxquels huit tâches prédictives furent soumises après lecture de 6 propositions d'importance moyenne. Dans le groupe expérimental une pause fut introduite entre les trois premières et les trois dernières propositions, alors que dans le groupe de contrôle les données autobiographiques étaient d'un seul tenant.

Les résultats obtenus chez 28 sujets indiquent une infériorité statistiquement significative ($p < .02$) chez les sujets qui durent formuler des prédictions après avoir pris connaissance des données autobiographiques en deux lectures successives.

En effet, la moyenne du groupe expérimental est de 2.88 (écart-type 1.3) et celle du groupe contrôle est de 4.16 (écart-type 1.1).

L'une des deux hypothèses se trouve ainsi confirmée. Mais encore une fois, les différences observées ne sont guère impressionnantes. Par ailleurs, les deux hypothèses envisagées ne s'excluant pas mutuellement, il se peut fort bien que les facteurs qu'elles invoquent aient exercé une action conjuguée. Comme la vérification de l'autre hypothèse est fort simple, il est assez surprenant que Dailey ne l'ait pas entreprise. Car il aurait suffi, au cours de la troisième expérience, de comparer l'exactitude des prédictions prématurées (Px) émises par les sujets du groupe I avec les prédictions correspondantes du groupe II et de procéder de même en ce qui concerne les Groupes III et IV.

C'est là, en définitive, la raison pour laquelle, en dépit de toute l'ingéniosité déployée par Dailey, sa démonstration de l'effet de conclusions prématurées n'est pas entièrement convaincante. Notons encore que le fait d'appliquer collectivement de telles techniques expérimentales ne peut qu'entraîner un appauvrissement des données. Sans doute, en procédant comme il le fit, l'auteur réalisa-t-il un fort appréciable gain de temps. Mais il n'en reste pas moins que ce fut au détriment de la netteté des conclusions et du degré de précision des facteurs entrant en jeu.

Quoi qu'il en soit, ces premières investigations de Dailey, outre le fait qu'elles mettent en évidence comment la compréhension d'un juge peut être affecté par ses propres jugements, ouvrent la voie à l'emploi de nouvelles techniques permettant d'aborder les problèmes complexes de la connaissance d'autrui d'une manière à la fois réaliste et expérimentalement contrôlable.

Lors des deux dernières expériences que nous avons relatées, Dailey avait fait usage de données autobiographiques. Ce n'est là évidemment qu'un type particulier de matériel biographique dont la valeur et la signification ne peuvent être appréciées que dans le contexte d'autres informations de nature biographique qui intéressent surtout le psychologue de la personnalité dans la mesure où elles contribuent à la reconstruction systématique de l'histoire globale d'un individu. Mais qu'il s'agisse alors d'études de personnalité ou d'investigations concernant les processus d'élaboration de la connaissance d'autrui, c'est à l'histoire de vie que l'on se voit inévitablement renvoyé. Ce rôle fondamental de la biographie, s'il a été clairement reconnu par des auteurs européens tels que Ch. BUHLER [9] et H. THOMAE [10] n'a guère rencontré d'écho auprès des chercheurs anglo-saxons. Parmi ces derniers, à la notable exception de H.A. MURRAY et de ses élèves, ce sont surtout des ethnologues ou des psychologues

---

[9] Ch. BÜHLER, Der menschliche Lebenslauf als psychologisches Problem, Hirzel, 1933.

Ch. BÜHLER, H. HARVEY, E. KUBE, Der menschliche Lebenslau als psychologisches Problem, zweite völlig veränderte Auflage, Göttingen, 1959.

Voir aussi :

Ch. BÜHLER, F. MASSARIK, The Course of human life, Springer publishing Co., Inc., New-York, 1968.

A. M. J. CHORUS, Psychologie van de menselijke Levensloop, Stenfert, Kroese N. V., Leiden, 1959.

H. C. RÜMKE, Levenstijdperken van de man, N. V. De Arbeiderspers, Amsterdam, 1938.

[10] H. THOMAE, Das Individuum und seine Welt, Göttingen, 1968.

œuvrant dans une perspective culturaliste, tels que DOLLARD [11], qui se sont souciés de recherches biographiques. Malgré toute l'insistance de G.W. ALLPORT [12] et de Gottschalk, Kluckhohn et Angell [13] sur l'importance de ce domaine d'investigation négligé, peu de travaux systématiques ont vu le jour à ce sujet. Tout se passe comme si, obnubilés par l'utilisation de méthodes quantitatives et par certains schémas méthodologiques, et en dépit des problèmes de psychologie biographique que soulève à tout instant l'exercice de la psychologie clinique, la plupart des psychologues persistaient à considérer que l'étude d'histoires de vie relève de l'histoire ou de la littérature.

C'est cette orientation de la Psychologie de la Personnalité que Dailey soumit à une vive critique lors d'un Symposium organisé en 1957, par l'Association Américaine de Psychologie et consacré aux problèmes soulevés par l'opposition entre les méthodes statistiques et cliniques de prédiction [14].

Selon DAILEY, en mettant en évidence le faible pouvoir prédictif des méthodes cliniques usuelles de diagnostic de personnalité, les travaux de KELLY et FISKE [15] et de MEEHL [16], admettent comme seule conclusion que celles-ci ont fait faillite.

Cet état de choses résulterait, selon lui, des prémisses erronées sur lesquelles les évaluations de personnalité sont basées. Tout d'abord il y a le préjugé « pathologique « c'est-à-dire la tendance à interpréter tout comportement en termes de mécanismes de défense et de symptômes. Comme SOSKIN [17] l'a par ailleurs montré, cette forme d'a priori peut entraîner des déformations considérables dans les appréciations d'un examinateur. La tendance à l'abstraction est un autre préjugé particulièrement nocif. Elle consiste à considérer la personnalité comme une entité relativement statique, située dans un « arrière-monde » et dont les caractéristiques ne peuvent être inférées qu'à condition de considérer que les conduites observables n'en sont qu'une expression déformée. Dans la mesure où ce préjugé détourne l'attention des psychologues du comportement courant des individus qu'ils sont censés étudier, il ne peut que faire d'eux de piètres observateurs.

Enfin, l'habitude d'accorder une importance démesurée aux résultats de tests standardisés a vraisemblablement pour effet d'émousser la sensibilité des psychologues envers les données

---

[11] J. DOLLARD, Criteria for the Life-history, New-York, Peter Smith, 1949.

[12] G. W. ALLPORT, The use of Personal documents in Psychological Science, Social Science Research Council Bulletin, 1942, 49.

[13] L. GOTTSCHALK, C. KLUCKHOHN, R. ANGELL, The Use of personal Documents in history, anthropology and sociology, Social Science Research Council Bulletin, 1945, 53.

[14] Ch. A. DAILEY, The Life History approach to Assessment, Personel and guidance Journal, March 1958.
Ch. A. DAILEY, The Life History as a Criterion of assessment, Journal of Counseling Psychology, 1960, vol. 7, No 1, 20-23.

[15] E. L. KELLY, D. W. FISKE, op. cit.

[16] P. MEEHL, op. cit.

[17] W. F. SOSKIN, Bias in post-diction from projective tests, Journal of Abnormal and Social Psychology 1954, 49, 69-74.

brutes qui leur sont accessibles à l'œil nu. A cet égard, DAILEY rappelle les résultats de l'étude de CLINE [18] où il fut constaté que des étudiants réalisaient de meilleures prédictions concernant des conduites de la vie courante que des psychologues expérimentés, alors que les psychologues se montraient supérieurs lorsqu'il s'agissait de prédire des réponses à des tests.

Afin d'engager les évaluations de Personnalité dans de nouvelles voies, DAILEY propose que, dorénavant, elles adoptent pour thème central l'histoire de vie qu'il définit comme une collection représentative d'événements typiques de la vie quotidienne d'un individu.

Dans cette perspective, les études de cas ne peuvent plus être considérées uniquement comme une source occasionnelle de données sur le comportement individuel. Comme c'est à travers l'histoire de vie que se révèle et s'exprime la personnalité d'un individu, toutes les autres méthodes d'examens, interviews, épreuves projectives, tests, etc..., ne jouent qu'un rôle subordonné par rapport à la tâche primordiale du diagnostic de personnalité, à savoir la reconstruction et l'explication de la biographie individuelle.

Celle-ci constitue par ailleurs le critère ultime et le système de référence fondamental auquel les résultats de diverses méthodes d'investigation doivent être rapportés, étant donné qu'aucune réponse à un test ne saurait égaler en validité les conduites d'un individu dans les situations concrètes de la vie quotidienne.

Ce n'est d'ailleurs qu'à condition de se concentrer sur l'histoire de vie que les effets néfastes des préjugés courants en matière de diagnostic de personnalité peuvent être surmontés. Le préjugé pathologique qui n'amène que trop souvent le psychologue d'orientation psychanalytique à accorder une importance exagérée à certains comportements limités à l'enfance ne peut être efficacement combattu qu'en accordant une plus grande attention aux thèmes généraux qui forment la trame d'une histoire de vie.

Quant à la tendance à substituer aux conduites en situation le jeu d'entités abstraites inférées à partir de données insuffisantes, elle ne peut être contre-balancée que par des descriptions fouillées de cours de vie variés. De même, les psychologues, chez qui l'emploi de tests aboutit à une confusion entre fins et moyens, auront tout avantage à apprendre à situer leurs protocoles dans un contexte biographique comprenant également les situations dans lesquels des investigations psychologiques ont été envisagées. Après tout, remarque ironiquement Dailey, il ne vient à l'esprit de personne de remplacer les notices nécrologiques de psychologues célèbres par les résultats qu'ils obtinrent à certains tests.

A plus longue échéance, c'est toute la Psychologie qui bénéficiera d'une telle réorientation de la Psychologie de la Personnalité. Car il suffit de parcourir les publications courantes pour s'apercevoir à quel point l'étude du comportement concret

---

[18] V. A. CLINE, Ability to judge personality with a stress interview and sound technique, Journal of Abnormal and Social Psychology, 1955, 50, 183-187.

tel qu'il se manifeste de façon « naturelle » dans les situations de la vie réelle est négligée au profit de recherches dont tant la formulation que les méthodes frappent par leur caractère artificiel.

Cette prise de position de Dailey ne se limita pas à une simple déclaration programmatique. Avant qu'il ne la formula, il avait déjà entrepris des travaux sur la structure naturelle de l'histoire de vie [19] destinés à assurer un fondement empirique à sa conception des investigations de personnalité.

Un des problèmes fondamentaux qui se pose en matière de psychologie biographique, observe Dailey, concerne les procédés d'analyse qu'il convient d'adopter. Etant donné qu'une biographie représente la totalité du « stream of behavior » d'un individu durant toute sa vie, la première question qui se pose est de savoir quelles sont les relations existant entre sa structure d'ensemble et ses composantes. Ce n'est, en effet, qu'à condition que chaque histoire de vie manifeste une organisation bien définie qu'elle pourra être comprise et analysée et qu'elle pourra éventuellement faire l'objet de prédictions.

La première hypothèse de travail de Dailey consiste à admettre que toute biographie possède une structure naturelle. Corrélativement, une seconde hypothèse concernant l'existence de parties naturelles, définies comme des segments ou des subdivisions compréhensibles du cours de vie, s'impose.

Pour réaliser les conséquences de ces deux hypothèses, il s'avère indispensable de résoudre un problème particulièrement ardu. Car avant que des données biographiques puissent être analysées de manière systématique, elles doivent subir une mise en forme destinée à les rendre comparables. Comme le fait remarquer Dailey, de nombreuses études longitudinales n'ont jusqu'à présent pas réussi à résoudre ce problème. Ou bien les investigateurs ont été submergés par des masses de données inutilisables et ininterprétables, ou bien ils ont appliqué des catégories artificielles qui ont occasionné une considérable perte d'information. La difficulté qu'il importe de vaincre consiste à procéder à une simplification des données biographiques originales sans toutefois porter atteinte à leur articulation naturelle. En d'autres mots, il s'agit de parvenir à résumer du matériel biographique, sans pour autant en déformer le sens.

Selon Dailey, cette tâche ne peut être menée à bien que si le biographe dispose de critères lui permettant de définir des éléments naturels composant une histoire de vie. Les critères qu'il propose sont les suivants :

1. Chaque élément doit constituer une unité naturelle, c'est-à-dire qu'il doit posséder des limites aisément identifiables. Pourvu d'un début et d'une fin chaque élément doit être un extrait doté d'un sens qui lui confère une unité interne.

2. Un élément doit être concret : il doit comporter des conduites spécifiques, observables et objectives. Il faut donc qu'il

[19] Ch. A. DAILEY, The Natural Structure of the Life-History, Vita Humana, 1959, 2, 11-24.

corresponde à un ou plusieurs événements « tangibles », ce qui exclut la prise en considération de rêves ou autres produits imaginaires.

3. Un élément doit être une subdivision du « stream of behavior ». Il ne peut donc pas résulter d'une codification abstraite, mais doit être un véritable échantillon biographique.

4. Un élément doit être aussi bref que possible. Cette exigence résulte de la nécessité de disposer de données pouvant être soumises à diverses formes d'analyse.

5. Un élément doit être d'application générale. Ceci signifie qu'un élément doit pouvoir être appliqué à différents types de données.

6. Un élément doit être centré sur l'individu. Étant donné que toute biographie est une description de l'histoire de vie d'un individu déterminé, chaque élément doit posséder la même caractéristique.

De l'ensemble de ces critères proposés par Dailey il découle que ni des subdivisions grammaticales ou chronologiques, ni des unités basées sur des concepts théoriques ne peuvent satisfaire à la définition idéale d'un élément biographique naturel.

Il existe néanmoins deux méthodes d'analyse fort proches de celle que Dailey a en vue. La première est celle de la technique des incidents critiques de Flanagan [20] qui vise à définir des situations dans lesquelles certaines conduites se révèlent soit particulièrement efficaces, soit, au contraire, tout à fait inadaptées. Elle comporte sans doute nombre d'analogies avec l'élément biographique naturel, mais elle offre le grand désavantage de ne s'intéresser en aucune manière à des caractéristiques individuelles.

La seconde est l'analyse processuelle mise au point par Barker et Wright [21] au cours de leurs études de Psychologie écologique. Celle-ci consiste en la délimitation d'unités temporelles avec leurs relations hiérarchiques et leurs chevauchements, à partir de protocoles d'observation continue extrêmement fouillés. L'unité fondamentale de cette méthode est l'épisode qui est défini par trois caractéristiques fondamentales : la constance de la direction du comportement, la perspective cognitive immédiate de l'acteur et le poids relatif de la situation correspondant au comportement observé.

D'après Dailey, elle serait, dans sa forme actuelle, inapplicable à l'analyse biographique à cause de la complexité des critères définissant l'unité de base, ce qui aurait pour effet de ne la rendre accessible qu'à des personnes ayant bénéficié d'une formation spéciale.

Pour toutes ces raisons, la méthode des événements proposée par l'auteur diffère des deux précédentes. L'événement choisi à titre d'unité de base possède les propriétés suivantes :

---

[20] J. C. FLANAGAN, The Critical Incident Technique, Psychological Bulletin, 1954, 51, 327-358.

[21] R. G. BARKER, H. F. WRIGHT, Midwest and its children, Row Peterson and Co., Evanston, 1955.

1. Un événement est une activité observable du sujet de la biographie.
2. Un événement possède une localisation temporelle et (ou) une durée définie.
3. Un événement est situé en un lieu ou dans des circonstancse déterminées.
4. Les personnes et les faits mentionnés dans un événement biographique doivent correspondre à des réalités individuelles.
5. Un événement biographique doit pouvoir être décrit en 100 à 200 mots.

Appliquée par divers juges à 250 brèves biographiques (de 20.000 mots au maximum) de dirigeants d'industrie, cette méthode permit de constater que 75 parmi elles étaient inutilisables parce qu'elles ne contenaient ni événements ni décisions. Cette dernière catégorie concerne un type particulier d'événement ayant trait à la politique adoptée par les leaders industriels dans le cadre de leur organisation. Elle fut utilisée par Dailey dans une étude qui avait pour but d'explorer les potentialités prédictives d'événements biographiques, quant au degré de prestige et d'éminence atteint par les dirigeants industriels dont les biographies avaient été simplifiées d'après la méthode des événements.

En utilisant 234 unités choisies au hasard parmi les 584 événements qui furent extraits de 175 biographies, l'auteur s'efforça de prédire à partir de chaque unité le degré d'éminence atteint par l'individu dont il était question dans chaque événement. Chaque prédiction fut exprimée sur une échelle à 5 points. Avant de procéder à la vérification de l'exactitude de ses prédictions, DAILEY s'astreignit à formuler explicitement les raisons sur lesquelles ses inférences étaient basées et comme critère d'exactitude il utilisa le nombre de lignes consacrée par Who's Who à chaque individu à l'âge de 50 ans au moins.

La comparaison des prédictions avec ce critère permit de démontrer que l'exactitude de ces dernières différait de manière significative des résultats qui auraient pu être obtenus du fait du hasard [22]. Il fut également constaté qu'en moyenne l'ensemble des événements et décisions concernant un individu, évalué en lignes de texte, ne représentait qu'environ 4 % de l'ensemble des données biographiques disponibles. A cet égard, deux éventualités peuvent être envisagées : ou bien la méthode des événements est trop exigeante, ou bien la valeur informative de la grande majorité des brèves biographies couramment publiées est insuffisante. Dailey ne s'est pas prononcé à ce sujet, mais pour notre part nous croyons que c'est la première éventualité qui a le plus de chances d'être vraie.

---

[22] Dailey n'est pas très explicite au sujet des résultats qu'il obtint. Il se contente de signaler que la valeur X^2 était de 20 pour un degré de liberté. Il ne signale pas non plus si les prédictions qui furent comparées au critère furent considérées chacune séparément ou bien si un indice de tendance centrale fut calculé à partir de tous les événements se rapportant au même individu.

Quant à l'analyse détaillée des inférences prédictives, elle révéla des tendances générales très marquées. Ainsi, les dirigeants les plus éminents se distinguaient par la nature des buts qu'ils s'étaient posés ainsi que par leurs relations interpersonnelles. Alors que les hommes éminents manifestaient une orientation vers des objectifs à longue échéance, les dirigeants moins célèbres se montraient plus attirés par le gain financier immédiat. Les individus occupant les premiers rangs témoignaient d'une plus grande variété dans leurs relations interpersonnelles à travers lesquelles apparaissaient à la fois des comportements agressifs et affiliatifs. Par contre, les hommes d'affaires moins connus étaient décrits comme étant exclusivement hostiles et compétitifs.

La fidélité de la méthode des événements fut évaluée en faisant classer par divers analystes un ensemble d'unités qui avaient fait l'objet d'une catégorisation préalable basée sur une application très stricte des cinq critères. Le pourcentage de concordance moyen fut d'environ 70 %, le degré de concordance de chaque analyste étant déterminé par la proportion de jugements corrects parmi l'ensemble des jugements émis. Cette valeur ne correspond qu'à un degré d'accord relativement modeste entre les juges, mais il faut aussitôt ajouter que c'est de propos délibéré que ces derniers ne reçurent aucune formation spéciale.

Même si l'on admet que la méthode des événements en tant que procédé d'analyse de données biographiques permet effectivement de simplifier des biographies sans pour autant les déformer, il subsiste un problème capital, celui de la structure des histoires de vie, auquel elle n'apporte aucune solution. En effet, comment analyser le réseau de relations unissant les événements d'une biographie ?

Comment représenter l'enchevêtrement des thèmes qui la composent et de quelle manière établir l'importance relative de chacun de ceux-ci ?

Arrivé à ce point de ses investigations, c'est vers la théorie des graphs, dont F. Harary et R. Z. Norman [23] venaient de publier un exposé simplifié et orienté vers les applications psychologiques et sociales, que Dailey [24] s'est tourné afin de trouver la réponse à ces questions. On peut en effet se demander si la théorie des graphs en tant que « théorie des relations quelconques » n'est pas à même de fournir une représentation topologique d'histoires de vie d'où résulterait l'analyse structurale qu'appelle leur utilisation systématique. Mais avant de soumettre à la vérification empirique, l'application de la théorie des graphs à des données biographiques il importe d'établir une correspondance rigoureuse entre les concepts fondamentaux de la théorie des graphs et ces dernières. Ainsi, il est indispensable qu'une histoire de vie ait au préalable été découpée en unités et que celles-ci aient, par l'un ou l'autre procédé, été mises en relation. Car ce n'est qu'à ces deux conditions que les unités biographiques et leurs relations

[23] F. HARARY, R. Z. NORMAN, Graph Theory, 1953, University of Michigan.
[24] Ch. A. DAILEY, Graph Theory in the analysis of personal documents, Human Relations, 1959, 12 (1), 65-74.

peuvent être coordonnées aux propriétés fondamentales d'un graph.

Quelques définitions relevant de la théorie des graphs faciliteront la compréhension de la tentative de Dailey. Rappelons d'abord que les deux termes primitifs utilisés sont le point et la ligne. Les points représentent les unités de base employés et la ligne une relation binaire entre ces unités.

a) Un graph de n points consiste en ces n points ainsi qu'en un sous-ensemble de l'ensemble de toutes les lignes joignant des paires de ces points.

b) Un chemin est une collection de lignes de la forme AB, BD... DE où tous les points A, B, C, D, E diffèrent les uns des autres.

c) Un graph est connecté s'il existe un chemin entre chaque paire de ses points.

d) Un point d'articulation d'un graph connecté est un point dont l'élimination a pour effet de séparer le graph.

e) Le degré d'un point d'un graph est le nombre de lignes d'un graph sur lesquelles se trouve le point.

f) La longueur d'un chemin est le nombre de lignes qu'il contient.

g) La distance entre deux points d'un graph connecté est la longueur du plus court chemin qui les relie.

h) Le nombre associé d'un point d'un graph connecté est la distance maximale de ce point à chacun des autres points.

i) Un point central d'un graph connecté est un point dont le nombre associé est un minimum.

Les données biographiques utilisées par Dailey furent empruntées à l'autobiographie du cas Earnst auquel il a déjà été fait allusion antérieurement. Sur les 46 unités qui furent retenues, les 30 éléments dont chacun put être mis en relation avec au moins un autre élément étaient rédigés comme suit.

1. Je suis né en janvier 1911 de parents âgés, le plus jeune de neuf enfants.

2. Le frère qui me précédait avait 5 ans au moment de ma naissance.

3. Mon père était une combinaison de tonnelier et de fermier qui avait été dans son existence coureur des bois, trappeur, machiniste et différentes autres choses.

4. Ma mère était une femme intelligente, gentille, aimante, bien considérée par les amis et les voisins.

5. Bébé, je souffrais constamment ayant apparemment une maladie d'enfant après l'autre, commençant par la rougeole à l'âge de 6 mois.

6. Pendant les quelques premières années de ma vie, il y a eu des occasions plus ou moins fréquentes où tout espoir de me voir vivre était abandonné.

7. Je me souviens d'avoir bu de l'eau avec une cuiller en étain pendant des jours, une gorgée à la fois pour soulager la brûlure de fièvre de ma gorge.

8. Je puis aussi me souvenir du bruit de gros canons et j'ai eu

des visions effrayées d'Allemands installant des canons dans le champ en face de notre maison et tirant sur nous.

9. Mon père était parfois brutal et avait tendance, quand il buvait, à se venger sur moi.
10. A ces moments-là mon père se moquait de moi, m'appelant de toutes sortes de noms déplaisants et disait que je ne passerais pas l'année et que cela valait mieux ainsi.
11. J'étais extrêmement sensible et je pleurais assez facilement pour de telles choses.
12. J'acquis en quelque sorte, durant ces années un sentiment d'inadéquation qui m'est resté et perce encore maintenant à l'occasion.
13. Parfois je vois dans la rue une personne qui rit et regarde dans ma direction et j'ai l'impression que la dite personne rit de moi.
14. Petit enfant, je jouais avec deux petites filles, enfants d'un de nos voisins.
15. Je ne puis pas me rappeler beaucoup d'incidents de jeu sauf que je vis une fois des clous neufs et brillants dans l'abri de bois du voisin et les rapportai à la maison, ne réalisant pas leur usage. Ma mère m'a puni pour ceci et m'a dit que je volais.
16. J'avais une terreur si forte du fouet que je devenais habituellement hystérique à sa simple vue, c'est pourquoi on l'employait rarement sur moi.
17. Je suis entré à l'école à l'âge de 7 ans, école où la majeure partie des élèves étaient des Suédois. Les seuls Américains en dehors de moi-même étaient les deux filles voisines.
18. J'étais trop gringalet pour me battre même avec des enfants de ma taille, de là j'ai acquis une peur de ceux qui me menacent d'un châtiment physique, ce que je n'ai jamais vaincu entièrement.
19. J'ai été bientôt honteux d'être un poltron; cependant, je ne pouvais rien y faire.
20. J'ai commencé à éviter autant que possible la compagnie d'autres enfants et dès que j'eus appris à lire, j'ai trouvé une grande satisfaction à suivre les aventures de héros variés.
21. Je vivais les histoires que je lisais, un genre de récréation et de plaisir qui n'était pas avant-coureur de quelque espèce de douleur physique.
22. Je fus d'abord un élève assez médiocre à l'école.
23. Comme je commençai à m'intéresser à mes études et découvris que je pouvais faire mieux que les autres enfants dans certaines branches, je concentrai immédiatement toute mon attention sur l'école et ce devint le moyen par lequel je pus montrer ma supériorité et dans une certaine mesure justifier mon existence.
24. C'est à ce moment que je commençai à jouir de la vie et à regarder un peu autour de moi au lieu de mener une existence plus ou moins pénible et retirée.
25. J'éprouve encore le frisson de la peur d'autrui de temps en

temps, bien que mon caractère me pousse à l'occasion à n'avoir peur de rien sous le soleil.
26. Mon père s'en alla vivre avec un frère à R. et je terminai à l'école vivant avec un frère et sa femme. Je ne pouvais pas m'entendre avec ma belle-sœur et les quittai dès que j'eus achevé l'école secondaire.
27. Mon frère me trouva une place d'apprenti-mécanicien là où il travaillait. Six mois de ce travail m'apprirent que je n'arriverais nulle part comme ouvrier et, comme j'avais très prudemment fait des économies, je projetai de mettre assez d'argent de côté pour commencer l'Université l'automne suivant.
28. Malgré l'un ou l'autre accroc, je pus travailler à obtenir un diplôme sans recevoir l'aide de personne et sans faire de dettes.
29. J'ai, en général, tendance à me retirer quand je me trouve avec un groupe, ou du moins je ne prends jamais le commandement — ne suis jamais la « vie du groupe ».
30. Mon appréciation générale de moi-même s'exprimera le mieux par ce que je pense devenir dans la suite et c'est un grand succès ou un sombre échec.

Ce sont de telles unités que douze juges eurent à comparer par paires afin d'évaluer leur « similitude psychologique «. La similitude psychologique fut définie comme l'appartenance à la biographie d'un même individu. Une analyse complète aurait requis 1.035 comparaisons. Aussi n'est-ce qu'un échantillon de 250 paires qui fût utilisé. Lorsque plusieurs juges étaient d'accord sur l'existence d'une similitude entre deux éléments, la probabilité pour que cet accord puisse être le fait du hasard fut calculée et seules les relations de similitude dont la probabilité au hasard était inférieure à 0,04 furent retenues.

Ce sont, par conséquent, les relations de similitude établies avec une fréquence ne laissant que peu de place au hasard qui, en tant que relations symétriques, furent mises en correspondances avec les lignes du graph.

La figure 1. représente le résultat finalement obtenu. Les numéros de chaque point correspondent à ceux des unités autobiographiques citées ci-dessus.

Il apparaît immédiatement que le graph est composé de 7 graphs connectés. On notera que les points 1, 4, 11 et 17 sont des points d'articulation. Le degré des points varie de 1 à 4 (par exemple 11, 16 et 30) et on relève également différents points centraux propres à chacun des sept graphs connectés.

Mais comment interpréter ces constatations ?

Il faut évidemment se référer au contenu correspondant à chaque point. C'est ce que fait Dailey qui commence par observer que chacun des 7 graphs traite d'un sujet particulier, d'un état affectif, ou d'une période de vie. Quant aux points d'articulations ils correspondraient à des épisodes essentiels à l'unité des données reliées entre elles dans un graph connecté. Le degré d'un point mettrait en évidence sa « psychological relatedness » aux autres données du document. Finalement, le point central des unités

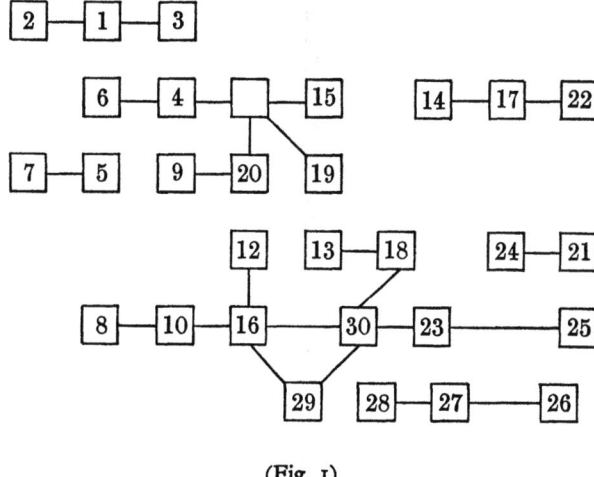

(Fig. 1)

formant un graph connecté exprimerait l'essence psychologique de celles-ci.

D'après Dailey, ces constatations offrent la possibilité de résoudre le problème posé par l'absence de critères permettant de sélectionner les données les plus importantes d'une biographie. On se rappellera en effet que cette question n'était pas envisagée par la méthode des événements.

Points d'articulation, points centraux et points caractérisés par un degré élevé permettraient alors de définir les données essentielles contenues dans une histoire de vie. Ce seraient là ce que Dailey appelle des « points focaux ». Cette interprétation des caractéristiques d'un graph découle de la conception que l'auteur se fait de la nature même de la connaissance pratique d'autrui.

Selon Dailey celle-ci serait essentiellement de nature associative. Ainsi, lorsque un observateur prédit un fait de comportement B à partir d'un fait de comportement A il ne fait rien d'autre qu'associer les faits A et B. Et s'il les associe, poursuit Dailey, c'est que, dans le cas du procédé de comparaison par paires utilisé pour construire le graph, il les juge similaires. Par conséquent, l'importance de certaines données biographiques peut être définie en fonction du nombre de liens associatifs qu'elles manifestent.

Le moins que l'on puisse dire de cette conception c'est qu'elle n'est guère convaincante. On voit mal ce qui permet à Dailey d'affirmer que la connaissance soit de nature associative, que les associations en question se fassent par similitude et que par surcroît elles fournissent l'explication de jugements prédictifs. L'auteur semble oublier que les jugements de similitude ont leur origine dans les instructions qui furent données aux juges et que, par ailleurs, sa définition de la notion de similitude est très discutable.

Sans doute peut-on supposer — et c'est là une hypothèse déjà utilisée par Dailey dans son premier travail — que l'importance d'un élément biographique puisse être définie par sa valeur prédictive. Mais de là à supposer que la relation entre le poids relatif d'un épisode biographique et sa valeur prédictive consiste en une association par similitude il y a un pas que l'on ne saurait franchir qu'au prix d'une interprétation tout à fait arbitraire. Il saute aux yeux qu'en élaborant cette conception Dailey s'est surtout efforcé de concilier ses travaux antérieurs avec le procédé utilisé pour construire le graph.

Or, cette tentative est vouée à l'échec. Pour s'en convaincre il suffit d'analyser le contenu des éléments correspondant aux points des 7 graphs connectés. En effet, les relations symétriques résultant des comparaisons effectuées par un groupe de juges n'aboutissent qu'à la mise en relation d'éléments qui restent aussi hétérogènes après la construction du graph qu'avant.

La lecture de chaque graph permet facilement de constater qu'il ne saurait être question de considérer chacun de ceux-ci comme traitant d'un sujet particulier, d'un état affectif ou d'une période de vie qu'à condition de donner à ces expressions une signification à ce point vague qu'elles en perdent toute valeur. On notera d'ailleurs que Dailey s'abstient de désigner explicitement les sujets, « états affectifs », ou épisodes de vie révélés par chaque graph connecté. Il en va d'ailleurs de même en ce qui concerne les points dits focaux dont on voit mal comment ils pourraient prendre la signification, par ailleurs très mal définie, que Dailey voudrait leur conférer.

Les raisons de l'échec de Dailey sont faciles à déceler. En premier lieu, il y a le choix de la relation de similitude. Il est évident que c'est sur la base d'aspects très variables que les 250 paires d'éléments peuvent avoir été jugés comme semblables et qu'il ne sert à rien de vérifier que la concordance obtenue entre les juges n'a qu'une faible probabilité d'être due au hasard si l'on ignore sur quoi repose cette concordance. En second lieu, la définition de la similitude qui fut donnée aux juges est inacceptable. On ne saurait considérer que l'appartenance à un même cours de vie puisse définir de manière univoque la similitude de deux épisodes biographiques. Deux épisodes très différents peuvent fort bien provenir d'un même cours de vie et réciproquement des éléments biographiques semblables peuvent se rencontrer dans des histoires de vie différentes. Dans ces conditions, si l'établissement de relations symétriques est posé comme condition préalable à la construction de graphs, c'est à l'intérieur d'un seul et même cours de vie qu'il importait de situer les comparaisons. En d'autres mots, il fallait faire procéder non pas à des comparaisons inter-personnelles, mais à des comparaisons intra-personnelles.

Mais également dans cette éventualité, il aurait été indispensable de préciser, soit dans les instructions fournies aux juges, soit dans la catégorisation de leurs réponses si les similitudes recherchées avaient trait à la personne, aux situations ou aux conduites.

Il semble également avoir échappé à Dailey que la relation de similitude n'est pas nécessairement transitive, si les aspects sous lesquels des paires de données sont comparées diffèrent de l'une à l'autre.

Enfin, il est important de noter que les données utilisées pour construire le graph ne sont pas des relations symétriques, mais des fréquences de jugements de similitude. Or la théorie des graphs suppose l'existence de relations présentes ou absentes. Elle n'a rien à voir avec des fréquences de jugements relationnels. Tout ce que Dailey était éventuellement autorisé à faire pouvait tout au plus consister dans la construction des 12 graphs résultant des comparaisons effectuées par chaque juge. Avant de mettre en évidence les paires d'éléments considérés comme semblables d'après un critère de fréquence statistique il aurait dû s'assurer dans quelle mesure c'étaient les mêmes juges qui les estimaient tels. Il est en effet fort possible que le graph obtenu par cette méthode ne soit en définitive le graph de personne, ce qui n'est, en définitive, qu'une nouvelle forme du paradoxe de Condorcet. Outre l'indétermination des aspects sur lesquels les jugements de similitude furent fondés, il y a là une raison supplémentaire à l'hétérogénéité des éléments composant les graphs connectés.

Si l'on tient encore compte du fait que la définition interpersonnelle de la relation similitude va de pair avec l'élimination de l'ordre chronologique des événements, il apparaît certain que Dailey n'est pas parvenu à mettre en évidence l'organisation interne de cette autobiographie.

On peut en effet se demander si en abolissant l'ordre temporel des épisodes, ce n'est pas l'histoire de vie comme telle qui se trouve annihilée. Par ailleurs, il est évident que la méthode proposée par Dailey est pratiquement inutilisable.

Le document relativement bref dont il s'est servi aurait exigé 1.035 comparaisons par paires et ce n'est que moins d'un quart de celles-ci qui furent soumises aux juges. Non seulement le graph obtenu par Dailey est incomplet mais en outre se pose la double question de savoir d'après quels critères les épisodes utilisées furent choisis et quelle fut l'influence exercée par cette sélection sur les résultats obtenus.

III
PREMIÈRES RECHERCHES SUR LES CAS PROGRAMMÉS

En dépit du fait que cette tentative d'appliquer la théorie des graphs à l'analyse d'une autobiographie ait abouti à une impasse, l'ensemble des travaux effectués par Dailey jusqu'à ce moment l'ont néanmoins conduit au seuil de la méthode des cas programmés. Jetant un regard en arrière sur le chemin parcouru on peut résumer la démarche effectuée par Dailey comme suit.

Parti d'un problème intéressant le domaine de la perception sociale, il élabore à des fins expérimentales un type de tâche requérant des prédictions exprimées sous la forme d'un choix entre plusieurs éventualités. Que le contenu de la tâche soit, tant en ce qui concerne les données de départ que les termes des alternatives proposées, de type autobiographique résulte de la conception qu'il se fait du diagnostic de personnalité, ainsi que de la nature des phénomènes à travers lesquels cette dernière se révèle. Dans cette perspective, l'étude des opérations cognitives intervenant dans la perception sociale renvoie inévitablement à l'objet de celle-ci, c'est-à-dire l'histoire de vie. C'est alors le problème non plus psychologique, mais méthodologique de l'analyse biographique qu'il se voit contraint d'aborder.

Mais quelles que soient les premières conclusions de ces études, il apparaît dès les premières applications de la méthode des événements et de la théorie des graphs que les résultats obtenus dépendent dans une large mesure de la structuration cognitive des données par les « juges » et « observateurs ». C'est donc une nouvelle fois le problème psychologique de l'appréhension d'autrui qui se pose. Or, c'est précisément au moment où cette boucle se ferme que Dailey, par une transformation appropriée des tâches utilisées lors de ses premières investigations, élabore la méthode des cas programmés dans la double intention d'analyser les jugements et inférences cliniques et d'augmenter leur efficacité au moyen d'un nouveau procédé didactique. Quoique ce schéma circulaire ne soit nulle part mentionné par Dailey, il exprime néanmoins la trajectoire implicite de sa démarche. Comme nous le verrons ultérieurement, cette circularité constitue un aspect fondamental de l'apport de la méthode des cas programmés à la Psychologie de la Personnalité.

C'est en s'inspirant des conceptions d'Adler sur l'inférence diagnostique que Dailey aborde l'étude expérimentale des conjectures cliniques. Ceci n'a rien d'étonnant étant donné que déjà en 1923 Adler [25] adoptait une position similaire à celle de Dailey en affirmant que le seul critère de la compréhension psychologique était la prédiction du comportement.

D'après Adler, le clinicien commence par se former une impression globale de son patient. Ensuite, il s'efforce de vérifier ce premier diagnostic intuitif en le confrontant aux données détaillées qu'il recueille au sujet de l'histoire de vie de ce dernier. C'est alors par la pratique de la psychothérapie que le clinicien apprend à formuler des conjectures vérifiables et à éprouver leur valeur étant donné qu'elles sont sanctionnées par ses échecs et ses réussites thérapeutiques.

Or, si le clinicien parvient à émettre des conjectures valables au sujet de ses patients, c'est selon Adler, en raison du fait que leur conduite, comme tout comportement humain, est de nature essentiellement prospective et reflète une orientation fondamentale vers l'atteinte d'un statut de supériorité. Tout phénomène psychologique pouvant être interprété comme une préparation à une situation future, chaque conduite momentanée s'intègre dans le cours de vie global en se subordonnant aux efforts accomplis par l'individu pour atteindre des buts plus éloignés. C'est alors en épousant l'orientation téléologique à longue échéance d'un individu pour y situer son comportement momen-

---

[25] A. ADLER, Understanding Human Nature (1927). Traduction de W. B. Wolfe, Greenwich, Conn, Premier Book, 1965.

tané que le clinicien peut en extrapoler les prolongements. Mais pour que les conjectures du clinicien soient congruentes avec les anticipations de l'individu faisant l'objet d'un jugement diagnostique, il est indispensable que le clinicien « empathise » avec son sujet et s'identifie à lui de manière à être capable d'agir et de sentir comme lui. Cette capacité d'empathie est, selon Adler, un sentiment social inné qui ne fait que refléter les interrelations cosmiques qui agissent en chacun de nous. D'autre part, la formulation de conjectures vérifiables présuppose que l'intentionalité commune à toute histoire de vie s'individualise dans une forme cohérente qu'Adler appelle le style de vie.

Ce sont donc l'existence d'un style de vie, propre à chaque individu, l'orientation prospective de séquences de comportement à l'intérieur de la téléologie globale de l'histoire de vie, et la capacité d'empathie qui sont le fondement des conjectures diagnostiques que le clinicien corrige et précise par approximations successives.

En définitive le but poursuivi par Dailey en élaborant la méthode des cas programmés fut de réaliser une simulation expérimentale du processus d'inférence et de conjecture clinique tel que le concevait Adler.

Les cas qu'il utilisa à cette fin provenaient de deux sources. Un premier groupe comprenait 22 biographies publiées qui furent condensées et simplifiées de manière à ce qu'elles se prêtent à l'expérimentation. Il s'agissait de personnalités éminentes qui, au cours de leur vie, avaient connu des problèmes émotionnels d'ordre mineur. Un second groupe était composé de 17 cas dont l'histoire de vie fut recueillie par Dailey et ses collaborateurs au cours d'entretiens enregistrés. Les données disponibles au sujet de ces personnes étaient par conséquent de nature autobiographique. En outre, ces individus appartenaient à des professions et à des milieux très divers.

Tous les cas firent l'objet d'une application de la méthode des événements ce qui permit de leur donner une présentation uniforme. Ainsi chaque histoire de vie comprenait 15 épisodes rangés en ordre chronologique et dont la longueur était approximativement de 1500 mots. A chaque épisode furent joints deux autres épisodes provenant d'autres biographies mais quelque peu modifiés afin de les rendre ressemblants à ceux constituant la biographie de la personne étudiée.

Pour garantir l'objectivité du choix et de la construction de ces deux épisodes supplémentaires, il fut fait appel à la collaboration de neuf psychologues.

Le sujet soumis à la méthode des cas programmés se trouve donc confronté à 15 reprises avec trois épisodes biographiques parmi lesquels il ne se trouve qu'un seul qui appartient à une seule et même biographie. La tâche qui lui est proposée consiste à tenter de découvrir parmi les trois épisodes celui qui fait partie de l'histoire de vie étudiée.

Toutefois, avant que le sujet n'aborde cette tâche, il reçoit un ensemble de directives destinées à faciliter la formulation de ses conjectures. C'est ce qu'un collaborateur de Dailey, R.G. WRIGHT [26] appelle le procédé des quatre étapes.

1. Tout d'abord il est recommandé de noter les faits significatifs, c'est-à-dire de tenter de déceler parmi les trois épisodes ceux comportant des événements qui ont le plus de chances d'influencer le comportement d'un individu et à travers lesquels s'expriment des actions ou des attitudes pouvant être considérées comme caractéristiques de celui-ci.
2. En deuxième lieu, le sujet reçoit pour instruction de s'efforcer d'interpréter les données. Cela signifie qu'il est conseillé au sujet de rechercher la réponse à deux questions :
   a) quel est le but poursuivi par l'individu ? et
   b) comment s'y prend-t-il pour réaliser ses objectifs ?
3. En troisième lieu, il est suggéré au sujet de se former une « image » globale de la personne qu'il apprend à connaître. Par « image » il faut entendre un modèle explicatif aussi précis que possible de la personnalité de l'individu dont il s'agit de prédire les épisodes biographiques successifs.
4. Enfin, le sujet se voit conseiller de procéder à une comparaison systématique de chacun des trois épisodes qui lui sont présentés simultanément, avec « l'image » qu'il s'est formé de l'individu étudié afin d'établir quel épisode s'intègre le mieux dans sa biographie.

Nanti de ces quatre règles fondamentales qui lui auront éventuellement été inculpées au moyen d'un enseignement systématiquement programmé comme celui mis au point par R.G. WRIGHT, le sujet reçoit comme seule information la profession de l'individu qu'il lui faut apprendre à connaître. A partir de ce moment, le sujet est autorisé à émettre un seul choix concernant chacune des 15 triades successives et à chaque reprise il lui est indiqué si sa conjecture était correcte ou non.

Dans la technique mise au point par Dailey et ses collaborateurs, ce sont des séries de 10 à 12 cas programmés qui sont utilisés de la sorte. Il s'agit en effet non seulement d'analyser les éventuels progrès réalisés à l'intérieur d'un cas programmé, mais également d'étudier l'apprentissage résultant de l'application de cas successifs.

Dans une première étude [27] effectué sur 43 sujets parmi lesquels se trouvaient des étudiants en sciences commerciales, des cadres et des administrateurs féminins de l'YWCA, une nette progression fut enregistrée du premier au douzième cas programmé. En effet, les pourcentages moyens de réponses correctes enregistrés pour les 12 cas successifs se présentaient comme suit :

TABLEAU 6

	1	2	3	4	5	6	7	8	9	10	11	12
%	55	55	57	58	59	60	58	65	64	65	65	67

[26] R. G. WRIGHT (Ed), The Study of Lives : How to understand other persons and predict their behavior, Kansas City, Mo. 64 110, Radet Corp, P. O. Box 6003, 1963.
[27] Ch. A. DAILEY, S. P. ENGLISH, E. LUCKING, H. G. WOODWARD Jr., op. cit.

Le coefficient de corrélation entre le rang occupé par chaque cas et l'exactitude des réponses était de + 0.95. Outre cette progression de cas à cas, il apparaît également une augmentation du pourcentage de réponses correctes à l'intérieur de chacun de ceux-ci. En groupant les réponses fournies dans le premier le deuxième et le troisième tiers de chaque cas, Dailey obtient une distribution de fréquences statistiquement significative ($X^2 = 19.5$ significatif à 01.) indiquant que les réponses exactes surviennent en nombre croissant dans les tiers successifs (Tableau 7).

TABLEAU 7

Données fournies par 27 sujets
interprétant 12 cas

Pourcentage de réponses correctes	Premier tiers	Deuxième tiers	Troisième tiers
79% et plus	8	11	26
61 % à 79 %	19	26	16
61 % et moins	33	23	18

Une autre étude [28], dans laquelle 12 cas programmés furent soumis à 100 étudiants aboutit à des résultats similaires. L'exactitude moyenne des réponses dans les trois tiers successifs de tous les cas programmés était respectivement de 40 %, 54 % et 61 %. Dans ce cas un X^2 de 66, significatif à .001 fut calculé.

Il n'est toutefois pas exclu que l'ordre de présentation des cas puisse être tenu pour responsable des résultats obtenus. Il se pourrait, en effet, que les différents cas programmés soient de difficulté variable et que les plus ardus aient été présentés au début, les plus faciles se trouvant concentrés à la fin de la série. Afin de tenir compte de cette éventualité, 12 cas programmés présentés dans des ordres variés furent appliqués à 128 sujets (85 étudiants, 43 administrateurs d'industrie). Les résultats (tableau 8) se révèlent parfaitement concordants avec ceux obtenus précédemment. Alors que l'exactitude moyenne pour les deux premiers cas programmés était de 44 %, celle des deux derniers s'élevait à 61 %, soit un gain de 17 %.

TABLEAU 8

Ordre des Cas

% de conjectures correctes	1 et 2	3 et 4	5 et 6	7 et 8	9 et 10	11 et 12
Moyenne	44	53	55	54	59	61
Écart-type	11.4	15.6	15.5	19.3	15.0	16.3

Une première conclusion qui s'impose est que l'exactitude croissante des conjectures, tant en ce qui concerne les cas successifs que les épisodes composant ceux-ci, témoigne de l'existence

---

[28] Ch. A. DAILEY, The experimental Study of Clinical Guessing, Journal of Individual Psychology, 1966, 65-79.

d'un processus d'apprentissage intéressant les données biographiques contenues dans les cas programmés. Mais aussitôt surgit la question de savoir ce que les sujets, soumis à la méthode des cas programmés, apprennent. L'apprentissage porte-t-il uniquement sur l'identification des réponses correctes, ou bien consiste-t-il réellement en l'élaboration de la connaissance d'une personnalité individuelle telle qu'elle se manifeste à travers son histoire de vie? Dans cette dernière éventualité, il doit être possible de mettre en évidence, chez les sujets ayant été soumis à la méthode, l'existence d'images ou d'organisations cognitives spécifiques résultant de l'« apprentissage « de chaque cas. En outre, ces images tout en étant relativement spécifiques pour chaque cas programmé doivent être indépendantes des sujets qui les ont élaborées. En d'autres mots, les images élaborées par différents sujets concernant différents individus doivent concorder pour chaque individu tout en se distinguant par rapport à chacun des cas.

Le procédé de vérification choisi par Dailey consiste à soumettre 10 cas programmés à deux sujets qui, après avoir achevé chaque cas, reçurent pour tâche de décrire la personnalité de l'individu étudié au moyen d'un « Q-sort » effectué sur 48 traits de personnalité.

Les corrélations entre les 20 évaluations obtenues de cette manière furent ensuite calculées afin de comparer celles concernant les « Q-sort » effectués par les 2 sujets sur les mêmes individus avec celles apparaissant entre les évaluations qui avaient trait à différents individus. Quoique Dailey ne fournisse que peu de détails au sujet de cette recherche, il semble que les résultats obtenus aient nettement confirmé l'hypothèse initiale. En effet, les corrélations entre « Q-sorts » portant sur les mêmes individus étaient toutes positives et variaient de $+ 0.48$ à $+ 0.81$ Par contre, celles calculées entre les évaluations émises sur des individus différents se situaient entre $- 0.25$ et $+ 0.43$.

Pour être tout à fait concluante cette investigation aurait également dû comporter une analyse des résultats obtenus par chacun des deux sujets aux dix cas programmés. Non seulement aurait-il été intéressant de comparer les corrélations entre les évaluations des deux juges avec l'exactitude de leurs conjectures mais, en outre, il aurait été indispensable d'établir quel était le degré d'exactitude atteint par les deux juges et quelle était l'allure de leur courbe d'apprentissage. Comme il ressort des données des tableaux 6 et 8, la variabilité du pourcentage de conjectures correctes est considérable, et on est en droit de se demander si les images de personnalité s'exprimant dans les « Q-sorts » ne sont pas influencées par le rendement des sujets dans les cas programmés.

C'est indépendamment de la question du contenu spécifique de l'apprentissage cognitif que le problème de la variabilité interindividuelle et de la constance intra-individuelle du rendement aux cas programmés a été abordé par Dailey, notamment dans le cadre de son hypothèse concernant l'existence d'un « trait » ou d'une capacité générale d'empathie. Une série de 8 cas programmés fut présentée à 45 administrateurs d'industrie et une corrélation de + 0.75 fut calculée entre les résultats obtenus par ceux-ci aux 4 cas de rang impair et aux 4 cas de rang pair.

Cette corrélation est en réalité un coëfficient de fidélité se rapportant à la série des 8 cas programmés. Nettement plus démonstratifs furent les résultats d'une autre étude dans laquelle 41 sujets (16 administrateurs d'industrie et 25 étudiants de Psychologie Industrielle) reçurent pour tâche de prédire à partir des données contenues dans 10 cas programmés concernant des directeurs de vente, comment ceux-ci se comportaient dans leurs relations interpersonnelles et de quelle manière ils remplissaient leurs fonctions. L'exactitude de ces prédictions fut établie, en les comparant à des données objectives disponibles au sujet de ces directeurs de vente. Ensuite, la corrélation entre l'exactitude de ces prédictions et les résultats obtenus aux cas programmés fut calculée. Celle-ci s'éleva à + 0.55 et un X^2 de 19.4, significatif à .001 fut obtenu. L'hypothèse d'une aptitude générale s'exprimant à travers les résultats fournis aux cas programmés fut une nouvelle fois mise à l'épreuve lorsque l'exactitude des conjectures formulées dans trois cas programmés concernant 3 individus d'origine latino-américaine fut comparée à celle observée lors de l'application de cas programmés anglo-américains. Étant donné qu'une association positive fut constatée ($X^2 = 7.4$ avec un degré de liberté, significatif à .01) entre les réponses exactes fournies à ces deux espèces de cas, Dailey en conclut que la généralité de l'aptitude à la connaissance d'autrui par empathie est telle qu'elle s'étend également à des cas programmés dont le contenu biographique présente d'importantes différences culturelles.

Mais que fait-il entendre par « empathie » ?

Comme le fait remarquer Dailey, il ne saurait être question de définir l'empathie qui intervient dans les processus de conjecturation comme une forme d'identification affective à autrui, car il s'agit bien plus d'une sensibilité au style global de vie caractérisant un individu. Alors qu'au sens couramment accordé à ce terme l'empathie correspond à un ensemble de réponses émotionnelles au comportement et à la situation actuelle d'un individu, l'empathie postulée par Dailey vise la suite des événements constituant tout le cours d'une vie. Dès lors se pose la question des relations existant entre ces deux espèces d'empathie.

Usant d'une technique précédemment mise au point par Cline [29], Dailey s'est efforcé d'éclaircir ce problème. Six entretiens d'une durée de 10 minutes, au cours desquels six volontaires adultes discutaient de leurs conditions de vie présentes avec un interrogateur, furent filmés. Ces films furent ensuite présentés à 16 « managers » qui, après les avoir visionnés, s'efforcèrent de décrire les conduites caractéristiques des personnes filmées ainsi que la manière dont celles-ci se percevaient.

L'exactitude de ces évaluations fut établie en les comparant à l'opinion des amis et des membres de la famille des individus filmés. Lorsque la corrélation entre ces évaluations et les résultats

[29] V. A. Cline, op. cit.

obtenus par les 16 managers à des cas programmés fut calculée, il apparut qu'elle était proche de zéro. En d'autres mots, si l'un admet que l'interprétation des films et celle des cas programmés implique la mise en jeu des deux formes d'empathie différentes, il découle de cette investigation qu'elles correspondent à deux types de processus psychologiques indépendants.

Aussi Dailey envisage-t-il que d'autres mesures de l'empathie, par exemple celle consistant à imiter les réponses fournies par un individu à un inventaire de personnalité, pourraient se révéler indépendantes de celle fournie par les cas programmés.

Avant d'en terminer avec cette revue des premiers travaux effectués sur la méthode des cas programmés, signalons encore quelques corrélations intéressantes rapportées par Dailey.

Cinquante membres du « Peace Corps » qui suivaient un entraînement spécial en vue de leur envoi en Amérique du Sud subirent une série de cas programmés parmi lesquels se trouvaient les trois cas basés sur des biographies latino-américaines auxquels il a été fait allusion plus haut.

Comme divers tests leur furent également appliqués, plusieurs corrélations purent être calculées. En premier lieu, il fut constaté que le rendement de ces cinquante sujets aux cas programmés était indépendant de leurs résultats à un test d'intelligence ainsi que de l'appréciation émise par les instructeurs au sujet de leur capacité à apprendre des langues étrangères. Par contre, lorsque leurs profils à l'Inventaire MMPI furent interprétés de manière à permettre l'évaluation de chaque individu sur une échelle à 4 points d'attitude spontanée ou défensive, il apparut une association positive entre le degré de spontanéité des sujets et l'exactitude de leurs réponses aux cas programmés ($X^2 = 7.4$ significatif à $P < .10$ pour 4 degrés de liberté).

Selon Dailey, ces constatations permettent de supposer que la compréhension d'autrui, telle qu'elle s'exprime à travers les conjectures émises aux cas programmés, dépend bien plus des caractéristiques de personnalité des juges que de leurs aptitudes intellectuelles.

IV
L'EFFICACITÉ DIFFÉRENTIELLE DE THÉORIES EXPLICITES DE LA PERSONNALITÉ

Malgré l'ampleur des nouvelles perspectives ouvertes par la méthode des cas programmés, celle-ci n'a, jusqu'à présent, guère attiré l'attention des chercheurs ou des practiciens de la psychologie de la personnalité. Diverses raisons peuvent être invoquées pour expliquer cet état de choses assez surprenant.

Sans doute s'agit-il d'une technique fort coûteuse étant donné que tant la préparation des cas programmés que leur application demande beaucoup plus de temps que la plupart des méthodes courantes. Mais la raison principale réside probablement dans le fait que les publications de Dailey n'ont pas suffisamment mis en évidence toutes les implications de sa méthode et surtout le rôle qu'elle peut être appelée à jouer dans le contexte des problèmes fort ardus que posent à l'heure actuelle les investigations de personnalité. Aussi ne s'est-il trouvé jusqu'à présent qu'un seul auteur pour entrevoir toutes les possibilités qu'elle recèle. Il s'agit notamment de R. E. FANCHER qui l'a utilisée dans deux investigations du plus haut intérêt dont l'une [30] est consacrée aux effets de l'adoption explicite d'une théorie de la personnalité sur l'exactitude de la perception d'autrui, et l'autre [31] à la relation entre l'exactitude des prédictions émises aux cas programmés et la validité prédictive des formulations utilisées par des juges ayant manifesté différents degrés d'exactitude dans leurs conjectures.

Dans la première étude, trois cas programmés furent construits en utilisant les données contenues dans des études de cas individuels, effectués à Harvard sur des étudiants, et dont les cas publiés par R. W. WHITE [32] constituent des exemples. A la différence des cas programmés composés par Dailey, ceux utilisés par Fancher ne sont pas de nature strictement biographique. En plus de fragments autobiographiques, ils contiennent également des productions imaginatives, des réponses à des tests projectifs et psychométriques, des évaluations d'aptitudes intellectuelles ainsi que le contenu d'interviews portant sur l'enfance, les études, les conceptions sociales, politiques et religieuses de l'individu. En outre, un premier épisode résumant la situation familiale du cas programmé servit d'introduction à tous les autres qui furent ordonnés chronologiquement. Cet élargissement du contenu des épisodes qui, dans les cas programmés élaborés par Fancher peuvent aussi bien consister en une histoire de T.A.T., un rêve récurrent, une attitude politique qu'en un incident familial, a pour effet d'augmenter leur nombre qui s'élève à 39.

Chacun des événements ou comportements véridiques fut encadré par deux autres qui furent glanés dans 25 autres études de cas. Dans chacun de ces épisodes non-véridiques les situations décrites étaient semblables à celles des épisodes réels et seul le comportement émanant d'autres individus était différent.

Les trois cas, appelés X, Y et Z, furent soumis à 24 étudiants de sexe masculin, auditeurs d'un cours de Psychologie pathologique et qui, auparavant, avaient déjà suivi un cours sur les théories de la Personnalité. A chaque sujet fut payée une somme forfaitaire de 30 dollars, pour sa participation, laquelle exigea de 10 à 15 heures. La consigne indiquait qu'il s'agissait de conjecturer parmi les trois événements composant les termes des 39 alternatives successives celui qui s'était réellement produit dans la vie de l'individu dont il s'agissait d'acquérir une connaissance aussi exacte que possible. On notera que les sujets de Faucher ne reçurent pas de directives préalables du genre de celles utilisées par Dailey dans son « procédé en 4 étapes ». Quant

---

[30] R. E. FANCHER Jr., Explicit personality theories and accuracy in person perception, Journal of Personality, 1966, vol. 34, No 2, 252-261.
[31] R. E. FANCHER Jr., Accuracy versus Validity in Person Perception, Journal of Consulting Psychology, 1967, vol. 31, No 3, 264-269.
[32] R. W. WHITE, Lives in Progress, New-York, Holt, Rinehart and Winston, 1952.

à la note d'exactitude, elle fut définie par le nombre de réponses correctes fournies dans chaque cas programmé.

Dans l'étude de Fancher, l'application des trois cas programmés ne constitue en réalité que la deuxième phase de l'ensemble de son expérimentation. Car, auparavant, les sujets utilisés comme juges furent soumis à une épreuve spéciale destinée à mettre en évidence certaines particularités de leur structures cognitives dans le domaine des relations interpersonnelles. Ce n'est qu'ultérieurement qu'ils furent appelés à expliciter les conceptions théoriques qu'ils épousaient et les aspects de celles-ci qu'ils croyaient avoir utilisés en cherchant la solution des problèmes contenus dans les cas programmés.

Pour analyser les caractéristiques des structures cognitives élaborées par ses sujets concernant autrui, Fancher fit appel à la forme abrégée du Role Repertory Test de Kelly telle qu'elle fut mise au point par Bieri et Blacker [33] dans leur étude sur la complexité cognitive. Dans cette épreuve, il est d'abord demandé aux sujets de désigner 6 personnes de leur entourage (y compris eux-mêmes) ayant joué un rôle bien défini dans leur existence. Par exemple : le père, la mère, l'épouse, un personnage admiré, etc... Confrontés successivement avec chacune des 20 triades qu'il y a moyen de former avec les six personnages, les sujets reçoivent pour tâche d'expliquer sous quel aspect deux des trois personnages présentent une ressemblance qui les oppose à la troisième. On obtient ainsi une série de concepts opposés qui dans la terminologie de Kelly sont appelés des « constructs ».

Plusieurs indices quantitatifs peuvent être dérivés de cette épreuve. Ceux utilisés par Fancher sont :

1. Le nombre de « constructs » différents que Bieri et Blacker ont adopté comme expression quantitative du degré de complexité cognitive.

2. Le nombre de « constructs » pouvant être répartis dans chacune de deux classes exclusives de concepts objectifs ou évaluatifs. Les concepts évaluatifs (par exemple : bon, paresseux) furent définis comme des prédicats virtuels de jugements de valeur, alors que les concepts objectifs furent définis comme l'expression de faits observables (par exemple : la profession, le sexe, l'âge). Deux juges, travaillant indépendamment l'un de l'autre, classèrent tous les « constructs » exprimés par les sujets dans l'une de ces deux catégories et obtinrent des taux de concordance qui étaient respectivement de 0.83 et 0.85 pour les catégories d'objectivité et d'évaluation.

3. Un dernier indice concerne la tendance manifestée par chaque sujet à concevoir chacune des six personnes comme ressemblante ou différente des autres. Chacun des 6 personnages faisant l'objet de 10 comparaisons avec deux autres, la fréquence avec laquelle chaque personnage fut jugé semblable ou différent des autres fut notée.

---

[33] J. BIERI et E. BLACKER, The generality of cognitive complexity in the perception of people and ink blots, Journal of Abnormal and Social Psychology, 1956, 53, 112-117.

C'est après application des trois cas programmés que l'adhésion des sujets à différentes théories de la personnalité ainsi que l'utilisation qu'ils avaient faite de l'une d'entre elles fut explorée au moyen d'un questionnaire calqué sur l'analyse comparative de diverses théories de la personnalité effectuée par HALL et LINDZEY [34].

D'après ces auteurs, les principales théories peuvent être comparées entre elles selon l'importance relative qu'elles accordent à un ensemble de déterminants de la Personnalité. Ce sont :

1. L'accent mis sur l'aspect téléologique du comportement.
2. Le rôle joué par les processus inconscients.
3. Le renforcement comme facteur d'apprentissage.
4. L'association par contiguïté spatiale ou temporelle.
5. Les processus d'apprentissage comme fondement de l'acquisition des caractéristiques distinctives de la personnalité individuelle.
6. Les aspects structuraux de la personnalité.
7. Le rôle joué par les facteurs héréditaires et constitutionnels.
8. L'importance et la signification des événements de la petite enfance.
9. L'accent mis sur la continuité du développement de l'individu.
10. La perspective organismique, c'est-à-dire, la conception de la personnalité individuelle comme une totalité fonctionnelle.
11. La prise en considération du champ des interrelations entre la personne et son environnement.
12. L'importance accordée au caractère unique de chaque personnalité.
13. La signification du milieu psychologique comme environnement vécu.
14. L'utilisation de la notion de « self ».
15. L'influence exercée par la participation de l'individu à divers groupes sociaux.
16. Le caractère inter-disciplinaire des différentes théories qui peut comporter soit une orientation à prédominance biologique soit une orientation à prédominance sociologique 17.
18. Le pluralisme ou le monisme des motivations.

Lorsque l'on met ces différents aspects des théories contemporaines de la personnalité en regard des principaux théoriciens, on peut les comparer en indiquant, à leurs points d'intersection, le degré auquel chacun de ceux-ci les a intégrés dans ses conceptions. LINDZEY et HALL se sont contentés de l'indiquer au moyen d'une échelle de rang à trois points ce qui donne le tableau suivant. (Tableau 9).

---

[34] C. S. HALL et G. LINDZEY, Theories of Personality, New-York, Wiley, 1957.

TABLEAU 9

	1. Aspects téléologiques	2. Déterminants inconscients	3. Renforcement	4. Association par Contiguïté	5. Processus d'apprentissage	6. Structure de Personnalité	7. Hérédité et Constitution	8. Événements de la petite enfance	9. Continuité du Développement
Freud	3	3	3	2	1	3	3	3	3
Jung	3	3	2	1	1	3	3	2	1
Adler	3	2	1	1	1	2	3	3	3
Horney	3	3	2	1	2	2	1	2	2
Fromm	3	2	2	1	2	2	2	2	2
Sullivan	3	2	2	3	2	2	2	2	3
Lewin	3	1	2	1	2	2	1	1	1
Allport	3	1	1	2	2	3	2	1	1
Murray	3	3	2	1	1	3	2	3	3
Sheldon	1	2	1	1	1	3	3	1	3
Eysenck	1	1	2	1	1	3	3	1	2
Cattell	2	2	3	2	3	3	3	2	2
Miller-Dollard	1	2	3	2	3	1	1	3	3
Angyal	3	2	1	1	2	3	2	1	3
Goldstein	3	1	1	1	2	1	2	1	1
Rogers	3	2	1	1	2	1	1	1	2
Murphy	3	2	3	3	3	3	3	3	3

	10. Orientation Organismique	11. Théorie du champ	12. Individualité	13. Environnement Psychologique	14. Self	15. Participation à Groupes	16. Orientation Biologique	17. Orientation Sociologique	18. Pluralisme des Motivations
Freud	2	1	2	3	2	1	3	2	1
Jung	3	1	2	2	2	1	3	1	2
Adler	2	3	3	2	3	3	2	3	1
Horney	2	2	2	2	3	3	1	3	1
Fromm	2	2	2	2	3	3	1	3	1
Sullivan	3	3	2	3	3	3	2	3	2
Lewin	1	3	3	3	2	3	1	2	3
Allport	3	1	3	2	3	1	3	1	3
Murray	3	3	2	3	2	2	3	3	3
Sheldon	3	1	3	1	1	1	3	1	1
Eysenck	1	1	1	1	1	1	2	1	1
Cattell	1	1	2	1	3	2	3	1	3
Miller-Dollard	1	1	1	1	1	2	2	3	2
Angyal	3	2	1	3	3	1	2	1	1
Goldstein	3	2	1	3	3	1	3	1	1
Rogers	3	2	2	3	3	2	1	1	1
Murphy	3	3	2	2	2	3	3	3	3

Le questionnaire utilisé par Fancher comportait les différents aspects mentionnés ci-dessus et les sujets reçurent pour consigne d'utiliser une échelle à 3 points afin d'indiquer, d'une part, quelle était l'importance qu'ils avaient attachée à chaque mode d'approche lors de l'étude des trois cas programmés et, d'autre part, quelles étaient leurs conceptions personnelles en matière de théorie de la personnalité. Ainsi, le premier type de réponse fournit une évaluation de l'utilité de chaque aspect et le second type de réponse une mesure du degré d'adhésion à chaque déterminant théorique.

En comparant ces deux espèces de réponses aux appréciations émises par Lindzey et Hall concernant 17 auteurs, Fancher calcula la similarité existant entre ces derniers et chacun de ses sujets. Un score de « similitude pratique » fut obtenu en renversant le signe de la somme des carrés des différences entre les ratings d'utilité de chaque sujet et ceux formulés par Lindzey et Hall. En utilisant les ratings d'adhésion des sujets, un score de « similitude d'adhésion » fut calculé en procédant de la même manière.

Les résultats obtenus aux trois cas programmés par les 24 étudiants utilisés comme sujets-juges par Fancher sont caractérisés par des moyennes fort basses et par une considérable variabilité. En effet, le nombre moyen de choix corrects aux cas X, Y et Z fut respectivement de 16.5 (42,3 %), 15.9 (40,8 %) et 17.5 (44,9 %) [35]. On se rappellera que chaque cas comportait 39 alternatives de trois événements et par conséquent le nombre de réponses correctes auquel on pouvait s'attendre du fait du hasard était de 13. Si l'on compare ces résultats à ceux obtenus par Dailey, leur infériorité saute aux yeux.

La raison de cette infériorité est inconnue. Elle peut aussi bien résulter des capacités ou des motivations des sujets utilisés que de l'absence d'instructions préalables ou de la nature même des cas programmés ou encore de l'une ou l'autre combinaison de ces facteurs. Malheureusement, Fancher n'est pas très explicite à ce sujet et comme il ne donne aucun exemple des cas programmés qu'il a utilisés, il n'est pas possible d'élucider ce point. Toutefois, le calcul des intervalles de confiance des moyennes indiqua que pour les cas X et Z, elles dépassaient 13 avec une probabilité supérieure à 0.99 et que celle du cas Y dépassait le résultat attendu au hasard avec une probabilité supérieure à 0.95.

Si les sujets de Fancher manifestèrent une considérable variabilité entre eux, par contre le degré d'exactitude atteint par chacun se révéla fort stable car les intercorrélations entre les scores d'exactitude obtenus aux trois cas programmés s'élevèrent à $+ 0.76$, $+ 0.69$ et $+ 0.84$ ce qui concorde bien avec les constatations de Dailey.

En ce qui concerne l'augmentation progressive des choix corrects dans les cas programmés successifs, elle est inexistante chez les sujets de Fancher. A première vue, elle est également absente à l'intérieur de chaque cas. En effet, si on totalise pour les cas X, Y et Z le nombre de choix corrects effectués au cours du premier tiers de chaque épreuve et si on les compare à ceux observés au cours du troisième tiers des trois cas, on n'observe qu'une légère différence entre l'exactitude moyenne des premiers

---

[35] Les écarts types étaient respectivement de 4,6, 6,0 et 5,3.

tiers qui est de 16.1 (écart-type 3.6) et celle des derniers tiers qui atteint 17.4 (écart-type 5.3).

Or cette différence n'est pas statistiquement significative (t = 0.99). Par contre, si pour chaque sujet on calcule un score d'apprentissage en soustrayant la note d'exactitude qu'il obtient au premier tiers des trois cas de la note d'exactitude caractérisant son rendement au dernier tiers des trois cas, on constate que cet indice de progression présente une corrélation de + 0.52 avec l'exactitude globale. Par ailleurs Fancher observa que le score d'apprentissage moyen des 12 individus, dont le résultat global était situé au-dessus du médian des résultats globaux, était de + 2.8 alors que celui des 12 sujets classés en dessous du médian n'était que de - 0.7 et qu'en outre cette différence entre scores d'apprentissage était statistiquement significative au niveau de .05 (t = 2.10). De tout ceci on peut conclure qu'une augmentation des choix corrects ne se produit que chez les sujets obtenant au départ des résultats relativement plus élevés, alors que c'est à une diminution que l'on assiste chez ceux qui dès le début donnent des réponses moins exactes.

Quant aux corrélations obtenues par Fancher entre l'exactitude globale aux trois cas programmés, d'une part et les différentes variables étudiées au moyen du Role Repertory test de Kelly ainsi que les réponses au questionnaire concernant l'adhésion des sujets à divers points de vue théoriques et l'utilisation effective de ceux-ci d'autre part, les plus importantes peuvent être résumées dans le tableau suivant. (Tableau 10).

Pour ce qui est des caractéristiques cognitives des sujets, deux tendances très nettes émergent : ce sont les individus enclins à émettre des jugements objectifs sur les personnes significatives de leur entourage et qui se perçoivent comme semblables à autrui qui obtiennent les meilleurs résultats aux cas programmés. Cette constatation concorde assez bien avec la conception intuitive du bon connaisseur d'hommes. Tout son intérêt résulte évidemment de la manière dont elle est démontrée.

TABLEAU 10

	r	p
– Aspects structuraux de la Personnalité (utilité)	+ 0.40	.05
– Aspects structuraux de la Personnalité (adhésion)	+ 0.44	.05
– Hérédité (utilité)	+ 0.50	.02
– Environnement psychologique (utilité)	+ 0.45	.05
– Orientation sociologique (adhésion)	− 0.49	.02
– Similitude pratique avec Miller et Dollard	− 0.48	.05
– Role Repertory Test : objectivité	+ 0.60	.01
– Role Repertory Test : évaluation	− 0.40	.05
– Role Repertory Test : isolement du moi	− 0.45	.05

Les corrélations substantielles obtenues entre l'exactitude globale et l'importance pratique et théorique attachée aux aspects structuraux de la personnalité permet d'inférer que les sujets formulant le plus de conjectures correctes sont ceux qui tendent à souligner les aspects relativement stables de la personnalité. L'importante corrélation de + 0.50 avec l'utilité de la prise en considération de facteurs héréditaires plaiderait dans le même sens n'était-ce que — comme le remarque Fancher — les cas programmés ne comportaient que fort peu de données de cette nature. Et l'auteur d'ajouter que « on the basis of informal conversations with some of the judges, it appeared to the experimenter that a high heredity rating was indicative of a judge's placing strong emphasis on family background, race, religion etc... though it seems that « group membership determinants » would have been a more appropriate category in which to indicate that tendency ».

Mais si tel est le sens conféré par les sujets aux déterminants héréditaires, c'est la corrélation négative de 0.49 avec l'adhésion à une orientation multidisciplinaire vers la sociologie qui devient inexplicable. En outre, si les cas programmés utilisés par Fancher contenaient peu d'informations sur l'hérédité des individus étudiés, on peut également se demander s'ils comportaient des données permettant l'application de la théorie de Dollard et Miller qui repose sur un behaviorisme de type stimulus-réaction libéralisé. Car s'il en était ainsi, on pourrait expliquer la corrélation négative de 0.48 entre la similitude pratique avec les conceptions de ces auteurs et l'exactitude globale des choix. Reste alors la corrélation de + 0.45 qui concerne l'importance accordée au milieu en tant qu'environnement vécu qui ne contredit pas les deux premières, mais dont on voit mal comment elle s'accorde avec les autres.

Mais il suffit de se poser ces questions pour que surgissent immédiatement une série de problèmes que Fancher n'a pas abordés parce que apparemment il les considère comme déjà résolus.

Il y a tout d'abord l'analyse de Lindzey et Hall et les catégories sur lesquelles elle est basée. Le moins que l'on puisse dire c'est que ces dernières sont fort discutables tant sur le plan formel qu'en ce qui concerne leur contenu.

Ainsi, la question de l'importance attachée au renforcement ou à l'association par contiguïté ne sont que des aspects subordonnés des phénomènes d'apprentissage et ce n'est qu'à partir du moment où le rôle de ceux-ci dans une théorie a été établi qu'il est intéressant de s'interroger sur la signification des formes et modalités de l'apprentissage. Il en va de même des notions d'environnement psychologique, de champ de comportement, et du « self-concept » qui ne peuvent guère être conçues indépendamment l'une de l'autre. La même remarque s'impose au sujet du poids accordé aux expériences de la petite enfance et de la continuité du développement individuel. L'analyse de Lindzey et Hall méconnaît également les liens de filiation historique entre les différentes théories envisagées qui, tout en rapprochant les unes, sépare les autres. Une distinction capitale, négligée par Lindzey et Hall, concerne le rejet explicite par un théoricien d'une notion considérée comme fondamentale par un autre, et le fait qu'une théorie soit focalisée préférentiellement sur certains phénomènes sans pour autant nier ceux qui n'entrent pas dans son orbite.

Ce n'est donc qu'à domaines empiriques égaux qu'une analyse comparative est possible. Et cette comparabilité de contenu renvoie à son tour à une comparabilité méthodologique. Or, entre les techniques psychothérapiques qui sont à la base des conceptions de Freud, Jung, Adler, Harney, Fromm, Sullivan et Rogers, les techniques biométriques de Sheldon, les analyses factorielles de Cattell et Eysenck, les types d'expérimentation très différents pratiqués par Allport et Lewin, la clinique neuropsychologique de Goldstein et les tentatives de synthèse de Murray et de Murphy, il n'y a guère de commune mesure.

Si bien que l'analyse proposée par Lindzey et Hall aboutit à des synthèses qui, tant sur le plan théorique que sur le plan méthodologique, ne reproduisent pas les données initiales parce qu'elles mènent à des théories qui n'ont pas été énoncées par leurs auteurs.

Mais, à supposer que les catégories utilisés par Lindzey et Hall soient entièrement acceptables, il y aurait encore lieu de vérifier si les appréciations de ces auteurs sont correctes. Or, il saute aux yeux que nombre d'entre elles sont sujettes à caution. Ainsi, peut-on prétendre que la notion de champ psychologique ait la même importance chez Adler et Sullivan que chez Lewin ? Et peut-on valablement affirmer que ce dernier auteur accorde un rôle moindre à la structure de personnalité que Sheldon, Eysenck et Cattell ? Ces objections prouvent abondamment qu'en désirant bénéficier de l'autorité d'une analyse toute faite, Fancher n'a guère choisi l'instrument le plus apte à mettre en évidence les théories auxquelles ses sujets se seraient explicitement référés.

Quant à ces derniers, on ne possède, en fait, aucune garantie au sujet de leur compréhension des termes utilisés dans le questionnaire. Comme il ressort de la remarque de Fancher que nous avons citée, le fait que ces étudiants aient au préalable suivi un cours de théorie de la personnalité ne semble guère avoir empêché certains d'entre eux d'interpréter de façon erronée la notion d'hérédité. Il n'est même pas établi s'il se trouvait parmi eux des individus adhérant explicitement à l'une ou l'autre théorie. Tout ce que l'on sait sur le degré de formation atteint par des étudiants « under-graduate » permet de douter qu'ils puissent aussi précocement faire acte d'allégeance à l'une ou l'autre théorie, pour ne pas parler de leur connaissance approfondie de ces théories.

Sans doute le problème de l'influence de théories explicites peut-il être légitimement formulé. Mais à condition de ne pas négliger l'action omniprésente de conceptions implicites comme les investigations de B. Koltuv [36] l'ont bien montré. Or, ce que l'on ignore précisément dans le cas des sujets étudiés par Fancher,

---

[36] B. KOLTUV, Some characteristics of intrajudge trait intercorrelations, Psychological Monographs, 1962, No 552.

c'est le poids relatif de certaines conceptions implicites d'origine socio-culturelle par rapport à celui de théories explicites au sujet desquelles le questionnaire de Fancher exige une prise de position par l'intermédiaire des catégories proposées par Lindzey et Hall. Ce qui reste également indéterminé c'est la mesure dans laquelle les réponses des sujets de Fancher au questionnaire reflètent fidèlement les opérations cognitives auxquelles ils se sont livrés en élaborant leur conjectures. On songe ici en tout premier lieu aux rationalisations a posteriori que l'administration du questionnaire a pu susciter.

Il va de soi que seule une étude qualitative des processus de pensée permettrait d'apprécier à leur juste valeur les réponses des sujets. Il s'agit là encore une fois d'une étude préalable qui aurait été indispensable afin de préciser la signification des procédés d'investigation mais dont l'auteur a cru pouvoir faire l'économie.

Enfin, en l'absence d'exemples concrets, il est impossible de savoir si, et dans quelle mesure, les cas programmés construits par Fancher se prêtaient à l'application des notions utilisées dans le questionnaire. De l'aveu de l'auteur, nous avons appris qu'ils contenaient fort peu de renseignements de nature héréditaire. Mais quelles étaient les véritables données qu'ils comportaient? La réponse à cette question est d'importance capitale, car il n'est pas exclu que le tableau de corrélations reproduit ci-dessus (Tableau 10) ne fasse que refléter les types d'informations survenant le plus fréquemment dans les trois cas programmés et utilisés à bon escient par les sujets les plus capables.

Les diverses critiques que l'on peut adresser à la méthode mise en œuvre par Fancher ne doivent toutefois pas faire oublier une trouvaille imprévue faite par cet auteur. En comparant le degré de complexité cognitive manifesté par chaque sujet au Role Repertory Test de Kelly, à la note globale d'exactitude aux cas programmés, il fut constaté une corrélation statistiquement non-significative de - 0.22 entre ces deux variables. Toutefois, en traçant le diagramme de corrélation, il apparut une distribution en forme de V. C'est-à-dire que les notes d'exactitude élevées étaient associées soit à une complexité cognitive élevée, soit à une complexité cognitive basse, les notes d'exactitude les plus basses correspondant à un degré de complexité cognitive moyen.

Le calcul du rapport de différentiation η^2 fournissant un résultat significatif à .05 ($\eta^2 = +0.22$; $F = 4.12$) il fut donc établi qu'entre exactitude et complexité cognitive il existait une relation non-linéaire statistiquement significative. Fancher eut alors l'excellente idée d'analyser cette relation à la lumière des résultats obtenus par ses sujets aux tests d'admission à l'Université. Il divisa ceux-ci en deux groupes comprenant respectivement 14 et 9 sujets selon qu'ils avaient obtenus leurs meilleurs résultats aux tests mathématiques ou aux tests verbaux. Lorsque la corrélation entre exactitude et complexité cognitive fut calculée séparément pour chacun des deux groupes de très importantes différences apparurent. Alors que, pour le groupe supérieur aux tests mathématiques, la corrélation était de - 0.75 (p < .005), elle était de + 0.54 (p < .15) pour le groupe ayant obtenu les meilleurs résultats aux tests verbaux. Étant donné que la différence entre ces deux coëfficients de corrélation est statistiquement significative (p < .01) la conclusion qui s'impose c'est que, pour les individus manifestant des aptitudes mathématiques supérieures à leurs aptitudes verbales, c'est à une structuration cognitive simple qu'est liée l'exactitude des choix aux cas programmés, alors que c'est l'inverse qui se produit chez les individus dont les aptitudes verbales sont supérieures aux aptitudes mathématiques.

Ces constatations appelaient évidemment une reconsidération des corrélations qui avaient antérieurement été obtenues pour tout le groupe. Celles-ci furent recalculées pour chacun des deux groupes, et, comme l'indique le tableau 11, de nettes différences apparurent.

TABLEAU 11

	Aptitudes mathématiques supérieures à aptitudes verbales	Aptitudes verbales supérieures à aptitudes mathématiques	p de la différence entre r
Objectivité (R. R. test)	+ 0.89 (p < .01)	+ 0.08	.05
Aspect téléologique : utilité	— 0.11	+ 0.63 (p < .10)	.10
Hérédité : utilité	+ 0.72 (p < .01)	+ 0.29	N. S.
Individualité : utilité	— 0.53 (p < .05)	+ 0.32	.10
Individualité : adhésion	— 0.54 (p < .05)	+ 0.44	.05
Participation à groupes : adhésion	+ 0.10	— 0.60 (p < .10)	N. S.
Similarité avec Horney : adhésion	— 0.21	— 0.71 (p < .05)	N. S.
Similarité avec Froman : adhésion	— 0.09	— 0.68 (p < .05)	N. S.
Similarité avec Allport : adhésion	— 0.28	+ 0.61 (p < .10)	.05
Similarité avec Allport : pratique	— 0.38	+ 0.60 (p < .10)	.05
Similarité avec Sheldon : pratique	— 0.02	+ 0.63 (p < .10)	N. S.
Similarité avec Freud : pratique	+ 0.63 (p < .05)	— 0.02	N. S.
Similarité avec Jung : pratique	+ 0.21	+ 0.58 (p < .10)	N. S.
Similarité avec Lewin : pratique	— 0.37	+ 0.49	.08

En effet, chez les sujets ayant obtenu de meilleurs résultats aux tests mathématiques on observe des corrélations positives entre exactitude d'une part et objectivité au Role Repertory Test de Kelly, utilité de la prise en considération de facteurs héréditaires et similitude pratique avec Freud, et des corrélations négatives entre l'exactitude et l'importance accordée au caractère unique de chaque individu ainsi qu'avec la similitude pratique avec Lewin. Par contre, chez les sujets plus doués sur le plan verbal, l'exactitude possède des corrélations positives avec l'utilité de l'aspect téléologique, avec l'importance attachée à l'individualité ainsi qu'avec les deux formes de similitude avec Allport, et avec la similitude pratique avec Sheldon, Lewin et Jung. L'adhésion à une conception soulignant l'importance des participations sociales d'un individu et celle impliquant une similitude avec Horney et Fromm sont en corrélation négative avec l'exactitude aux cas programmés.

D'après Fancher, la meilleure façon d'interpréter ces différences consiste à admettre que les deux groupes se distinguent par le fait que l'un adopte une conception « nomothétique » et l'autre une conception « idiographique » de la personnalité. Nous ne chercherons pas querelle à Fancher au sujet de la signification qu'il convient d'accorder à ces deux concepts qu'Allport a empruntés à W. Windelband pour les introduire dans la psychologie de la personnalité.

Néanmoins, il est bon de remarquer que si l'on admet avec Windelband [37] qu'une discipline nomothétique vise à l'élaboration de lois et de concepts généraux, alors qu'une discipline idiographique se donne pour tâche d'appréhender des réalités individuelles dans toute leur richesse concrète, il ne saurait être question d'opposer nomothétique à idiographique étant donné leur complémentarité. C'est en effet à partir de données initiales de type idiographique que s'élaborent des connaissances nomothétiques; et réciproquement, ce n'est qu'en utilisant des concepts et des lois, nécessairement nomothétiques, que peut se déployer la démarche individualisante propre aux disciplines idiographiques. Si l'on s'en tient à la conception originale de Windelband concernant les orientations idiographique et nomothétique, il est évident qu'il ne saurait y avoir de conceptualisation d'une personnalité individuelle autre qu'idiographique. Par conséquent s'il s'agit du mode d'approche utilisé pour résoudre les problèmes posés par un cas programmé, cette catégorisation n'est guère applicable.

Il n'en va évidemment plus de même lorsqu'il s'agit des différentes conceptions théoriques en jeu, qui peuvent relever de façon prédominante de l'une ou de l'autre orientation. Mais il suffit de bien analyser le tableau de corrélations pour s'apercevoir combien peu l'interprétation de Fancher est satisfaisante. Pour ce qui est de Lewin qui a toujours souligné la complémentarité des approches nomothétique et idiographique — encore

---

[37] W. WINDELBAND, Geschichte und Naturwissenschaft 1894 — Präludien, 9ᵉ edit. Tübingen 1924.

que cette terminologie lui soit étrangère —, il n'y a guère moyen de le ranger d'un côté ou de l'autre. Chez Freud, l'orientation est inconstestablement double. Quant aux travaux de Sheldon, ils sont à prédominance nomothétique. Or, chez les sujets dont les aptitudes verbales sont supérieures aux aptitudes mathématiques, il existe une corrélation de + 0.63 entre l'exactitude de leurs choix et la similitude pratique avec Sheldon. Enfin il y a l'adhésion à des points de vue similaires à ceux de Horney et de Fromm qui est en corrélation négative avec l'exactitude dans le groupe de sujets du type verbal. Or ces deux auteurs ne peuvent guère être considérés comme des représentants typiques d'une orientation idiographique. De même, on ne saurait affirmer que l'importance accordée aux aspects téléologiques du comportement individuel soit uniquement de nature idiographique.

C'est, croyons-nous, céder à des analogies superficielles que d'attribuer aux sujets mieux doués en mathématiques une orientation nomothétique qui serait étroitement liée à l'exactitude de leurs conjectures et de considérer que les sujets mieux doués sur le plan verbal doivent leurs réponses correctes à un mode d'approche idiographique. Reste évidemment l'hypothèse fort intéressante d'une utilisation optimale de différentes théories par des individus manifestant des aptitudes intellectuelles différentes. Malheureusement, Fancher n'apporte aucun élément de preuve à cet égard. Et comme nous l'avons déjà souligné, rien ne permet de croire que les réponses fournies par les sujets au questionnaire soient l'expression des procédés et conceptions réellement utilisés. Il se pourrait en effet très bien que leurs jugements d'adhésion et d'utilité ne soient en définitive que l'expression de leurs préférences.

V
EXACTITUDE ET VALIDITÉ DE LA PERCEPTION D'AUTRUI

Fancher ne s'est pas borné à tenter d'analyser le rôle joué par l'adoption de points de vue théoriques dans l'exactitude des réponses fournies aux cas programmés. Se plaçant au cœur même des préoccupations contemporaines au sujet de la validité des jugements cliniques, il s'est interrogé sur la relation existant entre l'exactitude des conjectures et la capacité de conceptualiser valablement la personnalité des individus auxquelles celles-ci ont trait.

Ce serait déformer de façon inadmissible les fonctions du clinicien que de limiter ses activités à la prédiction de comportements individuels. Car il lui incombe également la tâche essentielle de communiquer au client et à d'autres personnes une formulation adéquate de ses observations et de ses inférences. A première vue, il pourrait sembler que prédiction correcte et conceptualisation adéquate ne soient que deux aspects différents d'une seule et même chose : la compréhension d'autrui. Pour prédire avec exactitude, dira-t-on, il est indispensable de disposer d'une représentation idoine de la personnalité dont il s'agit de prévoir la conduite; et réciproquement, ce n'est qu'en mettant des interprétations à l'épreuve de la prédiction que l'on pourra s'assurer de leur validité. C'est là, comme nous l'avons déjà signalé, le point de vue adopté, à la suite d'Adler, par Dailey.

Mais, dans son apparente simplicité, cette conception n'est rien moins que trompeuse. L'exactitude d'une prédiction déduite d'une interprétation hypothétique ne garantit pas automatiquement cette dernière : ce serait commettre l'erreur consistant à « affirmer le conséquent ». Par ailleurs, le point de départ d'une prédiction correcte n'est pas nécessairement explicite. Il peut s'agir d'une impression diffuse, d'une schématisation empirique mal définie aussi bien que de l'articulation d'un ensemble de concepts précis. On peut même aller plus loin et supposer avec Taft, qui en 1955 [38] a passé en revue toute la littérature disponible au sujet de la capacité à juger autrui, que les deux tâches nécessitent des opérations cognitives radicalement différentes. Alors que la prédiction de conduites individuelles supposerait un mode d'appréhension intuitif et non-analytique, la formulation de descriptions et d'interprétations de personnalité requererait une démarche analytique comportant des enchaînements inférentiels. Dans cette hypothèse, il faudrait s'attendre à ce que la corrélation entre l'exactitude prédictive et la conceptualisation interprétative soit nulle ou éventuellement même négative.

Si la mesure de l'exactitude prédictive ne pose pas de gros problèmes, du moins en première approximation, il n'en va pas de même pour l'évaluation quantitative de la validité d'une formulation. Afin d'opérationaliser la validité d'une conceptualisation tout en la rendant quantifiable, Fancher la définit comme la validité prédictive d'une interprétation. Le degré de validité prédictive d'une conceptualisation pourra alors être déterminé en observant dans qu'elle mesure les individus qui en prennent connaissance sont à même d'énoncer des conjectures exactes. En termes de réalisation expérimentale, cela signifie qu'après avoir achevé chacun des 3 cas programmés, les 24 sujets, dont il a déjà été question plus haut, reçurent pour tâche de rédiger une interprétation de la personnalité de chaque individu qu'ils avaient appris à connaître, sans qu'aucune sorte de limitation ne leur fût imposée. De cette manière, 72 (3 x 24) « conceptualisations » de personnalité furent obtenues. Pour établir leur validité, un questionnaire fut construit comportant 24 événements biographiques supplémentaires à chaque histoire de vie qui avait déjà été utilisée pour élaborer un cas programmé. Chacun de ces événements fut encadré par deux autres exactement de la même manière que lors de la rédaction des cas programmés.

Un nouveau groupe de sujets comprenant 72 étudiants qui, au moment de leur participation à l'expérience, avaient presque terminé un cours de théorie de la personnalité, reçurent pour instruction d'abord de lire les « conceptualisations » rédigées par les 24 sujets du premier groupe puis de répondre au questionnaire de validation en se basant sur celles-ci. A la différence des cas programmés à proprement parler, les questionnaires de validation

---

[38] R. TAFT, The ability to judge people Psychological Bulletin 1955, 52; 1-23.

furent remplis sans que les sujets reçussent la moindre indication sur l'exactitude de leur choix. Chaque questionnaire de validation était par conséquent un test à choix multiple comprenant 24 items.

Comme chaque conceptualisation fut lue et utilisée par 3 sujets différents, trois notes de validité différentes furent obtenues pour chacune d'elles, c'est-à-dire le nombre de choix corrects effectués par chaque sujet du deuxième groupe, ainsi que 9 notes pour chaque auteur des conceptualisations (c'est-à-dire les notes obtenues à partir des trois interprétations rédigées par chaque sujet du premier groupe).

La note moyenne de validité obtenue par les 72 sujets du deuxième groupe fut de 8.5 choix corrects par questionnaire de validation. Si l'on tient compte du fait qu'au hasard on obtiendrait 8 choix corrects, il est incontestable que, dans l'ensemble, les conceptualisations rédigées par les sujets du premier groupe ne possédaient pas une grande validité prédictive. Sans pour autant fournir toutes les données numériques indispensables, Fancher affirme néanmoins que le calcul de l'intervalle de confiance autour de la moyenne de 8.5 indiqua qu'elle dépassait la valeur attendue du seul fait du hasard, avec une probabilité supérieure à 0.99.

Quelles furent, en définitive, les relations constatées entre l'exactitude prédictive et la validité prédictive? Si l'on utilise comme note de validité la somme des 9 scores de validité individuels, la corrélation entre exactitude globale aux trois cas programmés et la note globale de validité est de - 0.41 (p <. 05). Si on calcule le même coëfficient de corrélation séparément pour chacun des trois cas programmés, on obtient respectivement - 0.40, - 0.27, et - 0.20 et seul le premier de ces coëfficients de corrélation est significatif à p <. 05.

Ces résultats peuvent être considérés comme une confirmation de l'hypothèse de Taft. Mais ils soulevèrent évidemment le problème des différences entre les cas programmés.

Quoi qu'il en soit, il est du plus haut intérêt de comparer les corrélations calculées entre l'exactitude prédictive, et les conceptions théoriques des sujets du premier groupe ainsi que leurs réponses au Role Repertory Test de Kelly d'une part et celles existant entre la validité prédictive des conceptualisations et ces mêmes variables d'autre part.

Comme il ressort du tableau 12, les corrélations peuvent être classées en trois groupes. Dans le premier il s'agit de trois variables qui manifestent des corrélations significatives, tant avec l'exactitude prédictive qu'avec la validité prédictive.

Dans le second, les corrélations n'intéressent que l'exactitude et dans le troisième elles ne concernent que la validité prédictive des conceptualisations. Comme ces derniers sont difficilement interprétables et ne valent qu'à titre de simples constatations, et étant donné que celles du deuxième groupe ont déjà été commentées antérieurement, il est préférable de se concentrer sur celles du premier groupe qui offrent également la particularité de présenter des différences statistiquement très significatives.

TABLEAU 12

	Corrélation avec l'*exactitude prédictive*	Corrélation avec la *validité prédictive*	p de la différence entre les r
Rôle de l'environnement psychologique : utilité	+ 0.45 (p < .05)	— 0.40 (p < .05)	.005
R. R. test : objectivité	+ 0.60 (p < .01)	— 0.59 (p < .01)	.001
R. R. test : évaluation	— 0.40 (p < .05)	+ 0.61 (p < .01)	.001
Aspects structuraux de la personnalité : utilité	+ 0.40 (p < .05)	+ 0.01	N. S.
Aspects structuraux de la personnalité : adhésion	+ 0.44 (p < .05)	— 0.24	.05
Hérédité : utilité	+ 0.50 (p < .05)	— 0.13	.05
Orientation sociologique : adhésion	— 0.49 (p < .05)	+ 0.05	N. S.
R. R. test : isolement du moi	— 0.45 (p < .05)	+ 0.16	.05
Pluralisme des Motivations : utilité	+ 0.09	— 0.42 (p < .05)	N. S.
Apprentissage par contiguïté : utilité	+ 0.09	— 0.48 (p < .05)	.05
Evénements de la petite enfance	+ 0.31	+ 0.46 (p < .05)	N. S.

Conformément à la corrélation négative entre l'exactitude globale aux trois cas programmés et la validité prédictive des conceptualisations formulées concernant ceux-ci, on constate une opposition systématique entre les corrélats de l'exactitude et de la validité. Cette dernière présentant une corrélation négative avec l'importance accordée à l'environnement psychologique et avec l'objectivité des concepts évoqués par le Role Repertory test, et une corrélation positive avec le caractère évaluatif de ceux-ci, ces résultats, selon Fancher, suggèrent l'idée que les sujets ayant formulé des interprétations à validité élevée n'ont guère eu tendance à s'identifier aux cas étudiés.

Plutôt que de tenir compte de l'ambiance vécue, ils auraient eu tendance à imposer leurs propres catégories et évaluations aux données qui leur étaient présentées. Ce mode d'appréhension plus analytique des biographies programmées peut avoir eu pour effet de faciliter la formulation des cas individuels tout en gênant l'élaboration de conjectures intuitives correctes.

On voit immédiatement tout l'intérêt de cette interprétation qui rejoint en quelque sorte les conclusions du premier travail de Dailey. Si elle se confirmait, elle permettrait d'expliquer les constatations de Meehl[39] et d'autres investigateurs qui ont abouti à des conclusions peu flatteuses quant aux capacités prédictives des cliniciens. Il se pourrait fort bien que l'exactitude prédictive de ceux-ci soit aussi faible parce que, en raison même

---

[39] P. MEEHL, *op. cit.*

de leur formation et des fonctions qu'ils remplissent, leur efficacité se marquerait surtout dans le domaine de la formulation et de la conceptualisation.

Mais en quoi des étudiants peuvent-ils être comparés à des psychologues cliniciens ? Il n'est pas facile de trouver des indices de similarité, et quels que soient ceux-ci, il faudra les interpréter avec prudence. Néanmoins, il est frappant de constater que, s'il n'existe aucune corrélation entre validité prédictive et résultats aux tests d'intelligence verbaux et non-verbaux et si la validité prédictive est indépendante du nombre de cours de psychologie suivis par les étudiants, il est deux corrélations dignes d'attention. D'une part, les résultats obtenus à un cours de psychologie anormale présentent une corrélation négative de - 0.31 ($p < .15$) avec l'exactitude prédictive; d'autre part ils sont corrélés positivement et significativement ($r = + 0.47; p < .05$) avec la validité prédictive et la différence entre les deux coëfficients est également statistiquement significative ($p < .01$).

Ce sont donc les meilleurs étudiants en psychologie pathologique qui tendent à fournir les meilleures conceptualisations et à formuler le moins de conjectures exactes.

Pour hautement suggestifs que soient les résultats auxquels l'étude de Fancher a abouti, il est plusieurs aspects de celle-ci qui appellent une discussion critique. Le premier concerne la définition expérimentale de la validité d'une conceptualisation, validité dont Fancher cherche l'expression quantitative dans le nombre de prédictions correctes qu'elle permet de réaliser à celui qui en prend connaissance. Mais il saute aux yeux que cette définition est inadmissible puisqu'elle fait dépendre la validité d'une conceptualisation de l'exactitude prédictive qu'elle permet d'attendre. Comme l'écrit Fancher, « the experimental task for the J2's (c'est-à-dire les 72 sujets du deuxième groupe) was to read the J1's (c'est-à-dire les 24 sujets du premier groupe) conceptualizations and then to fill out the validating questionnaires on the basis of what they had gleaned from the conceptualizations. Presumably the more adequate conceptualizations enabled the J2's to make more accurate choices on the validating questionnaires ».

Mais outre le fait que, de cette manière, exactitude prédictive et validité ne sont pas définies de manière indépendante, croire que l'exactitude des choix au questionnaire de validation reflétera la validité des conceptualisations est une supposition tout à fait gratuite. En effet, entre la conceptualisation initiale et sa validité prédictive s'intercalent les sujets du deuxième groupe. Et il est fort possible qu'en raison des caractéristiques propres aux prédicteurs ceux-ci fassent soit un usage médiocre de « bonnes » conceptualisations, soit un usage optimal de conceptualisations médiocres. Or, ce qui rend l'exposé de Fancher particulièrement peu satisfaisant c'est qu'il ne fournit aucun détail au sujet des dites conceptualisations. Tout ce que l'on sait à leur sujet c'est qu'entre le nombre de mots qu'elles contiennent et leurs scores de validité, il existe pour les trois cas programmés des corrélations qui atteignent respectivement + 0.20, + 0.06 et - 0.19.

On ignore tout de la forme et du contenu de ces conceptualisations et même la signification de ce dernier terme reste indéterminée. S'agit-il de simples descriptions ou d'interprétations à visée explicative ? L'auteur reste muet sur ce point qui est cependant d'importance car il permettrait de vérifier dans quelle mesure les sujets du premier groupe qui s'étaient déclarés adeptes de différentes orientations théoriques le sont véritablement. Il aurait en outre été indispensable de savoir de quelle façon les 72 prédicteurs du second groupe firent usage des conceptualisations mises à leur disposition et quelle fut leur jugement sur l'utilité de celles-ci. Par ailleurs, si l'adhésion explicite à l'une ou l'autre conception théorique exerce l'effet que Fancher estime avoir mis en évidence dans la première partie de son étude, pourquoi ne pas en avoir tenu compte en ce qui concerne les sujets qui servirent à établir la validité prédictive des conceptualisations ? On devrait, en effet, s'attendre à ce que, dans le cas d'une concordance théorique entre une conceptualisation et l'orientation de celui qui en prend connaissance, les conjectures formulées soient plus fréquemment correctes que dans l'éventualité de leur discordance.

Quant aux 24 événements supplémentaires qui constituèrent le questionnaire de validation pour chaque cas programmé, Fancher ne fournit aucun détail, ni sur leur contenu, ni sur leur localisation chronologique à l'intérieur de chaque cas programmé. Faisaient-ils suite aux 38 événements précédents ? Constituaient-ils une série autonome ? Auraient-ils pu être intercalés à différents endroits des cas programmés ?

Ce sont là autant de questions qui restent sans réponse. Et c'est également en vain que l'on se demanderait pourquoi la division des 24 sujets en deux groupes selon les résultats obtenus aux tests d'aptitude verbale et mathématique — division qui s'était révélée fort intéressante dans l'analyse de l'exactitude prédictive — ne fut pas appliquée lors de l'étude de la validité prédictive.

CHAPITRE II

DEUX CONCEPTIONS DES CAS PROGRAMMÉS

**I
QUELQUES
CONSIDÉRATIONS
GÉNÉRALES**

Tout au long de l'exposé que nous avons consacré aux premières recherches sur la méthode des cas programmés, nous avons, à diverses reprises, été confrontés avec une même difficulté particulièrement gênante. A une exception près, notamment la tentative effectuée par Dailey pour appliquer la théorie des graphs à du matériel autobiographique, l'absence de données concrètes et de renseignements précis concernant divers aspects des investigations entreprises rend l'évaluation et l'interprétation de celles-ci incertaines. Les individus utilisés comme sujets sont mal connus, la description de leurs caractéristiques se résume à l'énoncé de leur âge, de leur sexe et de l'institution à laquelle ils appartiennent. Parfois la profession des sujets est mentionnée ; lorsqu'il s'agit d'étudiants, on apprend éventuellement quels cours ils ont déjà suivis. Mais rien n'est dit au sujet de leurs intérêts et de leurs motivations. Bien sûr, Fancher signale que les 24 étudiants de son premier groupe furent payés pour leur participation à l'étude. Mais cela n'empêche que l'on reste complètement ignorant tant en ce qui concerne les raisons qu'en ce qui concerne les effets de cette mesure. Ni Dailey, ni Fancher ne fournissent le moindre renseignement au sujet de l'attitude adoptée par leurs sujets envers le procédé auquel ils furent soumis. Une seule remarque de Fancher a trait à ce que des conversations occasionnelles avec ses sujets révélèrent quant à leur interprétation de la notion d'hérédité ; comme nous l'avons vu, elle est de toute première importance pour l'appréciation des résultats obtenus.

Tout se passe comme si la parole et la réflexion étaient refusées aux sujets et dès lors la méthodologie behavioriste qui se profile derrière les techniques d'investigation utilisées apparaît comme un mode de relations sociales autoritaire centré sur une manipulation appauvrissante d'autrui. C'est que, à tout moment, l'expérimentateur doit affronter le danger que les conditions expérimentales qu'il a élaborées soient contestées par les prises de position des sujets. Il ne reste alors évidemment plus rien d'autre à faire que de les anathématiser comme relevant d'une introspection non-scientifique ou — ce qui est en somme bien plus grave — de les ignorer tout simplement.

Que les effets stérilisants de la méthodologie behavioriste se fassent encore aussi nettement sentir dans des investigations qui, par leur objet même, — la compréhension d'autrui — supposent que ses travers aient été dépassés, en dit long sur son emprise et sur les bases institutionnelles sur lesquelles elle repose.

Mais les difficultés d'interprétation et d'analyse des travaux de Dailey et de Fancher ne se limitent pas aux données descriptives d'ordre qualitatif. On notera également avec quelle parcimonie les informations quantitatives et statistiques, généralement limitées aux résultats finaux de certains calculs, sont communiquées. Sans doute ne s'agit-il là que d'un aspect particulier d'un style fort répandu dans les publications anglo-saxonnes. On ne manquera néanmoins pas de remarquer à quel point ce mode de communication défectueux met à rude épreuve la confiance et la bonne foi du chercheur plus soucieux de possibilités de replication que de l'application de tests statistiques.

Le plus grave, c'est que dans un domaine où il joue un rôle si considérable, le matériel expérimental n'ait guère fait l'objet d'une présentation et d'une discussion détaillées. En effet, il ne suffit pas que Dailey définisse d'une manière générale ce qu'il entend par la méthode des événements pour que la cause soit entendue. Ce sont les réalisations résultant de l'application de cette méthode qu'il importe de juger quant à leur contenu concret car celui-ci n'est pas défini de façon univoque par la notion d'événement biographique. D'ailleurs d'autres conceptions sont possibles et nous savons déjà que Fancher a élargi le contenu de la méthode des cas programmés en y incorporant diverses données qui ne sont pas de nature biographique. Mais, encore une fois, en l'absence d'exemples, il est impossible d'apprécier de manière critique les résultats obtenus. Or, il va de soi que la nature du matériel faisant l'objet d'une présentation programmée est d'importance cruciale et l'on ne peut que s'étonner que Dailey et Fancher y aient accordé aussi peu d'attention.

Fort heureusement, Dailey est l'auteur d'un cours pratique dont la première partie, redigée en collaboration avec R.G. WRIGHT, a pour titre « The Study of Lives » et pour sous-titre « How to understand other persons and predict their behavior »[1]. Il ne s'agit pas seulement d'une introduction aux biographies programmées, mais d'un véritable exposé didactique dont le but est l'entraînement à la formulation de prédictions correctes concernant des cours de vie individuels. Aussi ce manuel comporte-t-il l'explication et la discussion d'un ensemble de règles destinées à rationaliser les processus de conjecturation. Divers exercices d'application de ces règles permettent au lecteur de s'assurer de leur assimilation avant de passer à la méthode des cas programmés. Ceux-ci composent la seconde partie du cours intitulé « A programed case course ». C'est parmi eux que l'on trouve cinq exemples de cas programmés dont la présentation correspond à celle mentionnée dans les investigations que nous avons passées en revue dans le chapitre précédent.

Comme notre conception de la méthode des cas programmés

---

[1] *Op. cit.*

est, en partie, née d'une critique de celle de Dailey, il nous paraît indispensable que le lecteur puisse faire connaissance avec quelques-uns de ses cas programmés. Toutefois, afin qu'il puisse les interpréter dans des conditions analogues à celles prévues par l'auteur, il convient de résumer au préalable l'ensemble des règles nécessaires à l'application optimale de la méthode.

II
RÈGLES DE CONJECTURATION SELON R. G. WRIGHT ET CH. DAILEY

Quoique nous ayons déjà mentionné le procédé des quatre étapes, il n'est sans doute pas inutile d'y revenir encore une fois. En effet, il ne consiste pas seulement en l'ensemble des opérations sur lesquelles la méthode d'élaboration des conjectures est basée, mais il est également le point de départ d'une analyse plus détaillée des démarches que l'interprétateur des cas programmés est censé accomplir.

a) Le procédé des quatre étapes

Le procédé des 4 étapes comporte l'application de quatre règles opératoires.

1. Mise en évidence de faits significatifs.

Par cette première règle l'interprétateur est appelé à appréhender activement les données qui lui sont fournies de manière à en percevoir le relief propre. Schématiquement, deux espèces de faits significatifs peuvent être distingués : d'une part, il y a les événements vécus qui ont le plus de chances d'exercer une influence sur le comportement et les attitudes futures de l'individu; d'autre part, il y a les données à travers lesquelles s'expriment des attitudes et des conduites caractéristiques de l'individu.

Notons que dans la mise en évidence de faits significatifs, l'accent est mis sur une appréhension individualisante et différentielle de la personne faisant l'objet d'une présentation programmée.

2. L'interprétation des données.

Par interprétation il faut entendre ici l'assimilation des faits significatifs à un schéma téléonomique comportant l'articulation réciproque de fins et de moyens. Afin de la réaliser il convient de trouver la réponse à deux questions :
— « Qu'est-ce que cette personne tente de faire » ? et
— « Comment s'y prend-elle ? ».

3. Formation de l'image.

Une fois en possession de données interprétées, le lecteur doit s'efforcer d'élaborer un modèle qui les intègre dans un tout organisé. Ce modèle hypothétique, axé sur les motivations de la personne, devra être systématiquement mis à l'épreuve en servant de point de départ à des prédictions.

4. Comparaison des épisodes.

Étant donné que l'interprétateur se trouve chaque fois confronté avec trois épisodes, il lui incombe de comparer chacun de ceux-ci avec la représentation qu'il se fait de la personne et de choisir l'épisode qui présente le degré de correspondance le plus élevé avec cette dernière.

b) Recherche de la Cohérence

L'application systématique du procédé esquissé ci-dessus ne mènera pas nécessairement à des conjectures correctes. Une des causes principales d'insuccès tient aux discordances inhérentes au comportement des individus dont la biographie a été programmée.

L'inconséquence de ceux-ci peut éventuellement être le résultat de réactions impulsives. Dans ce cas il peut être tenu compte dans le modèle hypothétique de ce manque apparent de cohérence en y introduisant la possibilité de réactions impulsives survenant dans des conditions bien déterminées.

D'autres discordances peuvent avoir leur source dans des croyances logiquement incompatibles que la personne manifeste alternativement. Ce type d'inconséquence peut éventuellement être réduit en observant à quelle croyance la personne adhère le plus intensément et quelle opinion elle exprime le plus fréquemment.

D'une façon générale, lorsque l'interprétateur se trouve confronté avec des conduites discordantes, il importe que tout en augmentant la quantité des informations disponibles, il s'interroge sur la réalité de l'inconséquence qu'il vient de constater. Il est en effet fort possible qu'en situant les données initiales dans un contexte élargi, un comportement incohérent en première approximation, apparaisse doté d'une logique interne.

La recherche de la cohérence par l'interprétateur lui est considérablement facilitée s'il tient explicitement compte des facteurs généraux qui en sont responsables. A cet égard on peut tout d'abord mentionner l'uniformisation à laquelle sont soumis les membres d'une même société tant en ce qui concerne la différenciation et la sélectivité de leurs perceptions que leurs conceptions des normes et des règles sociales.

Mais c'est le système de valeur dominant d'une société qui joue un rôle décisif dans l'organisation cohérente de la conduite de ses membres. Un bon indicateur des valeurs prévalentes est le genre de réalisation le plus admiré.

L'expérience accumulée par un individu au cours de son existence est également à l'origine de la cohérence de ses conduites. Outre ses connaissances et son savoir-faire qui organisent sa perception de l'entourage, il y a surtout lieu de tenir compte des rôles qu'il assume. En raison de leur caractère systématique, ils sont un facteur important de la cohésion manifestée par une personne. Au niveau individuel, on rencontre également le système de valeurs propres à la société, mais cette fois dans la forme sous laquelle ces valeurs ont été assimilées par l'individu.

Peu de données permettent de saisir aussi clairement l'influence organisatrice des valeurs sociales sur le comportement d'un individu que celles ayant trait aux personnes qui lui servent de modèle et à l'image desquels il tend à se conformer.

c) L'identification de thèmes

Le repérage de conduites répétées, s'organisant en séquences cohérentes, doit mener à l'identification de thèmes qui constituent autant de fils conducteurs dans la texture d'une biographie. Souvent leur expression verbale condensée les fait apparaître comme des « traits » de personnalité tels que l'impétuosité, le sens du devoir, la timidité, etc... Mais, pour éviter qu'à la faveur d'une condensation verbale ces qualificatifs ne deviennent de simples étiquettes, l'interprétateur devra toujours rapporter les termes utilisés aux données concrètes de la biographie dont les thèmes constituent l'armature.

La biographie d'un individu ne se réduit jamais à un thème unique. Le plus souvent c'est à plusieurs thèmes entrelacés de manière complexe que l'on a à faire.

Tantôt ils s'interrompent et se suppléent mutuellement; tantôt ils réalisent diverses formes de chevauchement; et au cours de différentes périodes d'une biographie, ils peuvent présenter des variations de leur poids relatif.

Quelle que soit l'importance de l'identification de thèmes, ceux-ci ne contribuent de façon pleinement efficace à la formulation de conjectures correctes qu'à condition d'être situés parmi des éléments contextuels de temps, de lieu et de circonstances. Considérés isolément, ils risquent de mener à l'élaboration d'images fausses et incomplètes. Corrélativement, leur insertion dans des contextes bien définis sera fréquemment l'occasion de remaniements du modèle hypothétique avec lequel opère l'interprétateur. Une image complète et efficace ne pourra donc être obtenue qu'à condition de situer les thèmes que l'analyse a dégagés.

C'est au niveau de cette analyse thématique que les efforts de l'interprétateur, pour appréhender la cohérence profonde des données qui lui sont offertes, peuvent rencontrer des obstacles apparemment insurmontables. En effet, le conflit entre thèmes est une des modalités de leur mise en relation. Se pose alors la question de savoir comment des prédictions peuvent être inférées à partir d'un conflit de thèmes. A cet égard, l'application de trois règles peut être recommandée.

(1) La personne tentera d'unifier les thèmes en conflit et, dans la mesure du possible, elle s'efforcera de réaliser un compromis.

(2) Si tout compromis se révèle impossible, la personne manifestera vraisemblablement la conduite correspondant au thème le plus fort, c'est-à-dire celui qui s'est exprimé le plus fréquemment dans sa biographie.

(3) Au cas où les deux thèmes en conflit possèdent une égale importance, la personne se conformera au plus récent des deux.

Reste évidemment à savoir comment un choix peut être opéré entre ces trois règles. En réalité, celui-ci dépend des données contenues dans le cas programmé. C'est empiriquement que l'interpréte devra établir laquelle des trois règles est d'application notamment en observant si, dans le passé, la personne étudiée a montré une propension au compromis ou bien si elle s'est généralement conformée au thème le plus fréquent, ou bien encore si des thèmes récents ont exercé plus d'emprise sur elle que des thèmes anciens. C'est donc en quelque sorte une analyse au deuxième degré qui apportera la décision quant au choix de la règle à appliquer.

d) Autocritique de l'interprétateur

Pour clairement apercevoir l'entrelacement des thèmes composant une biographie telle qu'elle se dévoile progressivement dans un cas programmé, il faut que l'interprétateur se débarrasse de certaines « œillères » qui restreignent son champ cognitif et dont les principales sont :

1. Les stéréotypes.

On entend par là des représentations simplifiées et rigides de groupes sociaux qui ont pour effet que la perception des individus appartenant à ceux-ci soit uniformisée. C'est eux qui sont souvent responsables d'une considérable cécité concernant l'existence de thèmes hautement individualisés.

2. La projection.

Elle consiste en ce que l'interprétateur étend à d'autres personnes des caractéristiques qui lui sont propres. Dans la projection assimilatrice, le lecteur aura tendance a attribuer aux autres les mêmes désirs et souhaits que ceux qu'il perçoit en lui.

Par projection valorisatrice, il pourra éventuellement idéaliser autrui en se le représentant sur le modèle du genre d'individu que lui même aimerait être. Toutefois la projection peut également être dévalorisante notamment lorsque le lecteur perçoit autrui comme l'incarnation de tout ce qu'il déteste et condamne.

3. La cohérence imposée.

On parle de cohérence imposée lorsque la cohérence du comportement ou des attitudes de certains individus résulte de ce que une personne la suscite par son propre comportement ou par les attitudes qu'elle manifeste. Ainsi, si l'interprétateur perçoit dans une biographie des thèmes en raison des réactions qu'il provoque lui-même, il se trouve par là même empêché d'appréhender le type de comportement propre à l'individu étudié.

4. La distance sociale.

Même si aucune dissociation affective n'affecte la connaissance du cas étudié, l'interprétateur, en raison de son appartenance à un milieu socio-économique, culturel et professionnel différent de celui décrit dans le cas programmé, peut éprouver de réelles difficultés à discerner les thèmes essentiels. C'est pourquoi, lorsque, en dépit d'efforts répétés, l'interprétateur ne voit aucune figure thématique se profiler sur le fond des données qui lui sont proposées, fait-il bien de se demander si ce n'est pas la distance sociale qui le sépare de la personne étudiée qui est responsable des difficultés qu'il éprouve. Pareille constatation ne peut évidemment que l'inciter à prendre conscience de l'étroitesse de son horizon social et éventuellement à y remédier.

5. Les préjugés.

En tant que formes de rejet ou d'acceptation a priori de certains individus sur la base de leurs caractéristiques sociales, religieuses, biologiques, etc..., les préjugés ont pour effet de désindividualiser les personnes tout en fournissant une connaissance illusoire à leur sujet.

L'individu soumis à des préjugés n'éprouve dès lors plus le besoin de prendre en considération des faits concrets pour interpréter la conduite d'autrui. Il va de soi que l'appréhension correcte des thèmes propres à une biographie programmée exige que l'interprétateur soit mis en garde contre ses préjugés.

e) Attitude optimale à adopter

Afin de retirer le bénéfice maximum de la méthode des cas programmés, il est indispensable de considérer ceux-ci comme un jeu. Ce n'est en effet qu'à cette condition que des échecs successifs n'engendreront pas des tensions pouvant mener à de la rigidité ou à de la désorganisation cognitive. Il est donc essentiel que l'interprétateur soit pénétré de l'idée que la méthode des cas programmés n'est guère plus qu'une simulation de la réalité et qu'en tant que telle elle ne comporte aucune sanction dommageable.

Le lecteur qui aura pris connaissance du système de règles que nous venons de résumer ne sera peut-être pas aussi bien préparé aux cas programmés que celui qui aurait suivi la méthode didactique de D. WRIGHT et DAILEY [2]. Dans cette dernière en effet, il est fait un très large usage d'exemples destinés à illustrer chacune des règles fondamentales. La présentation et la vérification de l'acquisition de celles-ci est d'ailleurs elle-même programmée. En outre, parmi les 12 cas composant le cours publié par Dailey, il en est plusieurs, tant au début qu'au milieu de la série, où les règles prônées sont une nouvelle fois rappelées et où les choix à opérer font l'objet d'une décomposition destinée à les simplifier. Dans quelques cas, la méthode est simplement explicitée sans que le lecteur ait la moindre prédiction à réaliser.

Néanmoins, les indications que nous avons fournies suffisent amplement pour que le lecteur aborde les deux cas qui vont suivre. Il fera bien de noter au fur et à mesure ses remarques, d'analyser ses succès et ses échecs, pour ensuite calculer son résultat et éventuellement tracer la courbe cumulative de ses réponses correctes.

[2] A programmed Case Course, Kansas City, Mo : Radet Corporation, P. O. Box 6003, 1964.

III
PREMIER EXEMPLE DE CAS PROGRAMMÉ SELON LA TECHNIQUE DE DAILEY

En procédant de la sorte, il sera le mieux à même de juger notre critique de la méthode de Dailey ainsi que notre propre conception de la méthode des cas programmés.

Cet homme est un journaliste. Vous lirez un bref compte-rendu de sa vie. Toutefois, au lieu de lire une simple biographie, vous suivrez une méthode spéciale destinée à vous aider à vous rendre compte à quel point vous le comprenez en tant qu'être humain.

A chaque page sont relatés divers événements marqués A, B et C. Chacun de ceux-ci aurait pu se produire durant sa vie. Votre tâche consiste à chercher l'événement qui s'est réellement produit.

Il est indispensable que vous ne lisiez pas anticipativement le texte et que vous preniez une décision avant de passer au passage suivant. Au début de chacun de ceux-ci, il vous sera dit lequel parmi les incidents que vous avez passés en revue s'est réellement produit dans la vie de cette personne.

Par l'application de ce procédé vous éprouverez une amélioration progressive de votre compréhension de cet homme. Toutefois, ne vous découragez pas si votre compréhension est inexacte durant les première pages.

Si la méthode à suivre vous semble claire, commencez.

Choisissez l'épisode vrai.

A 1. La famille se souvient que, lorsqu'il avait 5 ans, on prit une photo de ses frères vêtus de neuf pour aller à l'école. Il courut vite se joindre à eux et insista pour pouvoir figurer également sur la photo.

B 1. Ses souvenirs les plus anciens ont trait à sa vie austère de jeune garçon dans le Maine, lorsqu'il connaissait à peine son père, qui était un individu assoiffé d'étude. Il se souvient qu'il coupait du bois dans le matin frais de l'automne. Il voyait que sa mère se levait tôt et travaillait consciencieusement et avec ténacité pendant de longues heures, sans jamais se plaindre. Actuellement encore, il lui est difficile de sympathiser avec les ignorants et les oisifs.

Si vous avez choisi A 1 : votre réponse est correcte.
La famille se souvient que, lorsqu'il avait 5 ans, on prit une photo de ses frères vêtus de neuf pour aller à l'école. Il courut vite se joindre à eux et insista pour pouvoir figurer également sur la photo.

C 1. Lorsqu'il était un garçon maladif de 11 ans, il fit preuve d'un talent précoce en composant une encyclopédie pour enfants, tirée de l'« Encyclopédie de l'histoire universelle » de John Ridpath. Exemples du contenu : « Toutes les données statistiques indispensables sur le monde », « Navires de guerre du monde ».

Choisissez l'épisode vrai.

A 2. Jusqu'au moment où il alla à l'Université, sa mère avait l'habitude de lire chaque soir à la famille un chapitre de la

Bible. Elle espérait qu'il deviendrait prêtre. Mais il ne s'intéressait pas à la vie ecclésiastique.

B 2. Des circonstances difficiles le contraignirent à quitter l'école au cours de la septième année d'étude. A partir de ce moment, il se forma, selon ses propres dires, à la « rude école de la vie » et également dans la profession qu'il avait choisie, laquelle se révéla effectivement une rude école d'apprentissage.

Si vous avez choisi A 2 : votre réponse est correcte.
Jusqu'au moment où il alla à l'Université, sa mère avait l'habitude de lire chaque soir à la famille un chapitre de la Bible. Elle espérait qu'il deviendrait prêtre. Mais il ne s'intéressait pas à la vie ecclésiastique.

C 2. Son ingéniosité se révéla vers l'âge de 15 ans. Un matin d'hiver, il s'amena avec une mappemonde, soigneusement exécutée, dont les 2 hémisphères étaient représentés l'un à côté de l'autre. Il l'avait dessinée à l'encre sur du papier; ensuite il avait collé le papier sur de la toile et finalement l'avait placée sur deux rouleaux vernis. Tout le monde était stupéfait.

Choisissez l'épisode vrai.

A 3. Lorsqu'il eut atteint l'âge de 19 ans, sa maison lui parut surpeuplée et il sentit l'appel de l'ouest et de ses champs de mines. Sa mère comprit son besoin de se remuer et l'aida financièrement. Un groupe d'environ 30 hommes se mit en route vers l'autre côté du pays. La plupart des Ford Modèles T tombèrent en panne, mais le solide gaillard tint bon et atteignit son but selon le plan prévu.

B 3. A l'école moyenne, il fut élu le garçon le plus populaire et termina premier de sa classe. A l'Université, il remporta beaucoup de succès en tant que politicien du campus et il était fort apprécié par les étudiants comme orateur et bon acteur. Il excellait dans les débats, fut également colonel des cadets et devint membre de l'Association des étudiants ayant obtenu une grande distinction.

Si vous avez choisi B 3 : votre réponse est correcte.
A l'école moyenne, il fut élu le garçon le plus populaire et termina le premier de sa classe. A l'Université, il remporta beaucoup de succès en tant que politicien du campus et il était fort apprécié par les étudiants comme orateur et bon acteur. Il excellait dans les débats, fut également colonel des cadets et devint membre de l'Association des étudiants ayant obtenu une grande distinction.

C 3. A l'École Technique de Géorgie, il était un arrière national, réputé avoir la langue bien pendue et connu pour ses succès auprès des beautés du « campus ». Ses condisciples et ses professeurs se souviennent de lui comme d'un jeune homme « à la personnalité conquérante, aux manières énergiques et à la voix tonitruante » ainsi que le mentionnent les annales de l'école.

Choisissez l'épisode vrai.

A 4. Il obtint son diplôme au cours de la sombre époque de la crise économique. Ce fut une amère dégringolade pour le brillant étudiant; le monde ne semblait pas l'avoir attendu pour lui offrir tout une gamme de possibilités. Il dut s'estimer heureux de trouver un emploi comme barman. Avec sa faculté d'adaptation bien connue, il se plongea dans ce dur travail, mais les tâches ennuyeuses ne l'intéressaient guère de sorte qu'il y renonça dès qu'il le put.

Si vous avez choisi B 4 : votre réponse est correcte.
Dans la première place qu'il occupa après l'Université, il fut chargé de l'organisation de voyages à prix réduit à travers l'Europe, à l'intention d'étudiants américains. Son deuxième emploi consista dans l'organisation d'échanges internationaux d'étudiants diplômés qui avaient terminé leurs études. Au cours de son travail, il parcourut l'Allemagne hitlérienne et participa activement à un comité qui aida des centaines d'universitaires allemands à s'enfuir de leur pays.

B 4. Dans la première place qu'il occupa après l'Université, il fut chargé de l'organisation de voyages à prix réduit à travers l'Europe, à l'intention d'étudiants américains. Son deuxième emploi consista dans l'organisation d'échanges internationaux d'étudiants diplômés qui avaient terminé leurs études. Au cours de son travail, il parcourut l'Allemagne hitlérienne et participa activement à un comité qui aida des centaines d'universitaires allemands à s'enfuir de leur pays.

C 4. Après l'université, il entra à la rédaction d'un journal. Pendant les douze années qu'il passa à travailler à la section des nouvelles locales, il fut très bien placé pour apprendre à connaître les bases de sa profession. Ce travail monotone signifiait une brusque rétrogradation pour un garçon brillant qui cherchait à marquer de son empreinte un monde en attente. Ses aînés lui conseillèrent toutefois d'accepter cette situation. Plus tard, il reconnut que : « c'était la meilleure discipline qu'il ait jamais subie. Jusqu'alors tout c'était passé trop facilement ».

Choisissez l'épisode vrai.

A 5. Lorsqu'il fut stationné à Londres pendant la plus mauvaise période des bombardements, il insista pour que son bureau soit situé à côté d'un bâtiment qui constituait un des principaux objectifs ; c'est ainsi que son bureau fut à quatre reprises détruit par les bombes.

B 5. En tant qu'étudiant, il obtint un sursis pendant la période de la guerre afin de faire la licence en sciences politiques. Pendant que les autres se battaient, il préparait l'obtention de son diplôme. Lorsque plus tard on lui posa des questions à ce sujet, il déclara qu'il s'agissait d'une chose indispensable à sa participation à des activités de propagande.

Si vous avez choisi A 5 : votre réponse est correcte.
Lorsqu'il fut stationné à Londres pendant la plus mauvaise période des bombardements, il insista pour que son bureau soit situé à côté d'un bâtiment qui constituait un des principaux objectifs ; c'est ainsi que son bureau fut à quatre reprises détruit par les bombes.

C 5. Un besoin d'action naquit en lui et il s'engagea dans l'infanterie de marine. Pendant la période d'instruction militaire, il se montra un des meilleurs et ultérieurement il fut sélectionné pour recevoir une formation d'officier. Pendant la guerre, il refusa à diverses reprises l'occasion qui lui était offerte d'être affecté à des tâches plus faciles. Il participa à plusieurs débarquements amphibies dans le Pacifique, et fut blessé à deux reprises.

Choisissez l'épisode vrai.

A 6. Ce n'était pas étonnant qu'il devint un des principaux partisans de l'amélioration des abris publics. Il fit partie d'un comité dont le but était de trouver à Londres des souterrains appropriés et de persuader les propriétaires de ceux-ci de laisser utiliser leurs biens comme abris.

B 6. Lorsque les articles qu'il envoyait de Londres furent exagérément censurés, il donna sa démission et alla travailler dans l'industrie de guerre dans le New-Jersey. Il devint l'intermédiaire principal chargé de procurer le matériel destiné à la fabrication de torpilles. Il exprima sa satisfaction de pouvoir mettre fin à une participation purement verbale à la guerre et d'être à même de faire pendant quelque temps quelque chose de plus tangible. Plus tard, cette expérience lui fut d'une valeur inestimable lorsqu'il remplit les fonctions d'inspecteur de contrats de guerre dans une commission du Congrès.

C 6. Bien que ses fonctions ne l'exigeaient pas, il participa, au cours de la seconde guerre mondiale, à au moins 25 missions de bombardement. Ses chefs protestèrent contre les risques qu'il prenait en tant que civil. Un de ses collègues déclara : « Je crus d'abord qu'il avait peur d'être un lâche — mais c'était plus compliqué que cela ».

Si vous avez choisi C 6 : votre réponse est correcte.
Bien que ses fonctions ne l'exigeaient pas, il participa, au cours de la seconde guerre mondiale, à au moins 25 missions de bombardement. Ses chefs protestèrent contre les risques qu'il prenait en tant que civil. Un de ses collègues déclara : « Je crus d'abord qu'il avait peur d'être lâche — mais c'était plus compliqué que cela. »

Choisissez l'épisode vrai.

A 7. Au cours de sa carrière d'après-guerre, il s'est distingué par les services qu'il a rendus aux organisations d'anciens combattants. Il ne semble pas être capable de surmonter le sentiment qu'il aurait dû servir en uniforme, alors qu'il ne le fit pas.

B 7. Participant au monde des affaires depuis la guerre, il y était fort connu pour son doigté. Appelé à se justifier devant des commissions du Congrès au sujet de certains contrats militaires qui furent signés après la guerre, son attitude fut remarquablement calme, même aux moments les plus critiques. A un moment donné, quand il fut quasiment accusé de collusion par le plus acharné de ses censeurs, il fut applaudi par la galerie lorsqu'il répondit tranquillement : « Monsieur le Sénateur, nous tenons des faits à votre disposition qui, lorsque vous les connaîtrez, vous feront sans aucun doute changer d'avis ».

C 7. Depuis la guerre, il a agi dans sa carrière avec une indépendance rarement admise dans le monde des affaires. Un ami donna un jour le commentaire suivant : « Il se lève toujours pour être compté lorsque le sujet est suffisamment important et il ne manque jamais l'occasion de rompre une lance pour le droit d'avoir une opinion différente ».

Si vous avez choisi C 7 : votre réponse est correcte.
Depuis la guerre, il a agi dans sa carrière avec une indépendance rarement admise dans le monde des affaires. Un ami donna un jour le commentaire suivant : « Il se lève toujours pour être compté lorsque le sujet est suffisamment important et il ne manque jamais l'occasion de rompre une lance pour le droit d'avoir une opinion différente. »

Choisissez l'épisode vrai.

A 8. Au temps de l'après-guerre, alors que la plupart des hommes politiques et des commentateurs libéraux ignoraient ou minimisaient la menace du communisme mondial, il constituait une exception par ses articles pénétrants et clairs qui dénonçaient les diverses organisations de front commun.

B 8. Lorsque le sénateur Joe Mc Carthy fut à l'apogée de sa gloire, alors que même l'armée le craignait et que plus personne n'était sûr de sa carrière lorsque Mc Carthy

Si vous avez choisi B 8 : votre réponse est correcte.
Lorsque le sénateur Joe Mc Carthy fut à l'apogée de sa gloire, alors que même l'armée le craignait et que plus personne n'était sûr de sa carrière, lorsque Mc Carthy l'attaquait, il fut le premier parmi les notables du pays à critiquer et à stigmatiser la tactique de Mc Carthy.

l'attaquait, il fut le premier parmi les notables du pays à critiquer et à stigmatiser la tactique de Mc Carthy.

C 8. Il s'opposa violemment à la politique de démobilisation rapide que le congrès poursuivit obstinément immédiatement après la guerre. Il exigea l'occupation en force de Berlin, et se prononça pour le renforcement de l'appui militaire donné à la Chine et pour le maintien en tous points de positions fortes envers les communistes.

Choisissez l'épisode vrai.

A 9. En ce qui concerne ses transactions dans le domaine des affaires, il est bref et direct. Lorsqu'il doit conclure un contrat il a la réputation de tenir les conférences les plus courtes de Hollywood à New-York. Sa secrétaire dit : « Il préférerait faire raser la barbe à quelques milliers de personnes plutôt que d'être mêlé à une discussion. Il estime qu'il ne convient pas à un gentleman de discuter d'argent ».

B 9. En affaires, il était connu pour sa manière pénétrante d'aborder les problèmes et pour sa clairvoyance en matière financière. Il avait la réputation d'être capable de parcourir en quelques secondes un compte de pertes et profits compliqué et de relever les pertes exagérées qui ne paraissaient pas tout à fait exactes. La radio le consultait régulièrement avant de mettre en œuvre de nouveaux projets ou de lancer de nouveaux programmes coûteux. Et la hache avec laquelle il pratiquait des économies était bien aiguisée.

Si vous avez choisi C 9 : votre réponse est correcte.
A propos de ses activités d'homme d'affaires il a dit une fois :
« Lorsque d'autres vice-présidents viennent dire : Voyons, les dépenses sont trop élevées, on dépense trop et il n'y a pas assez d'argent qui rentre, je leur réponds : Si c'est de cette façon-là que vous voulez agir, vous feriez mieux de vous procurer un autre garçon de courses. »

C 9. A propos de ses activités d'homme d'affaires il a dit une fois : « Lorsque d'autres vice-présidents viennent dire : ' Voyons, les dépenses sont trop élevées, on dépense trop et il n'y a pas assez d'argent qui rentre ', je leur réponds : ' Si c'est de cette façon-là que vous voulez agir, vous feriez mieux de vous procurer un autre garçon de courses ' ».

Choisissez l'épisode vrai.

A 10. Il aime jouer au poker, mais refuse de continuer à jouer lorsque la mise maximum dépasse 1 dollar. Il joue lentement et ralentit souvent le jeu parce qu'il ne sait pas se décider rapidement.

B 10. C'est un bon joueur de poker, mais à mesure que le jeu avance il devient généralement impatient et mise trop haut par rapport aux cartes qu'il a en mains, de sorte qu'il est souvent le grand perdant. Il est bien connu qu'il lui est arrivé une fois de miser 2.500 dollars sur une carte.

Si vous avez choisi B 10 : votre réponse est correcte.
C'est un bon joueur de poker, mais à mesure que le jeu avance il devient généralement impatient et mise trop haut par rapport aux cartes qu'il a en mains, de sorte qu'il est souvent le grand perdant. Il est bien connu qu'il lui est arrivé de miser 2 500 dollars sur une carte.

C 10. Le poker n'est pour lui qu'une occasion supplémentaire pour tirer quelques nouvelles combinaisons de son trésor de procédés ingénieux. Il ne sait prendre aucun jeu au sérieux, et notamment pas le poker. Il mise haut, perd rapidement et s'assied alors à l'écart et bavarde pendant que les autres jouent.

DEUX CONCEPTIONS DES CAS PROGRAMMÉS 73

Choisissez l'épisode vrai.

A 11. Il était connu dans l'entreprise comme un homme qui gardait le contrôle de lui-même. Son meilleur ami disait de lui : « Il semblait savoir quand et comment il devait faire face à chaque coup. Je ne l'ai jamais vu commettre des excès ni pousser un autre à en commettre. La modération semblait être son mot-clef ».

B 11. Le mot-clef qualifiant sa manière de travailler est « élan ». Son département fut très justement dépeint comme une « ruche bourdonnante d'activité ». Malgré cela, il trouvait encore le temps pour les petits égards propres à la vie des affaires et tenait à ce que dans son département chaque bureau soit fermé à 5 heures.

Si vous avez choisi C 11 : votre réponse est correcte.
Il travaille parfois d'arrache-pied, nuit et jour, pendant 3 ou 4 jours d'affilée. Le président du comité de direction de la compagnie dit : « On pourrait presque appeler cela (la tendance à travailler jusqu'à l'épuisement) une impulsion auto-destructrice. Il n'est jamais heureux que s'il travaille. C'est quand il a l'air à moitié mort, qu'il sent en lui une flambée de bonheur. »

C 11. Il travaille parfois d'arrache-pied, nuit et jour, pendant 3 ou 4 jours d'affilée. Le président du comité de direction de la compagnie dit : « On pourrait presque appeler cela (la tendance à travailler jusqu'à l'épuisement) une impulsion autodestructrice. Il n'est jamais heureux que s'il travaille. C'est quand il a l'air à moitié mort, qu'il sent en lui une flambée de bonheur ».

Choisissez l'épisode vrai.

A 12. Il s'inquiète sans cesse de la répercussion de ces longues heures de travail sur sa santé. Cette inquiétude semble justifiée, car il perd environ 2 mois par an, principalement en raison de troubles respiratoires. Il croit que ces troubles respiratoires datent des nuits qu'il passa dans les abris à Londres.

B 12. Il se sent mal à l'aise lorsque quelqu'un lui demande combien de temps il consacre à son travail. A la maison aussi il semble que ce soit là un sujet pénible et il préfère ne pas en discuter.

Si vous avez choisi C 12 : votre réponse est correcte.
En décrivant l'emploi de son temps il écrivit une fois à un ami : « J'espère que ce qui précède te donne la réponse à ta question concernant ma santé physique, bien que ce qui s'en dégage au sujet de ma santé mentale soit une autre question. En ce qui concerne le travail qui exige de grands efforts, je ne puis mieux faire que de citer une remarque de ma mère : mieux vaut s'user au travail que de se laisser rouiller. »

C 12. En décrivant l'emploi de son temps il écrivit une fois à un ami : « J'espère que ce qui précède te donne la réponse à ta question concernant ma santé physique, bien que ce qui s'en dégage au sujet de ma santé mentale soit une autre question. En ce qui concerne le travail qui exige de grands efforts, je ne puis mieux faire que de citer une remarque de ma mère : mieux vaut s'user au travail que de se laisser rouiller «.

Choisissez l'épisode vrai.

A 13. Sa modestie et son attitude générale en affaires sont telles qu'il n'est vraiment bien connu que dans sa propre firme. Mais aux dires des initiés il est un des dix hommes les plus puissants du pays. Lorsqu'on lui demanda si c'était exact, il se mit à rire et répondit : « Je ne pourrais pas vous le dire ».

B 13. Il atteignit l'échelon le plus élevé. Ses collègues, exaspérés de le voir soudain jouir d'une réputation mondiale et disposer du pouvoir dans la firme, organisèrent un club « Il n'est pas Dieu ». Il introduisit immédiatement une demande d'adhésion.

Si vous avez choisi B 13 : votre réponse est correcte.
Il atteignit l'échelon le plus élevé. Ses collègues, exaspérés de le voir soudain jouir d'une réputation mondiale et disposer du pouvoir dans la firme, organisèrent un club « Il n'est pas Dieu ». Il introduisit immédiatement une demande d'adhésion.

C 13. Malgré sa réputation antérieure, se demi-retraite actuelle à entraîné sa disparition rapide de la scène publique. Qui le connaît encore aujourd'hui ? Des amis disent qu'il y a quelque chose de pathétique à voir le « grand homme » flaner à droite et à gauche pour constater qui se souviendra de lui. Les jeunes ne s'y prennent pas à deux reprises pour regarder le visage qui, il fut un temps, orna 10.000.000 d'écrans de télévisions.

Choisissez l'épisode vrai.

A 14. Il déteste que le terme « pension » soit mentionné. Il dit qu'il a été actif tellement longtemps qu'il ne saurait pas comment profiter de ses loisirs.

B 14. Durant plusieurs années il parla de prendre du repos, de cesser de travailler pendant 6 mois ou un an « uniquement pour rester tranquille et me recueillir ». Mais peu de gens le prirent au sérieux, parce qu'il commençait immédiatement après à exposer un nouveau projet qu'il désirait mettre à exécution. Ensuite, il s'arrêta quand même et prit partiellement sa retraite.

Si vous avez choisi B 14 : votre réponse est correcte.
Durant plusieurs années il parla de prendre du repos, de cesser de travailler pendant 6 mois ou un an « uniquement pour rester tranquille et me recueillir ». Mais peu de gens le prirent au sérieux, parce qu'il commençait immédiatement après à exposer un nouveau projet qu'il désirait mettre à exécution. Ensuite, il s'arrêta quand même et prit partiellement sa retraite.

C 14. Au cours des dernières années, il a progressivement réduit ses activités de manière très sensible. Actuellement, il passe 6 mois à Acapulco, 3 mois dans les Berkshires en Nouvelle-Angleterre et 3 mois comme conseiller dans la firme.

Choisissez l'épisode vrai.

A 15. A la joue droite, il a une tache de naissance qu'il refuse de faire enlever ou de dissimuler — et il insiste presque toujours pour être photographié du côté droit. Bien qu'il porte des costumes coûteux et des chemises faites sur mesure et importées de « Saville Row » à Londres, il porte d'habitude un vieil imperméable ou pardessus sur ses vêtements élégants.

B 15. Cet homme est fort et mesure 1m. 80. Alors que son visage exprime généralement la résolution et la force, ses traits alourdis de chien de chasse se transforment en une grimace de plaisir quand il voit quelque chose qu'il aime ou qu'il admire réellement. Cela se produit environ 25 fois par jour ; les causes, classées dans l'ordre, sont : les jolies filles, un bon compte de pertes et profits et une nouvelle tâche.

Si vous avez choisi A 15 : votre réponse est correcte.
A la joue droite, il a une tache de naissance qu'il refuse de faire enlever ou de dissimuler — et il insiste presque toujours pour être photographié du côté droit. Bien qu'il porte des costumes coûteux et des chemises faites sur mesure et importées de « Saville Row » à Londres, il porte d'habitude un vieil imperméable ou pardessus sur ses vêtements élégants.

C 15. Il est plutôt petit, s'habille de manière conservatrice. Il possède une voix grave de basse et un humour caustique, souvent pénétrant. Sans se faire remarquer il se rend à son bureau, dans une Ford datant d'il y a 3 ans, il aime regarder des matchs de base-ball et joue aux quilles lorsque la saison du base-ball est passée.

Le nom de la personne décrite est
Edward R. MURROW.

VUE D'ENSEMBLE DU CAS

La famille se souvient que, lorsqu'il avait 5 ans, on prit une photo de ses frères vêtus de neuf pour aller à l'école. Il courut vite se joindre à eux et insista pour pouvoir figurer également sur la photo.

Jusqu'au moment où il alla à l'Université, sa mère avait l'habitude de lire chaque soir à la famille un chapitre de la Bible. Elle espérait qu'il deviendrait prêtre. Mais il ne s'intéressait pas à la vie ecclésiastique.

A l'école moyenne, il fut élu le garçon le plus populaire et termina premier de sa classe. A l'Université, il remporta beaucoup de succès en tant que politicien du campus et il était fort apprécié par les étudiants comme orateur et bon acteur. Il excellait dans les débats, fut également colonel des cadets et devint membre de l'Association des étudiants ayant obtenu une grande distinction.

Dans la première place qu'il occupa après l'université, il fut chargé de l'organisation de voyages à prix réduit à travers l'Europe, à l'intention d'étudiants américains. Son deuxième emploi consista dans l'organisation d'échanges internationaux d'étudiants diplômés qui avaient terminé leurs études. Au cours de son travail, il parcourut l'Allemagne hitlérienne et participa activement à un comité qui aida des centaines d'universitaires allemands à s'enfuir de leur pays.

Lorsqu'il fut stationné à Londres pendant la plus mauvaise période des bombardements, il insista pour que son bureau soit situé à côté d'un bâtiment qui constituait un des principaux objectifs ; c'est ainsi que son bureau fut à quatre reprises détruit par les bombes. Bien que ses fonctions ne l'exigeaient pas, il participa au cours de la seconde guerre mondiale, à au moins 25 missions de bombardement. Ses chefs protestèrent contre les risques qu'il prenait en tant que civil. Un de ses collègues déclara : « Je crus d'abord qu'il avait peur d'être un lâche — mais c'était plus compliqué que cela ».

Depuis la guerre, il a agi dans sa carrière avec une indépendance rarement admise dans le monde des affaires. Un ami donna un jour le commentaire suivant : « Il se lève toujours pour être compté lorsque le sujet est suffisamment important et il ne manque jamais l'occasion de rompre une lance pour le droit d'avoir une opinion différente ». Lorsque le sénateur Joe Carthy fut à l'apogée de sa gloire, alors que même l'armée le craignait et que plus personne n'était sûr de sa carrière lorsque Mc Carthy l'attaquait, il fut le premier parmi les notables du pays à critiquer et à stigmatiser la tactique de Mc Carthy. A propos de ses activités d'homme d'affaires il a dit une fois : « Lorsque d'autres vice-présidents viennent dire : Voyons, les dépenses sont trop élevées, on dépense trop et il n'y a pas assez d'argent qui rentre, je leur réponds : Si c'est de cette façon-là que vous voulez agir, vous feriez mieux de vous procurer un autre garçon de courses ». C'est un bon joueur de poker, mais à mesure que le jeu avance il devient généralement impatient et mise trop haut par rapport aux cartes qu'il a en mains, de sorte qu'il est souvent le grand perdant. Il est bien connu qu'il lui est arrivé une fois de miser 2.500 dollars sur une carte.

Il travaille parfois d'arrache-pied, nuit et jour, pendant 3 ou 4 jours d'affilée. Le président du comité de direction de la compagnie dit : « On pourrait presque appeler cela (la tendance à travailler jusqu'à l'épuisement) une impulsion autodestructrice. Il n'est jamais heureux que s'il travaille. C'est quand il a l'air à moitié mort, qu'il sent en lui une flambée de bonheur ».

En décrivant l'emploi de son temps, il écrivit une fois à un ami : « J'espère que ce qui précède te donne la réponse à ta question concernant ma santé physique, bien que ce qui s'en dégage au sujet de ma santé mentale soit une autre question. En ce qui concerne le travail qui exige de grands efforts, je ne puis mieux faire que de citer une remarque de ma mère : « Mieux vaut s'user au travail que de se laisser rouiller ».

Il atteignit l'échelon le plus élevé. Ses collègues, exaspérés de le voir soudain jouir d'une réputation mondiale et disposer du pouvoir dans la firme, organisèrent un club « Il n'est pas Dieu ». Il introduisit immédiatement une demande d'adhésion.

Durant plusieurs années il parla de prendre du repos, de cesser de travailler pendant 6 mois ou un an « uniquement pour rester tranquille et me recueillir ». Mais peu de gens le prirent au sérieux, parce qu'il commençait immédiatement après à exposer un nouveau projet qu'il désirait mettre à exécution. Ensuite, il s'arrêta quand même et prit partiellement sa retraite.

A la joue droite, il a une tache de naissance qu'il refuse de faire enlever ou de dissimuler — et il insiste presque toujours pour être photographié du côté droit. Bien qu'il porte des costumes coûteux et des chemises faites sur mesure et importées de « Saville Row » à Londres, il porte d'habitude un vieil imperméable ou pardessus sur ses vêtements élégants.

IV
SECOND EXEMPLE DE CAS PROGRAMMÉ SELON LA TECHNIQUE DE DAILEY

Cet homme est un sénateur. Vous lirez un bref compte-rendu de sa vie. Toutefois, au lieu de lire une simple biographie, vous suivrez une méthode spéciale destinée à vous aider à vous rendre compte à quel point vous le comprenez en tant qu'être humain.

A chaque page sont relatés divers événements marqués A, B et C. Chacun de ceux-ci aurait pu se produire durant sa vie. Votre tâche consiste à chercher l'événement qui s'est réellement produit.

Il est indispensable que vous ne lisiez pas anticipativement le texte et que vous preniez une décision avant de passer au passage suivant. Au début de chacun de ceux-ci, il vous sera dit lequel parmi les incidents que vous avez passés en revue sur la page précédente s'est réellement produit dans la vie de cette personne.

Par l'application de ce procédé vous éprouverez une amélioration progressive de votre compréhension de cet homme. Toutefois, ne vous découragez pas si votre compréhension est inexacte durant les premières pages.

Si la méthode à suivre vous semble claire, commencez.

DEUX CONCEPTIONS DES CAS PROGRAMMÉS 77

Choisissez l'épisode vrai.

A 1. Depuis son enfance, il est resté sous l'effet des exhortations d'un prédicateur : « Connais-toi toi-même, contrôle-toi, mortifie-toi ». Il lutta pendant de nombreuses et rudes années pour conformer sa conduite à cette maxime — et le succès vint tardivement.

Si vous avez choisi A 1 : votre réponse est correcte.
Depuis son enfance, il est resté sous l'effet des exhortations d'un prédicateur : « Connais-toi toi-même, contrôle-toi, mortifie-toi. »
Il lutta pendant de nombreuses et rudes années pour conformer sa conduite à cette maxime — et le succès vint tardivement.

B 1. Il garde le souvenir d'une jeunesse insouciante au cours de laquelle il pêchait et nageait dans le Mississipi. « Tom Sawyer aurait tout aussi bien pu être écrit à mon sujet », dit-il.

C 1. Il apprit la pratique de la politique à la maison où, placé devant les désirs contradictoires de six frères et sœurs plus jeunes que lui, il devait jouer un rôle de médiateur et d'arbitre.

Choisissez l'épisode vrai.

A 2. Son père, Isaac, commença à instruire le garçon dès que celui-ci fut âgé de quatre ans. Il le poussa très fort et le garçon travailla avec zèle. En moins de deux ans, il fut capable de suivre la 4ᵉ année de l'enseignement primaire.

B 2. Il se souvient avec grand plaisir du bâtiment scolaire en bois. Mais la lecture de la Bible, que la famille pratiquait régulièrement, lui en apprit davantage. Il se souvient de son père lisant à haute voix l'Ancien Testament; dans son enfance il apprit par cœur de longs passages du Nouveau Testament. Ces passages jouent généralement un rôle important dans ses discours.

Si vous avez choisi A 2 : votre réponse est correcte.
Son père, Isaac, commença à instruire le garçon dès que celui-ci fut âgé de quatre ans. Il le poussa très fort et le garçon travailla avec zèle. En moins de deux ans, il fut capable de suivre la 4ᵉ année de l'enseignement primaire.

C 2. Il déclare maintenant : « Si j'avais écouté ce prédicateur — ou mon père — les choses auraient pris une meilleure tournure. Mais je suppose que je devais d'abord jeter ma gourme. Les voisins se souviennent que, jusqu'à l'âge de 15 ans, il était la brebis galeuse et la terreur du comté. Par la suite, il devint pieux et s'amenda.

Choisissez l'épisode vrai.

A 3. Sa famille s'intéressait à la politique. Après un discours politique, au moment prévu pour les questions, son père et lui mettaient les candidats sur la sellette. Lorsque les meetings dégénéraient en assauts de calomnies contre quelqu'un qu'il admirait, il entrait en colère au point de ne plus pouvoir parler. Un candidat lui déclara un jour : « Mon garçon, tu as l'esprit vif, mais avec le tempérament que tu as, tu n'arriveras jamais à rien en politique ».

B 3. En tant que jeune garçon, il suivit de près les campagnes politiques de ses favoris. Il accompagnait son père lors de tournées électorales et écoutait les invectives lancées contre ses héros. Il prenait tout extrêmement au sérieux et passait des nuits blanches lorsque ses héros avaient été attaqués.

Si vous avez choisi B 3 : votre réponse est correcte.
En tant que jeune garçon il suivit de près les campagnes politiques de ses favoris. Il accompagnait son père lors de tournées électorales et écoutait les invectives lancées contre ses héros. Il prenait tout extrêmement au sérieux et passait des nuits blanches lorsque ses héros avaient été attaqués. Le lendemain, devant un public de deux ou trois garçons de ferme, il clouait avec violence l'ennemi au pilori.

Le lendemain, devant un public de deux ou trois garçons de ferme, il clouait avec violence l'ennemi au pilori.

C 3. Son père était un prédicateur laïque autodidacte et un des derniers prédicateurs ambulants. Pendant les rares soirées qu'il passait à la maison, le père avait l'habitude de rassembler les enfants autour de lui. Au coin du feu, il prononçait devant ce petit monde, non pas un prêche savant, mais un sermon paisible tout imprégné de grâce tranquille et d'amour. Ce n'était là qu'un écho très lointain des prêches remplis du feu et du souffre de l'enfer qui étaient courants à l'époque.

Choisissez l'épisode vrai.

A 4. C'était un garçon rêveur et ses rêveries avaient trait à la gloire politique. Peut-être fut-il gâté par l'engouement de son père. Peut-être n'eut-il pas tant rêvé, s'il avait eu suffisamment de corvées à exécuter.

B 4. Comme son père avait de plus en plus à faire, le garçon était en fait, à l'âge de 10 ans, à lui tout seul responsable d'une ferme s'étendant sur 75 acres (sa mère était décédée à sa naissance).

Si vous avez choisi B 4 : votre réponse est correcte.
Comme son père avait de plus en plus à faire, le garçon était, à l'âge de 10 ans, en fait à lui tout seul responsable d'une ferme s'étendant sur 75 acres (sa mère était décédée à sa naissance).

C 4. Il travailla, tout jeune garçon, au service d'un avocat éminent de la région, qui s'imaginait être un gentilhomme fermier. Il fendait des bardeaux pour le toit de la grange et creusait des rigoles de drainage. Il prenait ses repas à la table de son employeur et c'est là qu'il rencontra Suzanne. Il entendit Suzanne dire qu'elle n'aimait pas les paysans, qu'ils sont trop grossiers et, sur-le-champ, il décida de faire des études de droit.

Choisissez l'épisode vrai.

A 5. Il s'adonnait à son travail avec enthousiasme. Sa vie durant, Il a dit : « Je ne suis heureux que lorsque je suis débordé de travail ».

B 5. Tout jeune, il était déjà un fermier expérimenté et il fit de son métier une science à une époque où il n'y avait pas encore de véritables agents de comté. Il tenait des livres très précis sur les plantations et leurs résultats.

Si vous avez choisi C 5 : votre réponse est correcte.
A force de toujours travailler et de ne jamais jouer, il devint un garçon dur.

C 5. A force de toujours travailler et de ne jamais jouer, il devint un garçon dur.

Choisissez l'épisode vrai.

A 6. En raison de son expérience de la ferme, il fut initié de bonne heure aux responsabilités fiscales. Il aimait tenir la comptabilité et effectuait ce travail d'une façon particulièrement approfondie et détaillée. Il tient encore toujours des comptes très précis de ses dépenses et dit souvent qu'il serait devenu comptable s'il n'était pas devenu avocat.

Si vous avez choisi B 6 : votre réponse est correcte.
Malgré ses longues heures de travail, il trouvait encore le temps d'étudier ses livres de droit. Il semblait y trouver quelque chose qui lui manquait dans la vie. Un ami se rappelle : « Son père était avocat — et son unique mère était la loi. » Alors que l'âge minimum pour se présenter à l'examen d'État était fixé à 21 ans, son père réussit à obtenir pour lui l'autorisation spéciale de passer l'épreuve orale à 17 ans. Il réussit brillamment et devint le plus jeune avocat de l'État.

B 6. Malgré ses longues heures de travail, il trouvait encore le temps d'étudier ses livres de droit. Il semblait y trouver quelque chose qui lui manquait dans sa vie. Un ami se rappelle : « Son père était un avocat — et son unique mère était la loi ». Alors que l'âge minimum pour se présenter à l'examen d'État était fixé à 21 ans, son père réussit à obtenir pour lui l'autorisation spéciale de passer l'épreuve orale à 17 ans. Il réussit brillamment et devint le plus jeune avocat de l'État.

C 6. La nuit, après avoir effectué les corvées, il étudiait les livres de droit de son père. Les soirées étaient monotones à la ferme. Il disait : « Je n'avais personne à qui parler, donc je lisais des livres. C'était soit le catalogue de Sears, soit les codes. J'en avais assez de lire au sujet d'appareils que je ne pouvais acheter, et c'est ainsi que j'en vins au droit ».

Choisissez l'épisode vrai.

A 7. Il se maria très jeune et cette union fut durable. Il y eut six enfants. Tous grandirent dans une atmosphère imprégnée de la fierté et de l'amour de leurs parents et tous furent destinés à leur faire honneur et à justifier cette fierté.

Si vous avez choisi C 7 : votre réponse est correcte.
Il se maria. Lorsqu'il partit pour la guerre, il se passa quelque chose dans son ménage. Il ressort des archives judiciaires que sa femme obtint le divorce pour cause d'abandon de famille. Il ne le contesta pas. Plusieurs années plus tard lorsque sa femme fut mourante, elle appela ses deux enfants à son chevet et leur dit : « Veillez à ne jamais avoir affaire à lui. »

B 7. Il se montra frivole et léger dans le mariage. Plus tard il déclara : « Elle ne put supporter cela longtemps. Elle fit ses paquets et partit après dix semaines exactement ».

C 7. Il se maria. Lorsqu'il partit pour la guerre, il se passa quelque chose dans son ménage. Il ressort des archives judiciaires que sa femme obtint le divorce pour cause d'abandon de famille. Il ne le contesta pas. Plusieurs années plus tard, lorsque sa femme fut mourante, elle appela ses deux enfants à son chevet et leur dit : « Veillez à ne jamais avoir affaire à lui ».

Choisissez l'épisode vrai.

A 8. Un jour, alors qu'il était accusateur public, il requit contre un ami de jeunesse qui était devenu distillateur clandestin. Peu après, l'homme vint lui dire, une lueur froide dans le regard : « Pour cette fois, ça va. Mais ne porte plus jamais plainte contre moi ». Il le fixa à son tour et lui repliqua : « Cela m'est égal, combien de whisky tu fabriques ou vends — mais tâche de ne pas te faire prendre, sinon je t'enverrai en prison ».

B 8. Lorsqu'il devint procureur, il partit en guerre contre la dépravation et contre des activités commerciales situées à la limite de la légalité en menant les enquêtes les plus fermes et les plus fouillées que l'Etat ait jamais connues. Un jour

Si vous avez choisi A 8 : votre réponse est correcte.
Un jour, alors qu'il était accusateur public, il requit contre un ami de jeunesse qui était devenu distillateur clandestin. Peu après, l'homme vint lui dire, une lueur froide dans le regard : « Pour cette fois, ça va. Mais ne porte plus jamais plainte contre moi. » Il le fixa à son tour et lui répliqua : « Cela m'est égal, combien de whisky tu fabriques ou tu vends — mais tâche de ne pas te faire prendre, sinon je t'enverrai en prison. »

on put lire dans l'éditorial d'un journal de la ville où il habitait : « Notre procureur mettrait sa propre grand-mère en prison si c'était nécessaire. Ne peut-il pas y avoir excès d'une bonne chose ? »

C 8. Pendant tout le temps où il fut procureur il n'éprouva que peu de goût pour ce genre de travail juridique. Il préférait les formes plus impersonnelles du droit — la législation par exemple — à celles qui le faisaient entrer en contact avec des problèmes humains. Son meilleur ami lui déclara un jour : « Tu aimerais bien plus le droit, s'il ne s'agissait pas de personnes mais rien que de machines ».

Choisissez l'épisode vrai.

A 9. Il fut candidat au Sénat par souci de l'avenir de son parti. Un accident d'avion écarta au dernier moment le principal candidat au Sénat. Personne ne crut qu'il serait capable de récolter des votes, mais il fut quand même élu comme suppléant. Au début, il mena sa campagne sans grand enthousiasme ni ardeur et ne prêta que peu d'attention aux attaques personnelles qu'il avait appris à dédaigner.

B 9. Il évita de mener une campagne directe. Il laissa travailler pour lui l'appareil du parti afin de remporter l'élection. Il fit pression sur des personnes influentes pour qu'elles fassent publiquement des déclarations en sa faveur. Il prononça peu de discours et détint le record du plus petit nombre de miles parcourus, qui fut mentionné dans les livres traitant de la politique de l'année.

Si vous avez choisi C 9 : votre réponse est correcte.
Étant candidat au Sénat, il discutait avec son conseiller des attaques que son adversaire menait contre lui. « S'il cherche la bagarre — dit-il — il peut être assuré qu'il l'aura. » Le conseiller répondit : « Si tu réagis de cette façon, il te flanquera une fessée. Te rendre furieux, voilà le seul moyen dont disposent les gens pour te vaincre. Tu es à peine assis dans mon bureau et déjà tu es plein de hargne, alors que la campagne n'a même pas débuté. » Il accepta le conseil et de toute la campagne électorale il ne mentionna pas une seule fois le nom de son adversaire.

C 9. Étant candidat au Sénat, il discutait avec son conseiller des attaques que son adversaire menait contre lui. « S'il cherche la bagarre — dit-il — il peut être assuré qu'il l'aura ». Le conseiller répondit : « Si tu réagis de cette façon, il te flanquera une fessée. Te rendre furieux, voilà le seul moyen dont disposent les gens pour te vaincre. Tu es à peine assis dans mon bureau et déjà tu es plein de hargne, alors que la campagne n'a même pas débuté ». Il accepta le conseil et de toute la campagne électorale il ne mentionna pas une seule fois le nom de son adversaire.

Choisissez l'épisode vrai.

A 10. Lors de sa première tentative d'entrer au Sénat, il fut battu à plate couture notamment parce que les électeurs ruraux l'estimaient trop poli et trop bien élevé. Son conseiller électoral lui dit plus tard : « Ils pensent que tu as oublié l'endroit où tu as été élevé ».

B 10. Au Sénat, il était « M. Discipline de Parti ». A chaque vote, il se tenait strictement à la ligne du parti, perdant ainsi des

Si vous avez choisi C 10 : votre réponse est correcte.
Au Sénat, le chef de la fraction, un homme borné, pressait les membres de suivre ses instructions concernant le vote d'un projet de loi. Il se rebiffa : « Tenez, vous ne me connaissez pas et moi je ne vous connais pas, mais nous apprendrons très vite à nous connaître. Je vote comme il me plaît. »

voix parmi ses électeurs, mais acquérant une influence énorme au Sénat. Après son deuxième mandat, il fut considéré comme le pilier du parti.

C 10. Au Sénat, le chef de la fraction, un homme borné, pressait les membres de suivre ses instructions concernant le vote d'un projet de loi. Il se rebiffa : « Tenez, vous ne me connaissez pas et moi je ne vous connais pas, mais nous apprendrons très vite à nous connaître. Je vote comme il me plaît ».

Choisissez l'épisode vrai.

A 11. Sa deuxième femme mourut en mettant un enfant au monde et il partit vers l'Ouest cherchant la consolation des espaces tranquilles. « Les idées noires », disait-il, « poursuivent rarement un cavalier dont l'allure est suffisamment rapide ». Il dirigea deux élevages et parcourut les pâturages durant toute l'année.

B 11. Il se remaria et fut très attaché à sa seconde femme. Lorsqu'elle mourut d'une méningite, sa première réaction fut de donner sa démission comme membre du Congrès. Puis, il décida de rester et se jeta à corps perdu dans le travail.

Si vous avez choisi B 11 : votre réponse est correcte.
Il se remaria et fut très attaché à sa seconde femme. Lorsqu'elle mourut d'une méningite, sa première réaction fut de donner sa démission comme membre du Congrès. Puis il décida de rester et se jeta à corps perdu dans le travail.

C 11. Sa seconde femme mourut après une longue maladie. Il reconnut plus tard : « Ce fut une bénédiction. Je ne pouvais supporter de la voir souffrir. Elle était contente de s'en aller et je me sens tout à fait en paix à ce sujet ».

Choisissez l'épisode vrai.

A 12. Comme ses problèmes personnels allaient en s'accumulant, il se désintéressa de ses enfants, comme s'il voulait s'épargner des souffrances futures. A cette époque, ils dirent de lui : « Il ne semble jamais se soucier de nous que lorsque nous sommes morts ».

B 12. Chaque année, il passait quelques mois à pêcher et à chasser avec ses fils. C'était le temps heureux d'une camaraderie franche et libre comme les fôrets et les lacs qu'ils aimaient tous.

Si vous avez choisi A 12 : votre réponse est correcte.
Comme ses problèmes personnels allaient en s'accumulant, il se désintéressa de ses enfants, comme s'il voulait s'épargner des souffrances futures. A cette époque, ils dirent de lui : « Il ne semble jamais se soucier de nous que lorsque nous sommes morts. »

C 12. Son fils aîné s'enfuit de la maison lorsque survinrent certaines difficultés. Avec le stoïcisme qui le caractérisait, le père mit de l'argent de côté pour l'envoyer au garçon dès qu'il connaîtrait son adresse. A vrai dire, il estimait qu'une fugue avait du bon et que cela faisait partie de l'éducation de tout jeune homme.

Choisissez l'épisode vrai.

A 13. La perte de son fils préféré fit presque échouer son troisième mariage. Les époux réussirent cependant à surmonter leur chagrin. Ensemble ils fondèrent le « T. House », un des orphelinats les plus réputés dans cette région du pays.

Si vous avez choisi B 13 : votre réponse est correcte.
Lorsque son fils préféré mourut, il s'adonna à la boisson. Un ami, auquel il avait demandé conseil lorsque les choses tournèrent mal, lui répondit : « Mets cette bouteille de côté. » Il réfléchit un moment et puis ses traits se durcirent. « Je vais te montrer que je suis maître de ma propre âme », lui dit-il. Il se rendit dans la salle de bains et quand il revint il y avait deux bouteilles de Bourbon brisées par terre. Depuis lors la boisson ne fut plus un problème pour lui.

B 13. Lorsque son fils préféré mourut, il s'adonna à la boisson. Un ami, auquel il avait demandé conseil lorsque les choses tournèrent mal, lui répondit : « Mets cette bouteille de côté ». Il réfléchit un moment et puis ses traits se durcirent « Je vais te montrer que je suis maître de ma propre âme », lui dit-il. Il se rendit dans la salle de bains et quand il revint il y avait deux bouteilles de Bourbon brisées par terre. Depuis lors, la boisson ne fut plus un problème pour lui.

C 13. Son fils aîné mourut dans un accident d'avion. Ce jour-là il devait participer à un débat important et prendre la parole au Sénat. Il arriva à temps et, de sa voix dure habituelle, il dit avec fermeté : « Venons-en maintenant à nos affaires ». Seuls quelques amis très intimes savaient quel immense chagrin il éprouvait intérieurement. Son travail ne le refléta pas.

Choisissez l'épisode vrai.

A 14. Lorsqu'il cessa de boire, sa troisième femme le reprit. Mais leurs rapports restèrent cependant froids et ils s'arrangèrent pour conclure une trêve conjugale dans l'intérêt des enfants mais rien de plus.

B 14. L'harmonie familiale se rétablit après qu'il eut renoncé à la boisson mais, dans l'entretemps, ses enfants avaient grandi et quitté la maison. Quoique, à dater de cette époque, il fût en bons rapports avec eux, ils restaients distants et il était un homme solitaire.

Si vous avez choisi C 14 : votre réponse est correcte.
Lorsqu'il cessa de boire, il se retourna de nouveau vers ses enfants. Ils semblaient se rapprocher. Son fils, qu'il avait toujours quelque peu négligé, devint avocat. Celui-ci se souvient : « Je ne savais pas ce que je voulais devenir en fait, mais je désirais être près de mon père. » Il en vint à considérer son père comme un homme chaleureux et affectueux.

C 14. Lorsqu'il cessa de boire, il se tourna de nouveau vers ses enfants. Ils semblaient se rapprocher. Son fils, qu'il avait toujours quelque peu négligé, devint avocat. Celui-ci se souvient : « Je ne savais pas ce que je voulais devenir en fait, mais je désirais être près de mon père ». Il en vint à considérer son père comme un homme chaleureux et affectueux.

Choisissez l'épisode vrai.

A 15. Regardez-le s'arrêter dans sa Cadillac noire devant « Blair House ». De la banquette se dégage le passager solitaire de l'auto, un homme de belle prestance aux cheveux gris ondulés. Il porte un costume d'été gris de coupe simple et une cravate à rayures blanches et rouges et des chaussures noires en cuir souple.

B 15. Derrière les lunettes de corne, ses yeux brillent avec les reflets d'un feu qu'il maîtrise en lui. Sa voix est grave et forte et elle n'a pas besoin de microphone pour porter au loin. Il pose ses questions lentement, avec le rythme prudent d'un homme du sud. On perçoit dans sa voix

Si vous avez choisi B 15 : votre réponse est correcte.

Derrière les lunettes de corne, ses yeux brillent avec les reflets d'un feu qu'il maîtrise en lui. Sa voix est grave et forte et elle n'a pas besoin de microphone pour porter plus loin. Il pose ses questions lentement, avec le rythme prudent d'un homme du sud. On perçoit dans sa voix l'intégrité et le blâme, le sarcasme et la tristesse, l'incrédulité et l'indignation. Rarement il manifeste une colère qui ne soit pas retenue.

l'intégrité et le blâme, le sarcasme et la tristesse, l'incrédulité et l'indignation. Rarement il manifeste une colère qui ne soit pas retenue.

C 15. Le visage maigre et la mine rébarbative, il a un regard toujours menaçant. Il parle peu, et rit rarement. Son humour, lorsqu'il est perceptible, n'est jamais un rire éclatant, mais se limite à quelques plissements dans son masque inquisitorial.

Ainsi s'achève le cas basé sur la vie du sénateur X.

VUE D'ENSEMBLE DU CAS.

Depuis son enfance, il est resté sous l'effet des exhortations d'un prédicateur : « Connais-toi toi-même, contrôle-toi, mortifie-toi ». Il lutta pendant de nombreuses et rudes années pour conformer sa conduite à cette maxime — et le succès vint tardivement.

Son père, Isaac, commença à instruire le garçon dès que celui-ci fût âgé de quatre ans. Il le poussa très fort et le garçon travailla avec zèle. En moins de deux ans, il fut capable de suivre la 4e année de l'enseignement primaire.

En tant que jeune garçon il suivit de près les campagnes politiques de ses favoris. Il accompagnait son père lors de tournées électorales et écoutait les invectives lancées contre ses héros. Il prenait tout extrêmement au sérieux et passait des nuits blanches lorsque ses héros avaient été attaqués. Le lendemain, devant un public de deux ou trois garçons de ferme, il clouait avec violence l'ennemi au pilori.

Comme son père avait de plus en plus à faire, le garçon était, à l'âge de 10 ans, en fait, à lui tout seul responsable d'une ferme s'étendant sur 75 acres (sa mère était décédée à sa naissance).

A force de toujours travailler et de ne jamais jouer, il devint un garçon dur.

Malgré ses longues heures de travail, il trouvait encore le temps d'étudier ses livres de droit. Il semblait y trouver quelque chose qui lui manquait dans sa vie. Un ami se rappelle : « Son père était un avocat — et son unique mère était la loi ». Alors que l'âge minimum pour se présenter à l'examen d'État était fixé à 21 ans, son père réussit à obtenir pour lui l'autorisation spéciale de passer l'épreuve orale à 17 ans. Il réussit brillamment et devint le plus jeune avocat de l'État.

Il se maria. Lorsqu'il partit pour la guerre il se passa quelque chose dans son ménage. Il ressort des archives judiciaires que sa femme obtint le divorce pour cause d'abandon de famille. Il ne le contesta pas. Plusieurs années plus tard, lorsque sa femme fut mourante elle appela ses deux enfants à son chevet et leur dit : « Veillez à ne jamais avoir affaire à lui ».

Un jour, alors qu'il était accusateur public, il requit contre un ami de jeunesse qui était devenu distillateur clandestin. Peu après, l'homme vint lui dire, une lueur froide dans le regard : « Pour cette fois, ça va. Mais ne porte plus jamais plainte contre moi ». Il le fixa à son tour et lui répliqua : « Cela m'est égal, combien de whisky tu fabriques ou tu vends — mais tâche de ne pas te faire prendre, sinon je t'enverrai en prison ».

Étant candidat au Sénat, il discutait avec son conseiller des attaques de son adversaire menait contre lui. « S'il cherche la bagarre — dit-il — il peut être assuré qu'il l'aura ». Le conseiller répondit : « Si tu réagis de cette façon, il te flanquera une fessée. Te rendre furieux, voilà le seul moyen dont disposent les gens pour te vaincre. Tu es à peine assis dans mon bureau et déjà tu es plein de hargne, alors que la campagne n'a même pas débuté ». Il accepta le conseil et, de toute la campagne électorale, il ne mentionna pas une seule fois le nom de son adversaire.

Au Sénat, le chef de la fraction, un homme borné, pressait les membres de suivre ses instructions concernant le vote d'un projet de loi. Il se rebiffa : « Tenez, vous ne me connaissez pas et moi je ne vous connais pas, mais nous apprendrons très vite à nous connaître. Je vote comme il me plaît ».

Il se remaria et fut très attaché à sa seconde femme. Lorsqu'elle mourut d'une méningite, sa première réaction fut de donner sa démission comme membre du Congrès. Puis, il décida de rester et se jeta à corps perdu dans le travail.

Comme ses problèmes personnels allaient en s'accumulant, il se désintéressa de ses enfants, comme s'il voulait s'épargner des souffrances futures. A cette époque, ils dirent de lui : « Il ne semble jamais se soucier de nous que lorsque nous sommes morts ».

Lorsque son fils préféré mourut, il s'adonna à la boisson. Un ami, auquel il avait demandé conseil lorsque les choses tournèrent mal, lui répondit : « Mets cette bouteille de côté ». Il réfléchit un moment et puis ses traits se durcirent. « Je vais te montrer que je suis maître de ma propre âme », lui dit-il. Il se rendit dans la salle de bains et, quand il revint, il y avait deux bouteilles de Bourbon brisées par terre. Depuis lors, la boisson ne fut plus un problème pour lui.

Lorsqu'il cessa de boire, il se tourna de nouveau vers ses enfants. Ils semblaient se rapprocher. Son fils, qu'il avait toujours quelque peu négligé, devint avocat. Celui-ci se souvient : « Je ne savais pas ce que je voulais devenir en fait, mais je désirais être près de mon père ». Il en vint à considérer son père comme un homme chaleureux et affectueux.

Derrière les lunettes de corne, ses yeux brillent avec les reflets d'un feu qu'il maîtrise en lui. Sa voix est grave et forte et elle n'a pas besoin de microphone pour porter au loin. Il pose ses questions lentement, avec le rythme prudent d'un homme du sud. On perçoit dans sa voix l'intégrité et le blâme, le sarcasme et la tristesse, l'incrédulité et l'indignation. Rarement il manifeste une colère qui ne soit pas retenue.

V
CRITIQUE

Il est au moins trois angles sous lesquels on peut aborder la critique des cas programmés tels que les conçoit Dailey. D'abord, il convient de s'interroger sur le contenu des biographies programmées et leurs sources. En deuxième lieu, c'est la nature des tâches proposées qui doit être analysée. Enfin, l'usage fait par Dailey des cas programmés appelle également plusieurs commentaires.

a) En ce qui concerne le contenu des cas programmés, c'est sans doute le caractère global et indifférencié des données qu'ils contiennent qui en constitue un des traits les plus saillants. Que la psychologie des personnages soit fort sommaire est indéniable. Le genre de simplification que leurs conduites et que leurs conditions d'existence sociale ont subies évoque irrésistiblement le genre de schématisme bon enfant rendu familier par le Readers Digest. Ce sont d'ailleurs de véritables « digest « de biographies qu'utilise Dailey. Si toute condensation n'est pas nécessairement à rejeter, il n'en reste pas moins que son application par Dailey comporte une sélection à ce point poussée de certaines données au détriment d'autres qu'un considérable appauvrissement psychologique et sociologique en est le résultat. Ainsi, tant dans la biographie programmée de E. R. MURROW que dans celle du sénateur X, la notion de relation interpersonnelle ne trouve-t-elle guère de place. Dans le premier cas, il n'est dit que quelques mots au sujet de la mère et aucune autre personne ayant joué un rôle dans l'existence du sujet n'est mentionnée. La description de E. R. Murrow est à ce point le produit d'un découpage qui isole l'individu de ses relations avec son entourage que l'on ignore même s'il a jamais été marié.

Dans le cas du Sénateur X, le père est mentionné fugitivement (A2, B6). On apprend par une phrase (B4) placée entre parenthèses que la mère est décédée à la naissance et tout ce que l'on sait au sujet du premier mariage qui se termina par un divorce c'est que « il se passa quelque chose dans son ménage ». Ultérieurement, (A12) il est question de « problèmes personnels » qui ne sont guère précisés et des excès de boisson auxquels il se livra après la mort de son fils préféré (B. 13) dont on apprend l'existence par la même occasion.

A y regarder de plus près, on s'aperçoit en outre que ce ne sont pas seulement les relations interpersonnelles dont il est fait abstraction. D'une façon générale, ce sont toutes les situations vécues qui sont littéralement escamotées. Qu'il s'agisse du milieu familial d'origine, de l'environnement socio-économique plus étendu, du milieu professionnel, des groupes auxquels le sujet participe, de sa propre famille ou des situations cruciales qu'il doit affronter, les données contextuelles font chaque fois défaut. Il n'est dès lors pas étonnant que les motivations qui lui sont implicitement attribuées soient aussi peu différenciées. Enfin, il apparaît clairement que ce sont les carrières et les réalisations professionnelles des personnages qui constituent l'axe autour duquel les deux cas programmés sont organisés. Même en admettant que le but du « cours » rédigé par Dailey était de contribuer à la formation de sélectionneurs de personnel, il est fort douteux que l'accentuation unilatérale des réussites et des échecs professionnels contribue réellement à la compréhension de ceux-ci. On notera aussi que les réalisations des personnages sont présentées comme des « performances », c'est-à-dire des termes finaux de processus qui, tout en faisant l'objet d'évaluations, ne sont pas analysés quant aux conditions de leur genèse. Il n'y a d'ailleurs pas de véritable continuité entre les épisodes successifs. Sans doute sont-ils la plupart du temps ordonnés chronologiquement. Mais il est des cas, comme celui de E. R. Murrow où passagèrement (par exemple de C. 7 à B. 13) l'ordre chronologique est abandonné. Et il est impossible de savoir pour quelles raisons la succession adoptée fut choisie parmi toutes les séquences possibles. Par contre, dans le cas du Sénateur X, l'ordre suivi est chronologique à l'exception toutefois des deux premièrs épisodes.

On ne saurait donc parler de biographies au sens strict du terme. Il s'agit bien plus de brochettes d'extraits condensés de biographies entremêlés d'événements tenus pour révélateurs de la personnalité des individus étudiés. C'est là sans doute l'explication de l'allure anecdotique très prononcée des cas composés par Dailey. On peut, toutefois, aussi y voir une conséquence de l'application de la « méthode des événements », notamment dans la mesure où les définitions utilisées par celle-ci sont beaucoup trop vagues pour accommoder le lacis de processus concrets propres à une biographie. Il est une autre limitation que Dailey s'impose et dont on comprend d'autant moins la raison qu'elle contribue au schématisme exagéré de ses biographies programmées. Il s'agit notamment du nombre réduit d'épisodes qu'il utilise et qui ne dépasse jamais 15. Comme le lecteur n'aura pas manqué de le relever, même en la centrant sur sa vie professionnelle, c'est une véritable gageure que de faire tenir la biographie d'un adulte en quinze épisodes. Il est vraisemblable que, placé devant le choix de rédiger, soit un petit nombre de cas programmés comportant plusieurs dizaines d'épisodes, soit un nombre élevé de cas brefs, l'auteur ait opté pour cette dernière solution en se basant sur des considérations didactiques. En d'autres mots, il lui a sans doute semblé préférable de soumettre ses sujets à une variété de cas différents. Il n'est cependant pas prouvé que ce procédé présente un avantage réel. En outre, en décidant de limiter le nombre d'épisodes utilisés à un maximum de quinze, Dailey abandonne l'objectif qu'il s'était expressément fixé dans sa « méthode des événements », à savoir : la mise en évidence de la structure naturelle d'histoires de vie. Il est évident qu'une méthode d'analyse descriptive qui se veut « naturelle » ne saurait admettre des conditions limitatives de cette nature.

S'imposer de comprimer une biographie en quinze épisodes signifie en effet une violation flagrante du principe de base sur lequel la méthode des événements est basée. En fait on ne peut guère se défaire de l'impression qu'un des objectifs visé par la « méthode des événements à savoir celui de la « simplification » des données biographiques l'a emporté sur tous les autres.

b) La tâche impartie aux sujets lors de l'administration de cas programmés consiste à prédire les conduites de l'individu étudié. Mais il ne suffit pas de définir la tâche de cette manière pour que les opérations effectuées par les sujets s'y conforment. Il y a, en effet, lieu de tenir compte de la nature même des données disponibles. Car la question qui se pose est de savoir si ces données se prêtent effectivement à la formulation de prédictions. Or, prédire une conduite consiste à l'anticiper soit inductivement soit déductivement soit encore par une combinaison de ces deux types d'inférence, à partir de la conjonction de données concernant l'état et les tendances de la personne et la situation dans laquelle elle se trouve engagée à un moment donné. Prédire le comportement d'un individu c'est énoncer une proposition telle que : « P. placé dans la situation S, manifestera probablement C. ». Ceci présuppose que les caractéristiques de la personne, ainsi que les principaux aspects de la situation au sujet de laquelle il y a lieu de formuler une prédiction, puissent être identifiés indépendamment du comportement C qui est à prédire. Comme on peut facilement s'en rendre compte en lisant les cas programmés de Dailey, ceux-ci ne réalisent pas ces conditions. Dans chacun des épisodes composant les cas programmés on ne se trouve pas placé d'une part devant P et S et, d'autre part, devant une alternative comportant plusieurs termes ayant trait à C. En fait, les épisodes utilisés par Dailey contiennent simultanément les trois termes P, S et C. Comme, par ailleurs, les informations concernant les situations sont nettement insuffisantes, les données contenues dans les cas programmés de Dailey ne se prêtent guère à la conjecturation prédictive.

Pourquoi en est-il ainsi ? Et quelle est en définitive la tâche qui doit être accomplie par celui qui est soumis à la méthode des cas programmés telle que la conçoit Dailey ?

Pour répondre à ces deux questions, il suffit de se reporter aux deux exemples. Une lecture attentive des triades successives permet de constater qu'elles ne constituent pas une alternative de trois conduites distinctes par rapport à la même personne confrontée à la même situation. En fait, il y a trois conduites, trois personnes et trois situations si bien que l'interprétateur n'a pas le choix entre différentes conduites mais entre trois segments biographiques globaux. En d'autres mots, la tâche proposée par Dailey n'exige pas la prédiction du comportement d'un seul et même individu, mais la comparaison de trois épisodes avec les précédents afin d'établir lequel représente la continuation de ceux-ci. Ceci découle du point de vue adopté par l'auteur qui identifie prédiction avec discrimination interpersonnelle. Il ne s'agit donc pas d'une mise en relation de différentes conduites d'un seul individu, mais de la comparaison de différents individus entre eux, parmi lesquels il importe de repérer la même personne. C'est une espèce de puzzle temporel avec lequel se trouve confronté l'interprétateur qui doit en quelque sorte décider quelle pièce appartient à son jeu et quelles sont celles qui y sont étrangères. C'est là, de toute évidence, un type de tâche qui ne peut que difficilement être qualifié de prédiction.

On comprend mieux, dès lors, toute l'importance accordée par R. G. Wright et Dailey à la règle de cohérence puisque en raison même de la structure de leurs cas programmés c'est la recomposition d'une biographie camouflée parmi d'autres qui doit être effectuée.

Mais aussitôt surgit une nouvelle question : si la tâche proposée à l'interprétateur consiste à retrouver l'organisation cohérente de la suite des événements biographiques, c'est que celle-ci existe, sinon le problème à résoudre serait dépourvu de sens. Il s'agit donc de savoir si, sousjacentes aux données phénotypiques contenues dans la série des événements, il y existe une structure génotypique. Même si l'on admet que les faits rapportés se sont effectivement produits, il importe d'établir s'ils peuvent être interprétés de façon univoque. Or, Dailey ne fait nulle part état de pareille interprétation. Il n'est également pas exclu qu'il en existe plusieurs, chacune de celles-ci bénéficiant d'un statut sensiblement égal, eu égard aux données disponibles et pourtant, en élaborant chacun des cas programmés, l'auteur a nécessairement dû opérer une sélection parmi un matériel initial. Cette sélection ne peut que résulter de l'application de certains critères qui, à leur tour, renvoient à l'interprétation préalable de chaque biographie. Si, toutefois, Dailey ne fournit aucune explication à ce sujet, c'est que la source de ses cas programmés ne le lui permet pas. En effet, sur les 7 cas programmés de manière stricte qu'il a publiés, il n'en est pas un seul traitant d'un individu qu'il ait examiné personnellement. Chaque fois, il s'agit de personnalités fort connues aux États-Unis [3] et dont les biographies avaient déjà été publiées. Par contre, les individus dont l'histoire est utilisée à des fins didactiques sont, à l'exception du Prince d'Edimbourg, des individus dont il a lui-même investigué la personnalité. Les informations qu'il utilise n'ont donc pas été obtenues de première main si bien que la sélection qu'il a dû opérer pour élaborer ses cas programmés est en quelque sorte une sélection au deuxième degré puisqu'elle a dû porter sur des données préalablement organisées et partiellement interprétées par l'auteur de la biographie originale.

De ce fait apparaît une importante cause d'erreurs possibles dans l'appréciation du degré d'exactitude atteint par les interprétateurs de cas programmés. En effet, un nombre considérable d'études consacrées à la perception d'autrui ont apporté la preuve qu'elle était fortement influencée par l'existence de théories implicites de la personnalité qui tendent à imposer une structuration a priori aux faits observables. Or, ces théories implicites peuvent être à l'origine d'une pseudo-exactitude dans le jugement d'autrui. Car, si l'auteur d'une biographie ou du cas programmé extrait de celle-ci et l'interprétateur du cas entretiennent des théories implicites semblables, l'exactitude atteinte par l'interprétateur peut en grande partie n'être qu'un reflet du degré de

---

[3] Un célèbre entraîneur de base-ball : K. Petersen ; trois industriels : Henry Ford, Henry Kaiser et Clarence Randall ; un journaliste : E. R. Murrow ; deux politiciens : le sénateur X et Robert Anderson.

similitude existant entre eux. Il en va de même pour l'effet de certaines attitudes évaluatives très générales que l'auteur et l'interprétateur peuvent également avoir en commun.

Sur cette cause d'erreur vient se greffer un ensemble de causes de variation des résultats obtenus qui sont extérieures aux données contenues dans le cas programmé et qui découlent à la fois des instructions fournies aux sujets et du contenu général du cas programmé. On se rappellera qu'avant d'entreprendre sa tâche, il est dit au sujet quelle est la profession exercée par la personne dont la biographie a été programmée. Ce renseignement est évidemment de nature à orienter les choix de l'interprétateur et son influence sera d'autant plus marquée que ce dernier sera au courant des particularités de cette profession. Et comme, en outre, il s'agit d'individus jouissant d'une grande notoriété, toutes les connaissances préalables des interprétateurs viendront jouer un rôle difficilement contrôlable dans l'élaboration de leurs conjectures.

Finalement il est encore un autre facteur qui intervient dans l'exactitude des résultats : le nombre de solutions alternatives qui n'est que de trois. Ce qui veut dire qu'au hasard une exactitude de 33 % peut être atteinte. Ce taux nous paraît trop élevé et il n'offre pas une marge de variation suffisamment étendue à l'expression des différences individuelles.

c) Quiconque s'est penché sur les problèmes que soulève l'enseignement de la psychologie et de la psychopathologie clinique sait combien il est difficile de faire réaliser la synthèse entre théorie et pratique. L'impuissance du discours théorique isolé du contexte clinique n'a d'égale que l'incapacité à verbaliser les observations interpersonnelles qu'entraîne l'absence d'un système conceptuel approprié. Ce n'est que péniblement, au prix d'efforts sans cesse renouvelés et à condition de se soumettre à une discipline rigoureuse, que les règles d'un langage descriptif d'abord, interprétatif ensuite, peuvent être acquises par le débutant. Aussi l'objectif de Dailey consistant à élaborer au moyen des cas programmés une didactique clinique ne peut-elle que susciter le plus vif intérêt. Si elle ne dispense ni de l'acquisition d'une expérience personnelle, ni de la lecture de cas, elle offre néanmoins le grand avantage d'apporter d'importants correctifs à ces deux procédés. Par l'obligation qu'elle comporte de formuler explicitement des conjectures vérifiables, elle s'oppose à la lecture passive et à tout abandon à la facilité des interprétations a posteriori. En outre, par la correction des erreurs, elle permet une prise de conscience graduelle de l'origine des distorsions cognitives. D'autre part, par rapport à l'étude supervisée de cas réels, elle permet de réaliser un très appréciable gain de temps. Par ailleurs, on imagine facilement tous les avantages que comporterait l'existence de collections de cas programmés. En fait, par l'ordre de présentation qu'elle impose aux données, par la facilité avec laquelle elle peut être adaptée aux besoins du lecteur, ainsi qu'en raison de sa participation active qu'elle exige et des corrections immédiates auxquelles elle l'astreint, la méthode des cas programmés se situe dans la lignée du renouvellement de la pédagogie qui a été inaugurée au cours des dernières années par l'apparition des méthodes d'enseignement programmé.

Si telles sont les perspectives nouvelles qu'offre la méthode des cas programmés, il serait néanmoins erroné de croire qu'elle puisse déjà s'appuyer sur la base de solides vérifications empiriques. Sans doute, les travaux de Dailey ont-ils montré que, tant à l'intérieur d'un cas programmé qu'au cours d'une succession de cas programmés, de nets progrès dans l'exactitude des réponses peuvent être enregistrés. Mais cela ne signifie pas pour autant que la preuve de l'efficacité d'une méthode didactique ait été apportée. Pour autant que l'on sache, les résultats obtenus par des sujets appliquant soit uniquement la règle des quatre étapes, soit toutes les règles de conjecturation que nous avons résumées dans ce chapitre n'ont pas été comparés à ceux constatés chez des sujets « naïfs ». Le seul argument en leur faveur pourrait éventuellement être tiré des progrès fort peu marqués réalisés par les sujets de Fancher qui ne reçurent apparemment aucune instruction spéciale. Mais, en dehors de cette comparaison, il n'existe aucune preuve de leur efficacité. Ceci ne signifie bien entendu pas que l'ensemble des règles de conjecturation énoncées par R. G. Wright et Dailey soient dépourvues d'intérêt ou que l'on puisse suspecter certaines d'entre elles d'être inefficaces, voire nocives. Dans l'ensemble elles correspondent à diverses constatations qui ont pu être faites lors d'études de la perception et de la compréhension d'autrui.

Mais, ce qui est en cause c'est leur application effective. Il y a lieu en effet de se demander si des interprétateurs particulièrement efficients ou « doués » les mettent en œuvre, ou s'il est d'autres procédés dont ils usent. Quant à l'apprentissage de ces règles, il est une chose et leur application en est une autre. C'est pourquoi il serait indispensable de savoir dans quelle mesure elles se correspondent.

C'est que la constatation de certaines causes d'erreur, leur formulation sous forme positive puis leur présentation sous forme de règles à suivre ne garantit a priori ni leur applicabilité, ni leur application effective. Ces règles peuvent fort bien n'être que des reconstructions rationnelles qui ne correspondent pas aux démarches effectives des interprétateurs. Ou, pour parler comme les logiciens, il est fort possible que ces règles soient tirées du « contexte de justification » alors qu'elles sont censées être utilisées dans le « contexte de la découverte ». Pour savoir ce qui en est réellement, il faudrait étudier préalablement les processus de pensée de différents types d'interprétateurs. Or c'est précisément ce qui n'a pas encore été fait. Par conséquent, avant de prôner une nouvelle didactique clinique basée sur un ensemble de règles, y a-t-il, avant toute chose, lieu d'investiguer de manière détaillée les procédés implicites utilisées par des interprétateurs, par ailleurs bien connus et placés dans des conditions bien définies. Que Dailey ait cru pouvoir sauter cette étape découle sans nul doute du contexte professionnel dans lequel la méthode des cas programmés est née. Toutefois, comme l'indiquent certaines particularités des investigations de Fancher, on ne saurait sous-estimer le rôle joué par certains préjugés méthodologiques d'origine behavioriste dans le court-circuitage dont les processus de pensée ont jusqu'à présent été l'objet.

Mais s'il n'est pas possible d'épouser l'orientation didactique de Dailey sans investigations préalables, celles-ci ne sauraient non plus se limiter à l'analyse du « problem-solving » qu'ils impliquent.

Elles doivent également s'étendre à la construction des cas programmés et à leur contenu. Il est, en effet, hautement souhaitable que la structure des tâches soit étudiée indépendamment des procédés utilisés afin que les variations observables parmi ces derniers puissent être étudiées en fonction des caractéristiques propres aux tâches proposées. Cette dernière condition nous paraît de la première importance étant donné qu'en l'absence de données concernant le fondement empirique des règles prônées par Dailey, il est difficile de se dégager de l'impression que la forme qu'il a donnée à ses cas programmés a été considérablement influencée par ses conceptions a priori concernant des règles d'interprétation applicables à des histoires de vie.

VI
NOUVELLES PROPOSITIONS

Les principaux points de la critique à laquelle nous venons de soumettre Dailey nous serviront de fil conducteur pour définir notre propre conception des cas programmés qui sera illustrée au cours de la deuxième partie de cet ouvrage par la présentation et le commentaire de trois biographies programmées.

a) Une première exigence à laquelle un cas programmé doit satisfaire est d'être basé sur une biographie détaillée comportant des données psychologiques et sociales précises et différenciées. La présentation programmée ne peut en aucune façon imposer une forme particulière au cours naturel de l'histoire de vie. C'est dire que, pour que celle-ci se prête à la programmation, elle doit comporter un nombre élevé de données concrètes au sujet de conduites en situation. Aucun domaine de l'existence de l'individu étudié ne doit être privilégié. Cela signifie aussi que le relief propre à chaque cas doit être le reflet fidèle des caractéristiques intrinsèques du cours de vie.

Il va de soi que seule l'utilisation d'un langage clair et direct rendra la méthode accessible à des individus appartenant à des niveaux culturels différents.

Aucun type de données ne doit être écarté mais il y a incontestablement avantage à se baser sur des informations qui, non seulement sont dûment vérifiées, mais dont en outre la signification psychologique et sociale a pu être établie de manière satisfaisante. Il s'agit, en effet, d'éviter que soient proposées à l'interprétateur des problèmes que l'auteur du cas programmé n'a pas été capable de résoudre lui-même. S'il y a lieu d'observer l'ordre chronologique de manière très stricte, il est tout aussi indispensable de veiller à la continuité des enchaînements. Chaque conduite correctement prédite doit donc être étroitement liée à l'épisode qui y fait suite. Quant à l'ensemble des données programmées, il doit être enchâssé dans un contexte social et psychologique bien défini. Celui-ci ne doit pas uniquement servir de lever de rideau : chaque fois que de nouveaux personnages font leur apparition dans la biographie programmée, il y a lieu de les introduire en les situant par rapport à leur propre arrière-plan social. En procédant de la sorte, on s'assure que tous les interprétateurs disposent du même fonds d'informations.

Toutes ces conditions ne peuvent évidemment être remplies qu'en élaborant des cas programmés dont la longueur atteint le triple ou le quadruple des cas construits par Dailey. Il est, en effet, impossible de programmer la vie d'un adulte en moins d'une cinquantaine d'épisodes sous peine de se trouver placé devant les difficultés que nous avons relevées chez l'inventeur de la méthode.

b) Toutes ces exigences ayant trait au contenu des cas programmés dépendent en définitive d'une condition sine qua non fondamentale : il ne peut y avoir programmation que de cas directement et personnellement examinés d'une manière approfondie. Les raisons techniques pour lesquelles il ne peut en être autrement sont claires. Le contact direct et intensif avec l'individu dont le cours de vie sera programmé est indispensable afin qu'il puisse être procédé à toutes les vérifications nécessaires à la mise en forme programmée des informations brutes. Car on se trouve en présence de trois instances qu'il faut concilier de manière optimale. D'une part, il y a les données descriptives ou déjà codifiées en fonction de la méthode qui a servi à les mettre en évidence. Ce sont elles qu'il faudra mouler dans la forme prévue par la programmation. Or, cette dernière possède ses exigences propres. En outre, entre le contenu constitué par les informations concrètes et la forme programmée, s'insinue l'interprétation des données. Toutes celles dont on dispose ne sont pas utilisables, et, de toute manière, une sélection s'impose tant pour réaliser une chronologie continue que pour définir ce qui sera « donné » et ce qu'il conviendra de faire conjecturer. Ainsi, données initiales, interprétation globale du cas et programmation s'interpénètrent et s'influencent mutuellement. Pour maîtriser leur équilibration au cours de l'élaboration d'un cas programmé, un contact intensif et extensif avec l'individu étudié, son environnement et les personnes significatives qui y évoluent est indispensable. Ce n'est également qu'à cette condition qu'un traitement adéquat peut être réservé à l'échafaudage qui a servi à la construction du cas programmé. D'une part, il y a toute une documentation qui n'est pas directement utilisée et qu'il convient en quelque sorte de mettre en réserve, afin de la garder à la disposition de l'interprétateur. C'est notamment au moyen de celle-ci qu'il pourra éventuellement être répondu aux questions posées en cours d'application de la méthode. Ultérieurement, elle témoignera explicitement de la nature des opérations de sélection effectuées lors de l'élaboration du cas. Leur analyse favorisera une meilleure compréhension du cas et suggérera peut-être de nouvelles modalités de présentation de la biographie en cause. D'autre part, il y a l'interprétation générale du cas qui détermine la structure latente de la programmation, tant en ce qui concerne le codage et la conceptualisation des faits concrets que leur agencement en fonction de l'un ou l'autre système de référence théorique. On a évidemment tout avantage à expliciter cette interprétation aussi complètement que possible. De la sorte, le lecteur disposera d'un étalon de comparaison auquel il pourra mesurer sa propre interprétation, soit pour la corriger, soit pour critiquer les investigations sur lesquelles le cas programmé est basé. S'il n'existe pas encore une véritable didactique clinique basée sur les cas programmés, du moins peut-on espérer que la lecture critique des renseignements non utilisés et de l'interprétation fournie par l'auteur du cas programmé se révélera instructive pour celui qui a subi la méthode.

Mais comment réaliser des études de personnalité ayant toute l'ampleur requise ? A quels individus s'adresser ? Dans quelles circonstances et avec quels moyens ?

Soulever ces questions, et tenter d'y apporter une réponse, c'est dans une large mesure instruire le procès de la Psychologie de la Personnalité et mettre en question la manière dont cette branche de la Psychologie se rapporte à son objet. Si on parcourt les ouvrages consacrés au cours des trente dernières années à cette discipline, on s'aperçoit que la Psychologie de la Personnalité se présente sous différentes formes. Parmi celles-ci, les théories de la Personnalité occupent une place importante tant en raison de leur variété, qu'en raison du fait qu'elles confèrent un sens spécial au concept de théorie dans ce domaine. En effet, il s'agit dans la plupart des cas de schémas ou de modèles localisables sur un continuum bipolaire s'étendant entre la description classificatrice et l'explication causale et génétique.

Deux aspects en sont particulièrement frappants : d'une part, l'importance de l'élément spéculatif d'autre part le lien étroit qui les unit à des techniques particulières. On peut également observer que leur caractère spéculatif augmente en proportion de leurs aspirations à l'explication causale et génétique et qu'à se limiter à des descriptions systématiques, elles manifestent une dépendance marquée envers des techniques spécifiques. Aussi ne se trouve-t-on pas réellement en présence de théories visant à l'explication de relations constantes ou de processus mis en évidence par des investigations empiriques. Il s'agit bien plus de rationalisations et de justifications élaborées régressivement à partir de certaines techniques et certaines situations d'examen. C'est pourquoi on pourrait tout aussi bien parler de doctrines que de théories. Ainsi les systématisations constitutionalistes de Sheldon et Kretschmer s'appuient-elles sur des techniques biométriques complétées en proportions variables par des observations cliniques de style psychiatrique classique. Ce sont des méthodes psychométriques qui sont à la base des théories de Cattell et d'Eysenck. Questionnaires, ratings, données expressives et éventuellement documents personnels constituent le point de départ des conceptions d'Allport alors que c'est l'expérimentation animale et humaine à laquelle les théories de behavioristes tels que Miller, ou de gestaltistes tels que Lewin se rattachent. De Freud à Rogers, en passant par Jung, Adler, Horney, Fromm et Sullivan, ce sont diverses techniques psychothérapiques qui constituent le sol nourricier de leurs théories de la personnalité.

Du même coup apparaît une nouvelle caractéristique de la Psychologie de la Personnalité, à savoir le caractère disparate des techniques et leur absence de mise en relation entre elles. A l'un des extrêmes on trouve l'entretien et la relation psychothérapique où l'élément verbal joue un rôle prépondérant et qui se situe dans le prolongement des relations interpersonnelles de la vie quotidienne et, à l'autre, des tests de performance hautement spécialisés tels que ceux utilisés par Cattell. L'absence de liens empiriques ou théoriques entre ces techniques est au moins aussi saisissante que leur variété car à chaque technique correspond un univers de discours clos qui n'est guère susceptible d'être traduit dans celui d'autres épreuves. Il ne manque pas d'ailleurs de techniques d'examen qui mènent une existence tout à fait autonome, tel le Rorschach qui comporte sa propre « Psychologie ».

Que la plupart des théories de la Personnalité et notamment celles qui se placent d'emblée sur le terrain de la Psychologie humaine prennent le plus souvent l'allure de justifications spéculatives élaborées régressivement à partir des techniques ou du type de praxis qui forment l'enjeu de la justification n'est pas en contradiction avec l'existence des nombreuses recherches entreprises dans le domaine de la Personnalité. Car ces dernières n'entretiennent que des relations fort lâches et indirectes avec les théories dont elles s'inspirent. Ainsi, à y regarder de plus près, on constate que les différentes méthodes utilisées pour le traitement des données ne permettent que l'analyse de résultats obtenus sur des groupes. En outre, le plupart des études se limitent à des aspects partiels de la personnalité : traits, habitudes, rôles, motifs, etc... Il ne saurait évidemment être question de mettre en doute le bien-fondé des techniques statistiques couramment utilisées ni d'ignorer l'éminente signification d'investigations analytiques. Ce qui importe, c'est d'attirer l'attention sur le fait que ces recherches restent extérieures aux théories de la Personnalité qui d'une manière ou de l'autre comportent des assertions sur la Personnalité individuelle considérée dans sa totalité. Cette fragmentation de la Psychologie de la Personnalité en doctrines spéculatives, techniques d'investigation, méthodes d'analyse de données obtenues sur des groupes, et concepts traduisant des aspects partiels de la Personne résulte en définitive d'une centration défectueuse sur son véritable objet : la Personnalité individuelle dans sa totalité concrète, envisagée dans sa structure et sa dynamique telles que celles-ci peuvent être inférées et reconstruites à partir de la genèse historique et du champ actuel de conduites en situation.

Mais, objectera-t-on, n'est-ce pas là précisément un des objectifs de la Psychanalyse et de certaines orientations synthétiques de la Psychopathologie ? Sans doute en est-il ainsi, mais tout au plus à titre de déclaration programmatique. Car on a tôt fait de se rendre compte qu'il n'existe pas de véritables recherches psychanalytiques ou psychopathologiques centrées sur la personnalité individuelle. Comme l'ont souligné I. JANIS [4] et M. Sherwood [5] le nombre d'études de cas investigués par voie psychanalytique est étonnamment réduit. Une des raisons de cet état de choses est que les représentants des différentes écoles psychanalytiques ne se sont guère préoccupés d'élaborer une méthodologie explicite qui leur aurait permis de réaliser cet objectif. Les analyses de D. Rapaport [6] et de M. Sherwood consacrées à ce problème ont clairement mis en évidence toute la distance qui sépare encore actuellement l'approche psychothérapique de cas individuels — aussi profonde soit-elle — et les interprétations auxquelles elle donne lieu d'une connaissance systématique et communicable par d'autres moyens que l'initiation didactique.

Et pourtant, pourrait-on maintenir, il existe un flot continu de publications ayant trait à des cas individuels, et l'étude de cas est une méthode reconnue. Mais encore une fois il s'agit de ne pas se payer de mots et de se reporter aux réalités qu'ils désignent. Si on lit attentivement les cas réunis dans des collections comme celle qu'ont éditée Burton et Harris [7] on observe qu'à de rares exceptions près, ces études sont essentiellement des narrations plus ou moins anecdotiques dans lesquelles les auteurs se laissent entièrement guider par des données auxquelles ils ont occasionnellement eu accès, ainsi que par des interprétations tout au plus plausibles mais non vérifiées. Par ailleurs, il est la plupart du temps impossible de distinguer les données d'observation et les conditions dans lesquelles elles furent obtenues des processus d'assimilation et d'accommodation régissant l'élaboration des interprétations par les investigateurs.

Ce sont, en effet, des produits achevés qui sont présentés. L'ignorance dans laquelle se trouve le lecteur en ce qui concerne les processus complexes dont ils résultent a pour effet de rendre toute discussion impossible. Or, celle-ci s'avère d'autant plus indispensable que la grande majorité des études de cas individuels en raison des circonstances occasionnelles dans lesquelles elles sont effectuées ne sont guère comparables entre elles. De ce fait, les avantages généralement reconnus aux études de cas, notamment la représentation de phénomènes psychologiques et sociaux dans toute leur complexité, la description de comportements spontanés dans des environnements naturels, la mise en évidence de phéno-

---

[4] I. JANIS, The Psychological Interview as an observational method, dans G. Lindzey (ed.), Assessment of Human Motives, Holt, Rinehart and Winston, New-York, 1958.

[5] M. SHERWOOD, The Logic of Explanation in Psycho-analysis, Academic Press, New-York and London, 1969.

[6] D. RAPAPORT, The structure of Psycho-analytic Theory : A systematizing attempt, dans S. Koch (ed.), Psychology : A study of a Science, vol. III, 55-183, Mc Graw-Hill, 1959.

[7] A. BURTON et R. E. HARRIS, Clinical Studies of Personality, vol. I, Personality Disorders in Adults, vol. II, Reactions due to Brain damagel Mental retardation, Personality disorders in Children, Studies of norma, Person, Harper Torchbooks, 1966.

mènes rares ou nouvellement découverts, l'exemplification ou la vérification de théories générales se trouvent considérablement amoindris. A cela s'ajoute l'esprit « casuistique » qui anime les études de cas individuels, c'est-à-dire la sélectivité qui caractérise tant les faits mentionnés que leur interprétation. En effet, il s'agit le plus souvent de « un cas de X », c'est-à-dire de la subsomption d'un cas individuel sous une catégorie générale dont la définition remplit la fonction d'un critère par rapport auquel certaines données seront thématisées, alors que d'autres seront négligées ou refoulées à l'arrière-plan. Il ne s'agit pas ici de catégorisations qui ne seraient appliquées que secondairement à des données initialement neutres par rapport au but de l'investigation, mais d'orientations a priori qui commandent toute l'analyse.

Aussi surprenant que cela puisse paraître, on est donc en droit d'affirmer que la grande absente de la psychologie de la personnalité contemporaine, c'est la Personne humaine. Diverses raisons peuvent être invoquées pour expliquer cet état de choses. Parmi celles-ci, l'idée très répandue d'après laquelle l'étude de cas individuels ne peut prétendre qu'à une fonction heuristique consistant à suggérer des hypothèses, étant donné que par sa nature même elle ne saurait être la source d'inférences généralisantes, joue un rôle capital. Étant donné qu'elle soulève d'importants problèmes touchant aux méthodes inductives, à la formation de concepts et aux rapports de l'individuel et du général, il ne saurait être question de la discuter ici.

Mais il est une autre raison pour laquelle l'étude de personnalités individuelles est si rarement abordée de front. Elle tient notamment aux conditions institutionnelles auxquelles elle est liée. Qu'il s'agisse d'une consultation, d'un établissement hospitalier, d'une organisation scientifique ou sociale, les individus examinés ne présentent jamais aux investigateurs que des aspects partiels et des états momentanés de leur personnalité, l'éventail de leurs conduites étant limité à celles que les situations existantes dans un cadre institutionnel donné peuvent solliciter. A part les heures consacrées aux investigations, il reste toutes les autres qui se déroulent dans des circonstances auxquelles l'examinateur n'a guère accès. Et il faut beaucoup de naïveté pour croire que les situations courantes d'examen puissent être considérées comme des microcosmes dans lesquels viendraient se réfléchir adéquatement les propriétés de toutes les autres régions d'activité et des conduites caractéristiques correspondant à chacune de celles-ci. A cet égard aucune situation de l'existence quotidienne ne bénéficie d'un privilège particulier. Les informations recueillies dans chacune d'elles ne dispensent guère de tenir compte de celles que peuvent fournir toutes les autres. C'est pourquoi l'examen de personnalité n'est guère concevable sans enquêtes sociologiques sur le terrain. La systématisation de ces dernières exige sans doute la création d'une sociologie clinique dont le besoin se fait chaque jour sentir de façon plus pressante. En attendant que celle-ci se constitue en spécialité autonome, il y a néanmoins déjà provisoirement moyen de pallier le caractère unilatéral d'investigations psychologiques menées dans des contextes spécifiques. Et c'est faute d'avoir accompli cet effort que les études de H. A. Murray, qui a été le plus loin dans la voie menant à une véritable personologie, présentent malgré tout de graves insuffisances.

Le même argument peut être développé en ce qui concerne l'aspect temporel de la personnalité. Chaque personnalité individuelle se constitue à travers une évolution dont l'analyse biographique s'efforce de retracer la trajectoire. Mais jamais elle ne se ramasse en un moment privilégié qui unifierait toutes ses phases. L'évolution à travers laquelle elle s'organise par différenciations et intégrations successives ne conserve pas en elle ses phases dépassées sous une forme qui se prêterait à une reconstruction du passé indépendante de la perspective temporelle du moment. Que le passé d'un individu l'accompagne comme un sillage qu'il laisse derrière lui, qu'il se sente submergé par des souvenirs jaillissant en lui, ou qu'intentionnellement il balaie son passé du faisceau de sa réflexion, c'est toujours lié à la perspective qu'impose sa situation présente qu'il apparaîtra étalé dans le temps. Et l'appel au témoignage de tiers, pour précieux qu'il soit, ne fait que soulever, mutatis mutandis, le même problème chez eux.

Il en découle que des investigations qui prennent pour objet la personne elle-même et non pas seulement certains de ses aspects tels qu'ils sont accessibles à partir de certains « postes » d'observation, exigent la multiplication des points de vue à partir desquels elle peut être appréhendée. Dans la mesure où ces points de vue n'existent qu'en fonction d'institutions qui offrent la possibilité de les adopter, l'étude de la personnalité totale nécessiterait l'organisation préalable de celles-ci sous forme d'une institution totalisant à la fois les points de vue écologiques et historiques. Tirer jusqu'à leur extrême limite les conclusions logiques de cette idée n'aboutit qu'à une régression infinie car, finalement, on se trouverait devant une société qui se constituerait comme organisation « transcendantale » pour étudier celle dont elle est issue, ce qui aurait d'ailleurs comme seule conséquence qu'elle devrait, à son tour, faire l'objet d'investigations.

Mais, trêve de spéculations sur ce qu'impliquerait l'étude de la personne totale. Ce qu'il importe de retenir, c'est la corrélation existant entre les aspects accessibles de la personnalité individuelle et les institutions à partir desquelles ils peuvent être saisis. Il va de soi qu'il n'existe pas d'institution totale et que tous les modes d'approche de la personnalité sont affectés de divers coefficients de relativité psychologique et sociologique. En être clairement conscient et les introduire à tout moment dans les inférences que l'on formule représente un appoint de lucidité réaliste non négligeable. C'est aussi ouvrir la voie à la constatation que, s'il n'existe pas d'institutions totales, il existe au moins des formes dégradées de celles-ci, notamment des institutions totalitaires, c'est-à-dire des institutions qui, en raison des fonctions qui leur sont imparties dans un contexte socio-économique déterminé prennent certains individus totalement en charge. Parmi celles-ci, les établissements pénitentiaires occupent une position d'une importance toute particulière pour notre propos. En effet, le processus criminogène qui débouche sur l'acte délictueux fait partie intégrante du cours de vie dans lequel il est englobé et ne peut être compris qu'à partir de ce dernier. La détention, tout en interrompant le cours de vie normal, y substitue la « vie » de prison dont la durée est de l'ordre de grandeur de la plupart des événements biographiques et confère à l'avenir, conçu comme période de liberté réelle ou fictive, le caractère d'une région nettement contrastée avec le présent. De ce fait le contenu des communications entre les détenus et ceux qui organisent leur prise en charge est, pour une grande partie, formulée en termes « biographiques ». Le détenu a un passé qu'il relate, reconstruit ou accommode afin de le justifier. Il a sa « version des faits » qu'il oppose de façon plus ou moins tranchée à celle de l'autorité judiciaire. L'administration pénitentiaire le juge en fonction de son casier, le confronte avec les rapports émanant d'écoles, d'institutions de rééducation, avec les renseignements fournis par des employeurs etc... A tout moment des conséquences de situations passées, des problèmes actuels et des anticipations futures émanant du monde extérieur viennent se superposer aux données de la situation pénitentiaire. Leur discussion, la correspondance qu'elles occasionnent, les autorisations et les interdictions auxquelles elles donnent lieu, leurs répercussions sur le rapprochement ou l'éloignement de la date de libération et les modalités de celle-ci, impliquent sans cesse la prise en considération de données biographiques. Il s'en faut évidemment de beaucoup pour qu'elle se fasse de manière objective et en en respectant l'enchevêtrement complexe. D'un côté de la barrière comme de l'autre, distorsions et schématisations intéressées abondent. Mais quelle que soit la façon dont s'accomplit cet incessant brassage de données biographiques qui accompagne la véritable manipulation d'un cours de vie que constituent arrestation, incarcération, détention et libération, il a pour conséquence que dans ce contexte institutionnel le cours de vie occupe une position centrale et que l'explicitation de ses divers aspects devient une chose familière et naturelle.

En outre, le caractère totalitaire des institutions pénitentiaires impose une vision globale des individus qui y séjournent. Ceux-ci à leur tour, en réagissant et en s'adaptant aux réglementations qui visent à contrôler leur conduite rappellent à tout moment combien leurs existences concrètes débordent le cadre abstrait des règles. Encore une fois, les visions globales en présence sont, assurément, simplifiées et déformées. Mais, comme dans le cas des données biographiques, le fait que, d'une manière ou d'une autre, l'individu est perçu et anticipé en totalité, préfigure sur le plan de la pratique quotidienne un type d'appréhension synthétique que l'utilisation systématique de techniques d'investigation peut s'efforcer de hisser à un niveau scientifique.

Tout ceci signifie qu'il est des tâches propres aux établissements pénitentiaires qui, moyennant certains aménagements et l'application de moyens scientifiques, permettent de brancher sur leur réseau institutionnel des organes d'investigation qui, tout en remplissant leurs fonctions propres, peuvent tirer profit de leur situation exceptionnelle pour réaliser des études de personnalité approfondies qui soient exemptes des déficiences dont il a été question plus haut.

c) Le Centre d'Orientation Pénitentiaire est un tel organe, et c'est du matériel psychologique et sociologique qui y est recueilli que nous avons fait usage pour élaborer une nouvelle forme de cas programmés. Commes les investigations de personnalité sur lesquels ceux-ci sont basés procèdent d'une stratégie globale destinée à porter remède aux problèmes posés par la Psychologie de la Personnalité dans le sens d'un « zu den Personen selbst », il nous faut fournir quelques explications au sujet des méthodes utilisées et des conditions de leur mise en œuvre. Nos conceptions en cette matière n'étant ni évidentes par elles-mêmes ni de nature à susciter une approbation unanime, il y a d'autant plus d'intérêt à en faciliter la critique que celle-ci constitue une étape indispensable de l'évaluation de nos premières tentatives en matière de cas programmés. Notons d'ailleurs que la construction de cas programmés a considérablement influencé nos conceptions en matière d'étude de la personnalité. Même si l'aperçu que nous pouvons en donner dans le présent ouvrage doit nécessairement rester à la fois schématique et incomplet il ne pourra que contribuer à l'intelligence de notre version des cas programmés.

Le Centre d'Orientation Pénitentiaire qui occupe toute une aile de la Prison à St. Gilles a pour but de soumettre à un examen approfondi les détenus qui, à divers moments de l'exécution de leur peine, posent des problèmes d'adaptation ou de traitement pénitentiaire ainsi que ceux chez lesquels il importe d'apprécier les chances de réussite d'une libération anticipée et les conditions dans lesquelles elle pourrait être envisagée. Le personnel du C.O.P. comprend d'une part une équipe scientifique aidée par des agents administratifs et d'autre part un groupe de surveillants. Ces derniers, au nombre d'une dizaine font l'objet d'une sélection très stricte tant en ce qui concerne leurs aptitudes intellectuelles que leur capacité de contact avec les détenus. Quant à l'équipe scientifique, elle comprend généralement trois psychiatres, trois psychologues, deux sociologues et un licencié en éducation physique. Sa composition quantitative est variable parce qu'elle résulte de l'association autour d'un noyau stable dépendant de l'Administration Pénitentiaire d'un certain nombre d'Attachés Universitaires participant à l'entreprise de collaboration scientifique entre l'Administration Pénitentiaire et les Universités belges. La durée d'une session, au cours de laquelle un maximum de seize détenus sont examinés varie entre 4 mois et 6 mois.

Il va de soi que, pour se prêter à des investigations de personnalité, la situation pénitentiaire des individus auxquels elles ont trait, doit subir certains aménagements dans le sens d'une libéralisation du régime auxquels ils sont soumis. L'ensemble des mesures qui ont été adoptées à cette fin peuvent être résumées comme suit.

La participation à une session n'a lieu qu'avec le consentement des intéressés étant donné que l'envoi au C.O.P. constitue une mesure de faveur que les détenus peuvent éventuellement refuser sans qu'il en découle aucune sanction autre que l'application des règles habituelles en matière d'orientation et de libération des détenus. Les hésitants sont toutefois encouragés à tâter pendant quelques semaines du C.O.P. avant de prendre une décision définitive.

Les aspects disciplinaires de la vie C.O.P. sont réduits au minimum ce qui, compte tenu du petit nombre de détenus qui y séjournent ne pose pas de problèmes majeurs. L'attitude des gardiens, d'où tout autoritarisme arbitraire et toute forme d'humiliation sont sévèrement proscrites, fait l'objet d'une discussion permanente lors des réunions de groupe du personnel de surveillance qu'anime un psychologue. Dès le début de leur séjour, les détenus sont mis au courant des objectifs et des méthodes du C.O.P. : l'horaire, les règles de base, y compris la censure de la correspondance exercée par un membre de l'équipe scientifique, le fait que les surveillants ayant une tâche d'observation-participation à remplir rédigent des rapports à leur sujet, la forme générale des rapports finaux élaborés à leur sujet, la possibilité qu'ils ont, à tout moment, de s'adresser directement au médecin-directeur, le fait aussi que tous les rapports disciplinaires sont préalablement examinés par le médecin-directeur qui fait partie de l'Administration Centrale, leur sont expliqués par ce dernier qui les rencontre ultérieurement lors des réunions de groupe hebdomadaires. Au cours de celles-ci, la marche générale des investigations en cours, les demandes et revendications collectives ou tout autre thème choisi par les détenus sont abordés librement en l'absence du personnel de surveillance. C'est la même personne qui, à la fin de leur séjour, communique aux détenus les conclusions auxquelles les membres de l'équipe ont abouti ainsi que l'éventail des mesures qui pourraient être prises à leur sujet. Toutefois, la mesure recommandée n'est pas porté à leur connaissance étant donné que sa prise en considération, et les éventuelles modifications qu'elle peut subir engagent la responsabilité et le pouvoir de décision des autorités administratives supérieures.

La vie des détenus au C.O.P., outre les divers examens auxquels ils sont soumis, est caractérisée par leur participation à diverses activités. Durant un minimum de deux heures par jour ils exécutent divers travaux, rétribués selon le tarif pénitentiaire, qui sont commandés au C.O.P. par la régie pénitentiaire. Cette rétribution vient s'ajouter à un « salaire », calculé sur la base de celui octroyé aux détenus occupés à des tâches domestiques, et qui constitue en quelque sorte une indemnité de séjour au C.O.P. destinée à compenser le « manque à gagner » qui en résulte et à éviter que celui-ci ne diminue indûment les dépenses de cantine.

Deux ou trois fois par semaine, des séances de gymnastique et de sport auxquelles participent éventuellement des membres du personnel sont organisées par un moniteur de gymnastique qui, outre ses tâches spécifiques d'observateur, est également chargé des examens psychomoteurs.

Chaque week-end et à une ou deux reprises, au cours de la semaine, les détenus assistent à des émissions de télévision dont ils élaborent eux-même le programme.

Alors qu'ils disposent chacun d'une cellule individuelle où ils peuvent, le cas échéant, exécuter certains travaux, les repas sont pris en commun dans un petit réfectoire qui sert également de salle de jeu où ils peuvent chaque soir se livrer à diverses activités récréatives.

Une ou deux fois par semaine les détenus passent plusieurs heures dans un atelier d'expression libre où des matériaux très divers sont mis à leur disposition afin qu'ils puissent au gré de leur inspiration peindre, dessiner, modeler, bricoler etc...

C'est dans le cadre de ces activités organisées afin d'aérer l'atmosphère pénitentiaire et de contrecarrer l'influence uniformisante du régime de détention habituel que se déroule le travail d'observation-participation confié aux surveillants. Celui-ci a non seulement pour but de fournir des observations répétées de comportements survenant spontanément dans les situations de la vie quotidienne. Il a également pour objectif la réalisation d'un « film » de l'institution en action. Il importe, en effet, que les investigations spéciales auxquelles les détenus sont soumis puissent à tout moment être situées dans le contexte global de tous les événements qui se déroulent en dehors des situations d'examen. Pour accomplir leur tâche les surveillants fournissent, plusieurs fois par semaine, des descriptions concrètes des événements, situations et interactions personnelles qu'ils ont pu observer au cours de leurs contacts avec les détenus. Ces observations qualitatives offrent le grand avantage de pouvoir porter sur n'importe quelle espèce de données. Mais, en dépit de la formation permanente dont bénéficient les auteurs des observations, ces dernières sont et restent difficilement comparables entre elles. Pour qu'elles le deviennent, il faudrait les soumettre à une analyse de contenu systématique et, comme on le sait, ce n'est pas là un procédé très pratique. Aussi, pour compenser ce désavantage les surveillants observateurs utilisent-ils à intervalles réguliers, trente échelles d'appréciation dont chacune est définie par dix items décrivant une modalité de comportement concret.

Ces observations qui portent à la fois sur le fonctionnement de l'institution et sur le comportement des détenus dans l'institution ne sont pas unilatérales en ce sens que les détenus y contribuent également. D'une part, ils se décrivent aux-mêmes, leur « Moi Idéal », la manière dont ils croient être perçus par les observateurs ainsi que les personnes significatives de leur entourage présent et passé au moyen du même système de ratings que celui utilisé par les surveillants. Par ailleurs, il leur est également demandé de répondre à un ensemble de questions ouvertes concernant les établissements où ils ont séjourné ainsi que celui où ils résident au moment des examens et lors des réunions de groupe hebdomadaire c'est le fonctionnement du

C.O.P. et leurs contacts avec les surveillants et les examinateurs qui sont le plus souvent au centre des discussions.

Quant à l'examen individuel à proprement parler, c'est l'autobiographie qui en constitue le point de départ. Chaque individu reçoit pour tâche de rédiger ou de raconter de manière détaillée tout le cours de son existence depuis ses souvenirs les plus anciens jusqu'à sa situation présente. En un premier temps, les instructions données aux sujets mettent l'accent sur l'attitude de spontanéité subjective qu'il leur est conseillé d'adopter pour la rédaction de leur autobiographie. Dans un deuxième temps, un « guide autobiographique leur est fourni afin de leur permettre de compléter leur premier jet. Ensuite il est procédé avec chacun d'eux à l'établissement de la chronologie exacte des événements relatés dans les deux documents autobiographiques. Appel est éventuellement fait à d'autres documents afin de minimiser tout risque d'erreur. Enfin, les intéressés sont appelés à répondre de manière détaillée au vaste ensemble de questions ouvertes qu'est l'Inventaire Biographique. Celui-ci a pour but d'inciter chaque individu à se concentrer de manière systématique sur toute une série d'aspects de son histoire de vie. Il s'agit en quelque sorte de reprendre « en gros plan » tout ce qui a été abordé de manière plutôt panoramique dans l'autobiographie. Une fois que cette focalisation a été opérée, les informations qu'elle a livrées font d'abord l'objet d'une analyse comparative, pour ensuite fournir les thèmes à de nombreux entretiens destinés à éclaircir et à préciser leur signification.

Les enquêtes sociales auxquelles il est procédé dans chaque cas sont conçues de manière extensive, c'est-à-dire qu'elles ne se limitent pas à recueillir auprès des proches parents des informations au sujet d'un individu et des situations qu'il a vécues. Il est également établi un bilan socio-écologique dépassant la sphère d'action du milieu familial et intéressant aussi bien les quartiers que les localités où le sujet a vécu. Pareille conception de l'enquête sociale comporterait le risque de voir le sociologue-clinicien s'égarer au milieu d'une masse de renseignements s'il n'était pourvu d'un fil conducteur lui permettant d'ordonner ses investigations. Celui-ci lui est fourni par les réponses du sujet à diverses sections de l'Inventaire biographique. En d'autres mots, avant de se mettre en route, l'enquêteur s'efforce de reconstruire de manière exhaustive l'environnement de l'individu étudié à partir de la représentation que ce dernier en possède. Car ce n'est qu'à condition de savoir comment il a perçu et comment il conçoit les milieux dans lesquels il a été plongé que la double tâche que doit remplir l'enquête sociale peut être précisée. En effet, avant de situer des situations vécues dans un contexte plus large, y a-t-il lieu de savoir quelles sont ces situations. De même, ne peut-il être question d'évaluer les distorsions subjectives et la sélectivité propres à toute expérience vécue qu'à condition de veiller à ce que celle-ci s'exprime aussi complètement que possible.

Notons encore qu'outre l'autobiographie, les réponses à l'Inventaire biographique, et les interviews ayant trait à celles-ci, l'enquêteur dispose de divers documents [8] dont l'étude préalable lui permettra de préparer son travail et qui lui seront particulièrement précieux lorsqu'il s'agira de recueillir des renseignements destinés à la reconstitution ultérieure de la biographie. Il va sans dire que le contenu de ces documents ne pourra être utilisé qu'après application des règles classiques de la critique historique. Quelles que soient les variations qualitatives et quantitatives qu'ils puissent manifester on ne saurait — contrairement à certaines pratiques courantes en matière d'examen psychologique — négliger leur étude.

Le quatrième et dernier volet de la méthode d'examen mise en œuvre au C.O.P. est constitué par des techniques psychologiques spéciales. Outre un ensemble de tests psychométriques et projectifs courants, une importance toute particulière est attachée aux épreuves de situation ». Ces épreuves qui peuvent aussi bien être appliquées à des individus qu'à des groupes n'ont jusqu'à présent pas rencontré tout l'intérêt que mérite l'exceptionnelle richesse des observations qu'elles permettent de recueillir. C'est vraisemblablement en raison du fait que leur application et l'analyse de leurs résultats exige beaucoup plus de temps que les tests habituels qu'elles sont aussi peu répandues. En bref, il s'agit de tâches ou de problèmes, éventuellement irréalisables ou insolubles, dont l'affrontement par un individu ou par un groupe entraîne inévitablement l'apparition de situations de conflit. La structuration graduelle de la situation initiale, la « définition » qu'en élaborent les sujets, la façon dont ceux-ci aux prises avec des situations conflictuelles successives, s'efforcent de s'y adapter ou de les résoudre, s'expriment à travers des séquences complexes de conduites, de phénomènes expressifs et d'extériorisations verbales qu'il s'agit d'enregistrer avec un maximum de fidélité et d'objectivité. Cette tâche ne peut évidemment être remplie que par des observateurs ayant subi un entraînement très rigoureux. A l'encontre de la plupart des techniques de diagnostic psychologique, le résultat final et son appréciation en tant que « performance » n'est ici que d'importance secondaire, étant donné qu'il n'est qu'une phase parmi d'autres. L'essentiel, en effet, c'est de saisir sur le vif le comportement des acteurs sous son aspect processuel et en fonction des significations que les divers aspects de la situation acquièrent pour eux. Une fois l'enregistrement effectué, l'application d'une analyse formelle inspirée par les travaux de Barker et Wright [9] permettra de mettre en évidence la structure hiérarchique d'unités temporelles dont le contenu fera ensuite l'objet d'un codage pluridimensionnel.

---

[8] Mentionnons ici : les renseignements fournis par les écoles; les rapports des Centres Psycho-médico-sociaux; les examens effectués à la demande du tribunal de la Jeunesse; les renseignements fournis par l'Armée; les dossiers d'Institutions psychiatriques et des hôpitaux; les rapports émanant des Commissions Psychiatriques et des Commissions de Probation; les enquêtes effectuées par le Service Social Pénitentiaire; les avis formulés par le Service d'Anthropologie Pénitentiaire; le dossier judiciaire; le dossier moral pénitentiaire; les avis des aumôniers et conseillers moraux laïcs.

[9] *Op. cit.*

L'analyse de la fréquence relative de différentes catégories de comportements observés, soit globalement, soit en fonction du moment de leur apparition pourra alors, par voie de comparaison et de mise en corrélation, préparer l'interprétation causale. Les épreuves de situation ne se limitent toutefois pas à l'observation de comportements provoqués. Leur grand intérêt résulte précisément de leur intégration dans un processus d'investigation bien réglé. En effet, les tâches et les problèmes utilisés dans des épreuves de situation ne sont pas quelconques. Outre qu'ils doivent satisfaire à l'exigence d'être générateurs de séquences comportementales facilement accessibles à l'observation, il est indispensable que leur structure formelle corresponde à celle de situations problématiques rencontrées dans la vie courante. C'est à cette condition qu'il devient possible d'explorer au moyen d'un ensemble de questions ouvertes contenues dans l'Inventaire biographique quelles sont les situations formellement analogues qu'un individu a vécues au cours de son existence. Ces données ayant été obtenues et vérifiées avant l'application des épreuves de situation, l'ensemble de la méthode se présente alors comme suit. Tout d'abord vient l'analyse des réponses fournies à l'Inventaire biographique concernant une variété de situations types. Puis, il est fait usage des épreuves de situation. Immédiatement après chacune de celles-ci, une interview focalisée est pratiquée « à chaud » au sujet de l'expérience qui vient d'être vécue. Peu de temps après l'individu se voit confronté avec le protocole rédigé à son sujet afin de susciter de sa part une prise de position explicite envers l'image de lui-même qui lui est renvoyée. Finalement, il lui est demandé d'opérer une série de comparaisons entre les épreuves de situation auxquelles il a été soumis et les situations formellement analogues dont il a précédemment donné une description. Afin de lui permettre de les effectuer dans les termes et dans la perspective qui lui sont propres, il est fait application aux situations réelles et aux situations expérimentales d'une version modifiée du Role Repertory Test de Kelly dont les résultats sont mis en regard des analyses comparatives effectuées par les investigateurs afin de dégager les homologies, les contrastes ou les variations qu'elles recèlent.

Comme on le voit, dans cette conception de l'examen de personnalité, l'Inventaire biographique joue le rôle de pivot central, tant par rapport à l'autobiographie et aux investigations cliniques auxquelles cette dernière prélude, que par rapport à l'observation du comportement en institution, l'enquête sociale et les épreuves de situation. S'il peut assumer cette fonction, c'est en raison de ses deux caractéristiques fondamentales. La première résulte du fait que l'agencement des questions et les termes dans lesquels elles sont formulées en fait une technique à double face s'adressant tout autant à l'examinateur qu'au sujet examiné. De cette façon, il est veillé à l'homogénéité du langage utilisé par les interlocuteurs et des données exprimées au moyen de celui-ci. Sans doute la communication entre le sujet examiné et les divers examinateurs n'est-elle jamais parfaite, mais du moins convient-il de se donner les moyens pour qu'elle puisse être améliorée par approximations successives. Par ailleurs, la coaptation progressive de la « Sinnadäquanz » et de la « Kausaladäquanz » — pour parler le langage de M. Weber — ne peut être réalisée qu'à l'intérieur d'un cadre commun à l'examinateur et à l'examiné. La seconde caractéristique de l'Inventaire biographique est son aspect « encyclopédique ». Il constitue en effet une tentative, nécessairement en état d'inachèvement permanent, d'ordonner en un tout cohérent, pourvu de multiples possibilités de recoupement et de comparaison, un ensemble de voies d'accès pratiques à la personnalité individuelle considérée comme une formation biographique, et basé sur des concepts dont la psychologie et la sociologie contemporaine ont montré l'intérêt et le bien-fondé.

Il ne saurait évidemment être question d'en exposer ici l'articulation interne et les modalités d'application. Il en va de même pour la technique d'interprétation et le système de référence théorique qui fait partie intégrante de la conception de l'examen de personnalité tel qu'il est pratiqué au C.O.P. Si nous nous sommes assez longuement étendus sur l'organisation des investigations psychologiques et sociales réalisées dans cette institution c'est non seulement pour préciser le type de données à partir desquelles nos cas programmés ont été élaborés, mais également afin de bien souligner que bien que ceux-ci concernent exclusivement des histoires de vie de délinquants, cette limitation se trouve amplement compensée par la nature détaillée des données sur lesquelles elles sont fondées et par les vérifications rigoureuses auxquelles elles ont été soumises.

d) Outre leur contenu, c'est également par leur structure que nos cas programmés s'écartent de ceux élaborés par Dailey. C'est là une conséquence directe du point de vue intra-personnel que nous avons adopté. Cela signifie que la tâche de l'interprétateur consiste à opérer un choix prédictif parmi diverses éventualités de comportement concernant un seul et même individu. Il ne s'agit donc pas de distinguer un individu pris en bloc par rapport à d'autres, mais de discriminer parmi les différentes conduites qu'une personne pourrait manifester dans une situation donnée, celle qui découle, et des caractéristiques de la situation, et de celles que l'interprétateur a pu inférer au sujet de sa personnalité. Il s'agit donc d'une application de la formule Lewinienne : $C = f(P,S)$ où la conduite est conçue en fonction de la personne et de la situation dans laquelle elle est engagée. En effet, nous nous sommes efforcés de construire des épisodes comportant la description d'une situation (S) et de les faire suivre par une série de conduites possibles parmi lesquelles il s'agit de distinguer celle qui s'est réellement produite. La personnalité (P) n'est pas complètement définie car c'est elle qu'il importe de reconstruire à partir des données contenues dans les épisodes successifs et des hypothèses élaborées par l'interprétateur. La véritable tâche est donc double : d'une part reconstruction de P, d'autre part, conjecturation de C. On ne saurait donc se borner à enregistrer les réponses correctes comme le fait Dailey. Car, à différents stades d'un cas programmé, il est indispensable de savoir comment l'interprétateur se représente la personnalité de l'individu étudié.

Afin de réduire la part du hasard et d'augmenter la variabilité des résultats, chaque épisode comporte une situation et une alternative de 5 termes dont un seul correspond à la réalité. Dans ces conditions la probabilité pour qu'un premier choix effectué au hasard soit correct est de 1/5, et celle pour qu'il soit faux est de 4/5. C'est ce que nous écrirons.

$$P_{J_1} = \frac{1}{5} \quad \text{et} \quad P_{\bar{J}_1} = \frac{4}{5}$$

Quelle est alors la probabilité pour qu'un deuxième choix soit juste ?

On a toujours :
$$P_{J_2} = P_{J_2 J_1} + P_{J_2 \bar{J}_1}$$

Par ailleurs :
$$P_{J_2 J_1} + P_{J_2 \bar{J}_1} = P_{J_2 J_1} + P_{J_2 \bar{J}_1} - P_{J_2 J_1 J_2 \bar{J}_1}$$

Or, le dernier terme du second membre de cette égalité est nul en raison de la conjonction de J_1 et $\bar{J}_1$.

En outre :
$$P_{J_2 J_1} = P_{J_2/J_1} \times P_{J_2}$$
$$P_{J_2 \bar{J}_1} = P_{J_2/\bar{J}_1} \times P_{\bar{J}_1}$$

Étant donné qu'un second choix correct ne saurait survenir après un premier choix correct, PJ_2/J_1 est nul et par conséquent $P_{J_2 J_1} = 0$.

On a donc :
$$P_{J_2} = P_{J_2/\bar{J}_1} \times P_{\bar{J}_1}$$

La probabilité pour qu'un deuxième choix soit correct si le premier est faux est de 1/4. Comme on sait que $P_{\bar{J}_1} = \frac{4}{5}$ il vient :

$$P_{J_2} = 1/4 \times 4/5 = 4/20 = 1/5.$$

On a donc : $P_{J_1} = P_{J_2} = \frac{1}{5}.$

En appliquant le même raisonnement à P_{J_3}, P_{J_4} et P_{J_5}, on démontre que

$$P_{J_1} = P_{J_2} = P_{J_3} = P_{J_4} = P_{J_5} = \frac{1}{5}.$$

Une première conclusion qui s'impose c'est que lorsque les choix successifs sont effectués au hasard, la probabilité pour qu'ils aboutissent à une réponse correcte reste la même.

L'existence d'alternatives comportant cinq termes permet d'envisager autant de modalités d'application de nos cas programmés.

En effet on peut offrir aux interprétateurs les possibilités suivantes :

    a) 1 choix et 0 correction
    b) 2 choix et 1 correction
    c) 3 choix et 2 corrections
    d) 4 choix et 3 corrections
    e) 5 choix et 4 corrections

Il va de soi que par « correction » nous entendons une indication que le choix effectué est faux. La question qui se pose est de savoir quelle est la probabilité de trouver la réponse correcte qui correspond à chacun de ces cinq cas.

En ce qui concerne le premier, on a évidemment

$$P_J^1 = 1/5.$$

Mais pour les cas suivants le problème se complique quelque peu.

En effet, dans le deuxième cas P_J^2 est la probabilité de trouver la réponse correcte en un ou en deux choix. Par conséquent

$$P_J^2 = P_{(J1 + J2)}$$

et

$$P_{(J1 + J2)} = P_{J1} + P_{J2} - P_{J1J2}$$

avec $P_{J1J2} = 0$.

Or nous savons déjà que $P_{J1} = P_{J2} = 1/5$.

Par conséquent

$$P_J^2 = \frac{2}{5}.$$

Dans le troisième cas on a, de même

$$P_J^3 = P_{(J1 + J2 + J3)} = P_{J1} = P_{J2} + P_{J3} - P_{J1J2J3}$$

et $P_J^3 = \frac{3}{5}$ et ainsi de suite.

Finalement, on obtient :

$$P_J^1 = \frac{1}{5} \quad P_J^2 = \frac{2}{5} \quad P_J^3 = \frac{3}{5} \quad P_J^4 = \frac{4}{5} \quad P_J^5 = \frac{5}{5}$$

Si l'on tient compte du nombre d'épisodes d'un cas programmé, et en admettant que chacun des épisodes fasse l'objet d'un jugement, indépendant des autres, le nombre de réponses correctes auxquelles on peut s'attendre du seul fait du hasard dans les cinq cas que nous venons d'envisager est indiqué dans le tableau suivant :

TABLEAU 13

		Nombre de réponses correctes	
Modalité d'application	P_j^i	Cas A $n = 52$	Cas B et C $n = 56$
a) 1 choix; 0 correction	1/5	10,4	11,2
b) 2 choix; 1 correction	2/5	20,8	22,4
c) 3 choix; 2 corrections	3/5	31,2	33,6
d) 4 choix; 3 corrections	4/5	41,6	44,8
e) 5 choix; 4 corrections	5/5	52,0	56,0

Mais on ne saurait confondre le nombre de réponses correctes qui peut être obtenu au hasard dans ces différentes éventualités avec le nombre de tentatives nécessaires pour aboutir à la réponse correcte dans chacune de celles-ci.

Si on appelle ζ_i le nombre de tentatives par épisode, on peut considérer qu'il s'agit d'une variable aléatoire dont il s'agit d'établir la distribution à partir des valeurs ζ_i et des probabilités (Pi) qui y sont associées. Or nous savons que ζ_i peut varier de 1 à 5 choix et que la probabilité de chacun de ceux-ci est constante et équivaut à 1/5. Il s'agit donc de calculer la moyenne des ζ_i et leur variance qui sont :

Moyenne $\quad m\zeta_i = \Sigma \zeta_i p_i$

Variance $\quad \sigma^2\zeta_i = \Sigma (\zeta_i - m\zeta_i)^2 P_i$.

Dans le premier cas où un seul choix est accordé, il est clair que $m\zeta_i = 1$ et $\sigma^2\zeta_i = 0$.

Dans le deuxième cas où deux choix peuvent être effectués, la probabilité pour que la réponse correcte soit désignée du premier coup est de 1/5 et celle pour qu'elle soit trouvée lors d'un deuxième choix parmi les 4 possibilités restantes est de 4/5.

On a alors :

$$m\zeta_i = \frac{1}{5} + 2 \cdot \frac{4}{5} = \frac{9}{5} \text{ soit } 1,8.$$

et

$$\sigma^2\zeta_i = (1 - \frac{9}{5})^2 \frac{1}{5} + (2 - \frac{9}{5})^2 \frac{4}{5} = \frac{20}{125} \text{ soit } 0,16.$$

Si l'on tient compte que dans le cas A il y a 52 épisodes et dans les cas B et C 56 épisodes, les moyennes et les écarts-types correspondants pour la totalité des cas programmés deviennent respectivement :

cas A $\quad$ M = 93,6 $\quad \sigma = 2,88$
cas B $\quad$ M = 100,8 $\quad \sigma = 2,99$

Lorsque trois choix sont envisagés, les Pi correspondantes au premier, deuxième et troisième choix sont respectivement 1/5, 1/5 et 3/5. Dans l'éventualité de 4 choix elles deviennent 1/5, 1/5, 1/5, 2/5 et, lorsque 5 choix sont permis, chaque choix possède la même Pi qui est de 1/5. En effectuant comme ci-dessus on aboutit aux résultats résumés dans le tableau 14 où l'on trouvera dans les colonnes consacrées aux cas A, B et C, le nombre de tentatives nécessaires pour que les réponses correctes soient découvertes au hasard.

En se basant sur ces résultats, on peut maintenant calculer les intervalles de confiance autour des différentes valeurs de M soit

$$M - \mu_\alpha \sigma < M < M + \mu_\alpha \sigma$$

TABLEAU 14

| | | | $\Sigma \zeta_i$ | | |
| | | Cas A | | Cas B et C | |
	$m\zeta_i$	$\sigma^2\zeta_i$	M	σ	M	σ
1 Choix	1	0	52	0	56	0
2 Choix	1,8	0,16	93,6	2,88	100,8	2,99
3 Choix	2,4	0,64	124,8	5,76	134,4	5,99
4 Choix	2,8	1,36	145,6	8,41	156,8	8,73
5 Choix	3,0	2	156	10,2	168,0	10,6

Pour $\alpha = 0.05$, on obtient les valeurs indiquées dans le tableau 15.

TABLEAU 15

	Cas A n = 52	Cas B et C n = 56
2 Choix	87,96 < 93,6 < 99,24	94,94 < 100,8 < 106,66
3 Choix	113,51 < 124,8 < 136,09	122,66 < 134,4 < 146,14
4 Choix	129,02 < 145,6 < 162,18	139,69 < 156,8 < 173,91
5 Choix	136 < 156 < 176	147,26 < 168 9 < 188,74

Mais tout ceci ne nous donne pas encore une cotation permettant de comparer et d'évaluer les résultats obtenus à des cas programmés effectués selon les 5 différentes éventualités d'application que nous avons envisagées.

Aussi définirons-nous la note obtenue par un individu à un cas programmé comme étant la somme des tentatives effectuées lors de chaque épisode pour trouver la réponse correcte. Étant donné que le nombre de tentatives peut varier de 1 à 5 selon les possibilités de choix offertes, il est indispensable d'introduire une pondération basée sur le rang de la tentative menant à la réponse correcte.

La pondération la plus commode consiste à attribuer 4 points à une réponse correcte fournie lors d'une première tentative, 3 points à une réponse correcte lors d'une deuxième tentative, 2 points à une réponse correcte lors d'une troisième tentative et 1 point à une réponse correcte lors d'une quatrième tentative. Et, comme la découverte de la réponse correcte lors d'une cinquième tentative se fait par élimination, il est logique d'accorder 0 points à un tel résultat.

Il importe donc de recalculer pour les cinq modalités d'application les notes pondérées pouvant être obtenues du seul fait du hasard et les intervalles de confiance autour de celles-ci.

Soit βi la nouvelle variable aléatoire dont il s'agit d'établir la distribution en calculant la moyenne $m\beta i$ et la variance $\sigma^2\beta i$ pour chaque épisode dans les cinq modalités d'application des cas programmés, on obtient, en faisant le même raisonnement que ci-dessus, les résultats indiqués au tableau 16.

TABLEAU 16

			$\Sigma\beta i$			
			Cas A		Cas B et C	
	$m\beta i$	$\sigma^2\beta i$	M	σ	M	σ
1 Choix	0,8	2,56	41,6	11,53	44,8	11,96
2 Choix	1,4	3,04	72,8	12,57	78,4	13,04
3 Choix	1,8	2,56	93,6	11,53	100,8	11,96
4 Choix	2	2,0	104,0	10,2	112,0	10,58
5 Choix	2	2,0	104,0	10,2	112,0	10,58

Pour $\alpha = 0.05$, on obtient les intervalles de confiance suivants : (tableau 17).

TABLEAU 17

	Cas A n = 52	Cas B et C n = 56
1 Choix	19,0 < 41,6 < 64,2	21,36 < 44,8 < 68,24
2 Choix	48,16 < 72,8 < 97,44	52,84 < 78,4 < 103,96
3 Choix	71,0 < 93,6 < 116,2	77,36 < 100,8 < 124,24
4 Choix	84 < 104 < 124	91,26 < 112,0 < 132,74
5 Choix	84 < 104 < 124	91,26 < 112,0 < 132,74

e) L'emploi d'alternatives à cinq termes et le nombre variable de choix prédictifs qu'elles permettent d'effectuer soulève plusieurs autres problèmes. Tout d'abord, il y a la question purement technique résultant de la nécessité d'indiquer à l'interprétateur si chacun de ses choix est correct ou non. Dans le cas d'une application individuelle, il n'y a aucune difficulté. Mais si l'on désire soumettre simultanément différents individus à la méthode des cas programmés, on se trouve placé devant une situation qui devient rapidement inextricable étant donné que le rythme de progression de différents individus peut varier considérablement. Comme on ne saurait envisager d'imposer à tous le même rythme, il est indispensable de faire appel à un dispositif garantissant à la fois l'autonomie de chaque participant et le contrôle de l'exactitude des réponses. Dans ce but, nous avons fait usage d'un dispositif très simple construit par les Établissements Bettendorf, qui répond entièrement aux exigences de la méthode. Devant chacun des cinq sujets groupés en demi-cercle autour d'un opérateur se trouve un boîtier métallique nanti sur sa face antérieure d'un interrupteur pouvant occuper cinq positions désignées par les lettres a, b, c, d et e. Lorsque l'interrupteur est placé dans une position déterminée l'opérateur voit s'allumer sur le tableau qu'il a devant lui une ampoule correspondant à la fois à la position de l'interrupteur et à l'individu ayant manœuvré celui-ci. En utilisant deux boutons commandant l'allumage de deux ampoules, une verte et une rouge, situées sur la face supérieure du boîtier de chaque participant, il peut, en se guidant sur un schéma établi d'avance signaler de manière silencieuse à chacun de ceux-ci si leur choix était faux ou correct.

C'est à des difficultés d'un tout autre ordre que l'on se heurte lorsqu'il s'agit de définir le terme de l'alternative correspondant au comportement effectivement manifesté par le sujet de la biographie programmée. On choisira bien entendu de préférence des conduites dûment vérifiées et significatives. Il est évident que la définition de celles-ci dépend à la fois des informations disponibles, c'est-à-dire de la manière dont le cas a été étudié, et de l'interprétation qui en a été donnée. Sur ce point on est renvoyé aux qualités et défauts des investigations de personnalité sur lesquelles le cas programmé repose. Mais il est d'autres questions auxquelles une réponse ne peut être trouvée ni dans les données disponibles au sujet d'un cas individuel ni dans les interprétations dont il fait l'objet, car elles sont propres à la méthode des cas programmés. En tant que telles, loin de dépendre de la connaissance que l'on possède de cas individuels, elles posent de nouvelles exigences aux études de personnalité et aux investigations biographiques. Ainsi, comment assurer la continuité des épisodes composant un cas programmé ? Il faut être placé devant la tâche de programmer une biographie pour s'apercevoir des difficultés insoupçonnées que soulève cette question. En fait, on ne se la pose jamais parce que les formes verbales usuelles de la narration font de cette continuité une pseudo-évidence. La plupart du temps, l'enchaînement verbal crée l'illusion de reproduire un enchaînement réel. Or, dès qu'il s'agit de préciser les épisodes successifs d'une biographie sous la forme de champs de comportement concrets, cette illusion s'évanouit, la mise en évidence de la continuité devient un problème et les questions s'accumulent Où résident les continuités ? Qu'est-ce qui, par contre, se révèle discontinu ? Comment traiter la multiplicité de processus se déroulant paralèllement ? Qu'y a-t-il lieu d'en dire, et de quelle manière ? Que peut-on supposer connu et qu'y a-t-il lieu d'expliciter ? C'est tout le problème de l'écriture — au sens de « écriture musicale » — qui se pose ici au sujet des cas programmés.

L'ordre de grandeur temporel des épisodes est une autre source de difficultés. Ici, c'est le degré de généralité des épisodes qui est en cause. Si on utilise des épisodes concrets, leur extension temporelle sera réduite. Mais alors, si l'on tient à sauvegarder la continuité du cas programmé il faudra en multiplier le nombre. Ceci aura non seulement pour effet d'allonger démesurément le cas programmé mais ne manquera pas d'entraîner des redites. Or, dans quelle mesure y a-t-il lieu de respecter la fréquence réelle d'événements répétés, et dans quelles conditions peut-on se contenter de les résumer ? Et comment chacune de ces présentations risque-t-elle d'influencer le lecteur ? En outre, il existe des conduites, manifestant une extension temporelle considérable et qui en contiennent d'autres à titre de phases subordonnées. Faut-il alors se limiter à une présentation de l'épisode englobant, ou bien faut-il, sans en souligner explicitement l'existence laisser à l'interprétateur le soin d'en dégager les contours à partir de l'unité qui s'exprime à travers leurs composantes ? Ou bien encore faut-il introduire dans un cas programmé des épisodes appartenant à des ordres de grandeur et à des niveaux hiérarchiques différents ?

Sans doute sont-ce là des questions théoriques auxquelles très souvent le caractère incomplet des informations disponibles imposeront des solutions pratiques. Mais il est un autre problème capital qui se pose lors de la formulation de chaque segment biographique composant un cas programmé et qui, contrairement à ceux que nous venons d'évoquer, n'est pas uniquement d'ordre descriptif. Il s'agit notamment des relations existant entre le terme de l'alternative représentant la réponse correcte et le contexte situationnel à partir duquel il doit en partie être conjecturé. Comment doivent-elles être conçues afin que les tâches proposées puissent être résolues ? Écartons immédiatement une première possibilité qui priverait la méthode de son sens propre : la relation entre la réponse correcte et les données initiales ne saurait être « analytique », car dans cette éventualité, il ne s'agirait plus de la conjecturer, mais simplement de la déduire. A envisager les cas programmés de cette manière on n'aboutirait sans doute qu'à construire un test d'intelligence avec du matériel biographique. Il faut donc que le lien soit de nature synthétique. Mais de cette conclusion ne découle aucune indication précise sur les modalités de mise en relation de la réponse correcte avec son contexte. Car, en spécifiant toujours plus ce dernier il y a moyen soit de réduire le champ des alternatives jusqu'à privilégier de manière excessive le terme exact par rapport à tous les autres que comporte l'alternative, soit de faire porter la prédiction sur des aspects « moléculaires » de la conduite qui, par leur nature même appartiennent à un autre ordre de faits que les événements relatés dans le contexte. Ainsi, après avoir brossé le tableau d'une scène de rupture entre deux personnes, il ne saurait être question de faire prédire les particularités des contractions musculaires caractérisant la façon dont le héros claque la porte en s'éloignant.

A l'extrême opposé, il se peut qu'entre le contexte situationnel et la réponse correcte qu'il importe de prédire, il existe une telle « distance » que la tâche à accomplir risque de devenir absurde. C'est le cas notamment d'une situation expérimentale étudiée par J. Kremers [10] dans laquelle une personne dont les habitudes, les goûts et les intérêts avaient été établis avec beaucoup de soin fait l'objet de prédictions répétées concernant celles-ci après s'être comportée de la manière suivante devant les juges :

1) La personne entre et ne fait ni ne dit rien pendant quelques minutes (première série de prédictions).

2) Elle lit à haute voix pendant 5 minutes un texte choisi au hasard (deuxième série de prédictions).

3) Elle plie un fil de fer d'après un modèle (troisième série de prédictions).

4) Elle raconte brièvement l'histoire de sa vie (quatrième série de prédictions).

5) Elle a une brève conversation avec les juges concernant des sujets autres que ceux ayant trait aux caractéristiques à prédire.

Dans ces conditions, il n'est pas étonnant que les juges n'aient guère été à même de prédire avec une fréquence supérieure à celle résultant du hasard quelle réponse, vérifiée par ailleurs quant à sa réalité et à sa stabilité, la personne a fournie à des questions telles que :

— Vous projetez de souscrire une importante police d'assurance.

    a. Consultez-vous plusieurs agent d'assurance et étudiez-vous les dossiers ?

    b. Prenez-vous l'avis d'une personne en qui vous avez confiance ?

— Au cours des cinq premières minutes d'un examen écrit vous vous rendez compte que vous ne pouvez répondre à aucune des questions.

    a. Vous en allez-vous immédiatement ?

    b. Attendez-vous que les autres aient remis leur copie ?

---

[10] J. Kremers, Scientific Psychology and naive Psychology, Noordhoff, Ltd., Groningen, 1960.

— Ayant promis de participer à une fête enfantine à l'occasion de la Noël quel est le rôle que vous préféreriez jouer :
   a. Celui de St. Nicolas.
   b. Celui du père fouettard.

Il s'agit ici sans doute d'exemples extrêmes et par ailleurs partiellement indéterminés étant donné que l'on ignore comment la personne à juger exécute les cinq tâches qui sont censées fournir les données initiales. Mais de toute façon se pose la question de savoir quelles sont les informations minimales dont les juges doivent disposer pour faire usage de l'une ou l'autre forme de relations de compréhension ou d'enchaînement causal pour en inférer la réponse correcte. Or, le problème se complique du fait que, même lorsqu'un juge se trouve placé devant des données initiales et des comportements à prédire apparemment tout à fait hétérogènes, il ne peut jamais être exclu qu'il dispose de schémas cognitifs implicites ou qu'il comble imaginairement le domaine inconnu qui les sépare de manière à les mettre en relation.

La construction et la formulation des termes faux des alternatives imposent également certaines exigences auxquelles il n'est pas facile de satisfaire. Il y a en effet non seulement lieu de veiller à ce qu'ils soient plausibles tout en étant faux, mais en outre que leur diversité soit telle que l'exclusion d'aucun d'entre eux ne soit impliquée par l'exclusion d'un terme antérieur. Leur fausseté dépend évidemment de la connaissance détaillée que l'on possède de la biographie mais celle-ci ne permet pas pour autant d'aboutir à une élimination complète. Étant donné leur nombre, l'imagination de l'auteur d'un cas programmé est mise à rude épreuve. Aussi, afin d'assurer à la fois leur plausibilité et leur diversité les termes faux des alternatives, la collaboration de quatre personnes dont deux connaissaient personnellement les cas à programmer s'avéra nécessaire. Une des difficultés majeures qu'elles durent surmonter consista à la fois à éviter des formulations stéréotypées qui, en tant que telles, se prêtent trop facilement à l'élimination et à s'efforcer de donner aux alternatives la forme de disjonctions exclusives. Comme le lecteur pourra facilement s'en rendre compte, cette dernière condition étant extrêmement difficile à remplir, elle n'a pas pu être respectée dans tous les épisodes.

Afin de situer les réponses fausses dans la perspective des individus dont la biographie avait fait l'objet d'une présentation programmée, deux d'entre eux (A et C) subirent leur propre cas programmé. Il s'agissait, entre autres choses, d'observer leurs réactions aux réponses fausses. L'un comme l'autre en vinrent assez rapidement à classer celles-ci en trois catégories que, pour la commodité, nous appellerons α, β et γ. Le type α concerne des conduites dont les intéressés affirment qu'elles se sont également produites, mais dans des contextes tout à fait différents de ceux relatés dans le cas programmé. Quant aux conduites de type β, sans s'être jamais réalisées elles appartiennent à ce que les sujets considèrent comme un domaine de possibilités subjectives. Par contre, les comportements de la catégorie γ sont rejetés comme étant totalement exclus. Si on calcule la fréquence relative de ces trois types de réponses fausses dans les cas A et C (tableau 18), on constate un net parallélisme entre les trois types de réponses dans les deux cas.

TABLEAU 18

	A		B et C	
Réponses correctes	52		56	
Réponses fausses	208	100 %	224	100 %
α	28	14,9 %	26	11,6 %
β	74	39,4 %	68	30,4 %
γ	86	45,7 %	130	58,0 %

Tant dans le cas A que dans le cas C, ce sont les composantes γ des alternatives qui sont les plus fréquentes. Viennent ensuite les réponses de type β puis celles de type α. Ce parallélisme est d'autant plus remarquable qu'il s'agit de deux cas dont le contenu est très différent et que cette catégorisation a été effectuée a posteriori par les sujets A et C eux-mêmes. En fait, c'est par la distribution de ces trois espèces de réponses parmi les épisodes successifs que les deux cas se distinguent. Nous reviendrons sur cette question lors de l'analyse de chacun de ces cas, mais d'ores et déjà il est bon de souligner que, toutes les erreurs n'étant pas équivalentes, il devra éventuellement en être tenu compte dans l'appréciation des résultats obtenus.

Comme on le voit, notre conception des cas programmés soulève toute une série de problèmes auxquels nous n'avons encore pu apporter que des solutions empiriques et intuitives. C'est pourquoi nous estimons qu'il est prématuré d'envisager les aspects didactiques des cas programmés, et que tant l'analyse des problèmes ayant trait aux investigations de personnalité sur lesquelles ils sont basés, que ceux posés par leur construction et par la description des processus de conjecturation chez les interprétateurs, sont actuellement prioritaires.

DEUXIÈME PARTIE

TROIS CAS PROGRAMMÉS

CHAPITRE III LE CAS A

**I
INTRODUCTION**

Dans cette deuxième partie nous aborderons la présentation et la discussion de trois cas programmés qui ont été élaborés selon la conception esquissée dans le chapitre précédent.

Il est évidemment souhaitable que le lecteur désireux de faire connaissance avec notre version des cas programmés, s'impose l'effort de les interpréter. Toutefois, avant d'aborder cette tâche, il est indispensable d'envisager toutes les possibilités qui s'offrent et d'opérer un choix parmi elles.

Tout d'abord, il s'agit de savoir si l'on désire s'attaquer directement à un cas programmé ou bien si l'on préfère subir préalablement une certaine préparation. Dans cette dernière éventualité, il est indiqué de lire un premier cas sans s'efforcer de formuler la moindre prédiction. De cette manière, le lecteur se familiarisera avec le mode de présentation propre aux cas programmés. Si, après avoir lu chaque épisode, il prend soin, soit de noter ses interprétations et ses impressions, soit d'enregistrer au magnétophone ses réflexions, il disposera en outre d'un document qui lui permettra de mettre en évidence diverses particularités de la lecture à laquelle il vient de se livrer. L'intérêt de cette lecture préalable ne réside pas seulement dans l'état de préparation qu'elle induit. Car le protocole qu'elle permettra d'établir pourra ultérieurement être comparé à celui résultant de l'interprétation d'un cas. Il sera alors possible d'analyser les changements provoqués par l'adoption d'une attitude de recherche active en comparant le processus d'élaboration de conjectures successives, à la suite des opérations et des réflexions engendrées par la lecture plus passive d'un premier cas. Cette comparaison est indispensable pour discerner les caractéristiques spécifiques des procédés utilisés ainsi que leur efficacité.

Pour des raisons que le lecteur découvrira par lui-même, il est conseillé d'utiliser le cas B comme exercice de lecture. Mais il va de soi que le lecteur qui serait surtout désireux d'observer les progrès enregistrés d'un cas à l'autre devra se passer d'un exercice de lecture préalable. Afin de comparer son rendement à celui d'autres individus, il interprétera successivement les cas

A, B et C. Mais, quel que soit le procédé adopté, on aura de toute manière avantage à rédiger, à divers intervalles, dans chaque cas, une interprétation globale de la personnalité étudiée. Ce sera là, également, l'occasion de formuler certaines questions, de s'interroger sur la démarche adoptée et de noter les informations manquantes dont on aimerait pouvoir disposer.

Une deuxième décision qui s'impose concerne le choix entre interprétation prédictive et interprétation post-dictive. Dans la forme prédictive des cas programmés qui est la plus difficile, l'interprétateur suit l'ordre chronologique des épisodes de façon rigoureuse. Par contre, dans la forme post-dictive qui est la plus proche de la réalité clinique, l'interprétateur commence par prendre connaissance des derniers épisodes * sans formuler la moindre conjecture, puis ensuite il aborde le cas programmé en suivant l'ordre chronologique des épisodes. Dans cette dernière variante il ne dispose donc pas seulement d'un terminus a quo, mais également d'un terminus ad quem. Indépendamment de la formule adoptée, il est indispensable de lire très attentivement l'ensemble des données sociales et familiales formant l'arrière-plan de chaque cas avant de tenter de formuler une prédiction. Signalons encore que lorsque de nouveaux personnages apparaissent dans la biographie programmée, ils sont également accompagnés de leurs propres données d'arrière-plan.

Le troisième choix a trait au nombre de corrections que le lecteur s'accorde pour chaque épisode. Comme chacun de ceux-ci est suivi d'une alternative comportant cinq propositions dont une seule correspond à la réalité, quatre prédictions fausses peuvent être énoncées avant que la vraie ne soit découverte par élimination. Or, pour que la valeur d'un des termes d'une alternative soit déterminée, une correction doit intervenir. Il s'agit donc pour l'interprétateur d'établir d'avance le nombre maximal de corrections qu'il s'impose pour chaque épisode avant de passer au suivant. De toute évidence cette décision influencera directement la durée de l'interprétation d'un cas programmé qui, selon le nombre retenu de corrections, variera entre une et cinq heures. Disons tout de suite que le lecteur abordant pour la première fois un cas programmé aura tout avantage à s'accorder le nombre maximal de corrections. Ce n'est en effet qu'à cette condition qu'il aboutira à une interprétation suffisamment différenciée de la biographie programmée. Néanmoins, le lecteur est libre d'opter entre une, deux, trois ou quatre corrections qu'il pourra effectuer lui-même en consultant l'un des cinq tableaux (pages 217 et 218), correspondant à la lettre (a, b, c, d ou e) désignant le choix qu'il vient d'émettre.

Enfin, le lecteur devra décider si en plus des données contenues dans un cas programmé, il désire faire usage d'informations complémentaires ou bien s'il s'en tient au contenu des épisodes successifs. Dans le premier cas, il se rapportera à l'ensemble des

---

* En cas d'application post-dictive du cas A, on lira d'abord les données d'ordre social et familial (pages 119 à 122) puis les épisodes 45 à 52 (pages 140 à 143) avant d'aborder le premier épisode.

renseignements complémentaires qui font suite au cas programmé. Dans la mesure où ceux-ci sont basés sur l'application de techniques spéciales, une bonne connaissance de celles-ci est indispensable pour en tirer profit, d'autant plus que certaines d'entre elles sont fournies à l'état brut.

Une fois achevé un cas programmé, le lecteur pourra passer à l'étude de sa structure et comparer les résultats auxquels il a abouti avec notre interprétation et nos commentaires.

★
★ ★

LE CAS II A

Le père de A et la branche paternelle

Le père de A, actuellement âgé de 50 ans, est le cadet d'une famille qui compte 4 fils.

Le grand-père paternel travailla de nombreuses années comme ouvrier dans une centrale téléphonique. Une fois pensionné, il bénéficia de revenus assez importants étant donné qu'il touchait non seulement la pension habituelle mais, en plus, une pension d'invalide de guerre 1914-1918.

C'était un homme calme et doux qui, contrairement aux autres membres de la famille, c'est-à-dire sa femme et ses quatre fils, ne buvait pas. Comme il était très économe, il put léguer de son vivant une petite maison à chacun de ses enfants. Il mourut à l'âge de 72 ans.

La grand-mère paternelle atteignit l'âge de 82 ans. C'était une personne très alerte, qui, à un âge avancé aimait encore fréquenter les cafés et boire de fortes bières. Ses trois premiers fils étaient des buveurs de week-end qui recherchaient l'ambiance des cafés.

Aucun des fils ne peut vraiment être considéré comme un ouvrier qualifié car tous furent mis au travail à l'âge de 14 ans et apprirent leur métier dans les entreprises qui les employaient. L'aîné, actuellement âgé de 60 ans, est devenu contre-maître dans une filature; le second, âgé de 58 ans, est ouvrier plombier dans une brasserie et le troisième, âgé de 56 ans, qui est peintre et vitrier, travaille également pour un patron. Tous trois ont toujours été des travailleurs stables et courageux et jouissent d'une certaine aisance. Quoiqu'ils dépensent largement leur argent pour pourvoir à leurs besoins courants et ne se refusent jamais un verre de bière, ils ne peuvent pas être considérés comme dépensiers car ils n'ont jamais dépassé les limites de leurs revenus. Les trois frères sont mariés et chacun d'entre eux est père d'un enfant. Un cousin de A épousa en premières noces une femme qui dépensait toutes les ressources du ménage. Avec l'approbation de ses parents, il divorça. Lorsqu'il se remaria ses parents prirent tous les frais d'installation du nouveau ménage à leur charge tout comme ils avaient supporté les frais occasionnés par son divorce.

Le père de A était le cadet de la famille, mais ce n'est pas seulement comme enfant qu'il fut exagérément gâté par sa mère, car jusqu'à sa mort, elle ne cessa jamais de le protéger et, à l'insu de son mari, elle continua à lui fournir une aide financière. A l'école il se montra bon élève, mais en raison de son manque d'intérêt pour l'étude, ses résultats restèrent toujours en-deça de ses possibilités.

Avant son mariage, il se livrait déjà à de tels excès de boisson qu'il fut obligé de mettre fin à son métier de vendeur de journaux. Très souvent, il rentrait tardivement à la maison et la mère dut maintes fois envoyer le fils aîné à la recherche du cadet. Le plus souvent, il le trouvait ivre dans des cafés où il avait la réputation d'être un joyeux client, ou encore il le rencontrait ivre le long de la route, ses journaux dispersés autour de lui.

Après ce premier échec, le père de A apprit le métier de peintre en bâtiment. Sous l'influence de sa femme et avec l'appui financier de sa mère, il tenta de s'installer comme indépendant. Il commença par ouvrir un commerce d'articles de peinture mais fit faillite car il continuait à boire exagérément et ne s'intéressait pas suffisamment à ses affaires.

Il n'abandonna pas pour autant ses tentatives de s'installer à son propre compte, et dans les mêmes conditions qu'auparavant, c'est-à-dire sous l'influence de sa femme et avec l'aide de sa mère, il devint vendeur de crème glacée et de gaufres. Cette affaire périclita également parce qu'il s'attardait dans les cafés où il distribuait sa marchandise au lieu de la vendre. Par la suite, il travailla chez un marchand de ferraille qui souhaitait se l'associer afin qu'il puisse ultérieurement reprendre le commerce à son propre compte, mais ce dernier projet échoua également.

Finalement, il dut se contenter d'un emploi d'ouvrier-peintre. Il exerçait encore la même profession lorsqu'il tomba malade.

A la naissance de son fils, le père de A était âgé de 27 ans. Avant que l'enfant n'atteigne l'âge de 7-8 ans, il ne s'intéressa guère à lui, mais par la suite il se montra très sévère à son égard en ce sens que, sans fixer des buts bien définis, il se bornait à exiger de lui de bons résultats scolaires. Aussi, sous peine de punition, A devait-il toujours ramener un bon bulletin de l'école. Néanmoins, le père n'avait pas la patience de surveiller les travaux scolaires de son fils.

Durant toute la jeunesse de A, le père but beaucoup et, surtout sous l'influence du genièvre, présenta des accès de colère au cours desquels il se montrait brutal envers sa femme.

Le père de A peut être décrit comme un individu extraverti, exubérant et égocentrique. Mais en raison de son état de santé, défectueux, il s'est considérablement calmé au cours des dernières années. A ce sujet, il y a lieu de noter qu'il souffre d'asthme, affection qu'il semble avoir déjà présenté dans l'enfance et qui a vraisemblablement intensifié les gâteries dont il était l'objet de la part de sa mère.

Par ailleurs, il a récemment subi une intervention chirurgicale à l'oreille et est porteur d'une prothèse auditive.

Usé par ses abus de boisson et asthmatique, il est pour le moment en congé-maladie depuis de nombreux mois.

Ses contacts avec les membres de sa famille sont fort réduits. Ses frères lui reprochent tout à la fois sa conduite passée, sa sévérité envers son fils ainsi que le fait que, jusqu'à la mort de sa mère, il n'a jamais cessé de faire appel à son aide lorsqu'il se trouvait en difficultés financières.

La mère de A et la branche maternelle

La mère de A, actuellement âgée de 54 ans, est la fille aînée d'une famille comptant 3 garçons et 2 filles. Ses parents sont issus d'un milieu ouvrier et son père exerça la profession de tourneur de cuivre.

Les grands-parents maternels étaient très économes. En s'exagérant cette qualité a pris chez la mère la forme d'une avarice prononcée. Contrairement à ses frères et sœurs qui purent poursuivre des études, la mère de A dut quitter l'école à 14 ans pour aller travailler. De ce fait, elle s'est toujours sentie désavantagée. Aussi témoigne-t-elle envers eux de nets sentiments d'infériorité.

Dans sa famille, il était de coutume que les enfants se marient à tour de rôle, selon les possibilités financières des parents. En tant qu'aînée, elle laissa chaque fois passer son tour, les candidats n'étant jamais conformes à ses exigences, si bien que ses frères et sœurs se marièrent avant elle. Le fait qu'elle se fiança à un ouvrier non qualifié qui avait 4 ans de moins qu'elle, et qui était issu d'un milieu considéré comme inférieur par les siens, ne fut pas de nature à rehausser son statut au sein de la famille. Par surcroît, elle fut dans une certaine mesure contrainte de se marier, son fiancé l'ayant rendue enceinte.

Pendant de nombreuses années, elle encouragea son mari, à devenir indépendant, mais ses efforts restèrent infructueux. Graduellement, elle se rendit compte qu'elle avait épousé un raté qui était méprisé par sa famille. Elle réagit à cette situation en réduisant ses contacts avec ses proches.

Elle devint de plus en plus avare et se mit à accorder une importance excessive à tout ce qui a trait au prestige social, à la réussite matérielle et à l'argent. Elle économisa autant qu'elle put mais en vain, car l'argent qu'elle accumulait était chaque fois englouti dans les projets échafaudés par son mari, qui tous échouèrent.

A l'âge adulte, la mère de A offrait l'image d'une personnalité introvertie, taciturne, incapable de nouer spontanément une conversation, même avec les membres de sa famille, et qui s'enferma dans une atmosphère de ghetto psychologique. Envers les gens qu'elle rencontrait, elle adoptait généralement une attitude méfiante et critique. De tendance dépressive, ne riant jamais, elle était invariablement d'humeur grave. Jamais elle ne semblait détendue ou dépourvue de soucis, même pas lorsqu'elle accompagnait son mari au café. En de telles occasions, elle restait silencieuse, figée comme un bloc de glace et, par son attitude, refroidissait toute l'atmosphère. En réalité, elle aurait souhaité devenir institutrice et aimait la lecture et les discussions sérieuses avec son mari au sujet de problèmes sociaux.

Envers son fils, elle manifestait peu son affection et l'embrassait très rarement. Quoiqu'il lui arrivait de jouer avec lui lorsqu'il était encore très jeune, elle l'incitait surtout à lire et elle veillait à ce que les jouets qu'elle lui achetait aient une valeur didactique. Elle défendit toujours son fils envers les autorités scolaires et envers le père. Lorsqu'il était puni, il lui arrivait de protester auprès des autorités scolaires et s'il avait de mauvaises notes, elle le cachait autant que possible à son mari.

Elle aimait beaucoup son mari qui était beau parleur et savait l'embobiner. A son contact, elle parvenait quelques fois à se détendre et, s'il était en difficulté, il pouvait toujours avoir recours à elle. Mais il lui arrivait aussi de se montrer extrêmement têtue et boudeuse. Lorsqu'elle était vraiment fâchée, elle n'adressait pas la parole à son mari jusqu'à ce qu'il lui ait présenté ses excuses; et même alors, il s'écoulait un certain temps avant qu'elle ne lui parle. Elle ne prenait jamais l'initiative d'engager à nouveau la conversation; c'était lui qui devait faire les premiers pas.

Pendant la maladie de son mari, elle le soigna avec dévouement et avec la même conscience qu'elle avait toujours apportée à organiser son ménage. Elle se montrait très stricte sur les questions d'ordre et de propreté, tant dans la préparation de la nourriture que dans les soins à apporter aux vêtements.

En ce qui concerne ses frères et sœur, il y a lieu de signaler qu'ils ont tous amélioré leur statut socio-économique, soit parce qu'ils exerçaient des métiers qualifiés ou parce que leurs épouses avaient des professions bien rémunérées. Le plus avantagé dans ce domaine était le frère cadet, tourneur de cuivre, marié à la propriétaire d'un bar luxueux. Après l'assassinat de son épouse, celui-ci hérita d'une fortune considérable.

*
* *

1. Le plus ancien souvenir de A se situe à l'âge de 3 ans. C'est :

   a) L'arrivée dans la ville de soldats allemands qui fut précédée d'un violent combat dont le fracas et les explosions sont restés gravés dans sa mémoire.

TROIS CAS PROGRAMMÉS 123

1. Le plus ancien souvenir de A se situe à l'âge de 3 ans. C'est : avant d'aller à son travail, sa mère le conduisait en voiture d'enfant chez sa grand-mère. A cause du verglas, elle avait enfilé une paire de bas par dessus ses chaussures.

    b) Une violente dispute qui éclata entre ses parents, lorsqu'après deux jours d'absence son père rentra à la maison en état d'ivresse.

    c) Avant d'aller à son travail, sa mère le conduisait en voiture d'enfant chez sa grand-mère. A cause du verglas, elle avait enfilé une paire de bas par dessus ses chaussures.

    d) Lors du mariage de sa tante, il se trouva seul enfant au milieu d'adultes et il fut autorisé à manger et à boire en leur compagnie.

    e) A l'école maternelle, à l'occasion de la distribution des prix, il fut juché sur un piano pour réciter un poème.

---

2. Le meilleur ancien souvenir de A, qui se situe à l'âge de 7 ans, est :

2. Le meilleur ancien souvenir de A qui se situe à l'âge de 7 ans est : une séance de photographie dans un studio. Il s'y revoit vêtu d'un costume marin, une raquette de tennis à la main.

    a) Un voyage en train en compagnie de ses parents, pour aller visiter le jardin zoologique d'Anvers.

    b) Une séance de photographie dans un studio. Il s'y revoit vêtu d'un costume marin, une raquette de tennis à la main.

    c) A l'occasion de la Saint-Nicolas, il reçoit un train qu'il désirait depuis longtemps.

    d) Un court séjour en colonie de vacances à la mer où il eut l'occasion de jouer pendant des journées entières avec d'autres enfants sur la plage.

    e) Avoir reçu des friandises des soldats américains qui défilaient avec leur tank lors de la libération de la ville.

---

3. Depuis son jeune âge, A a de fréquents contacts avec tous les membres de sa famille. Du côté maternel, il y a peu d'enfants et ses oncles et tantes le considèrent comme leur fils. Du côté paternel, les membres de la famille qui habitent dans le même quartier l'attirent chez eux pour compenser la trop grande sévérité du père qu'ils désapprouvent. Partout il est bien reçu et :

3. Depuis son jeune âge, A a de fréquents contacts avec tous les membres de sa famille. Du côté maternel, il y a peu d'enfants et ses oncles et tantes le considèrent comme leur fils. Du côté paternel, les membres de la famille qui habitent dans le même quartier l'attirent chez eux pour compenser la trop grande sévérité du père qu'ils désapprouvent. Partout il est bien reçu et : il aime se rendre en visite et se rend compte de l'atmosphère et de l'aisance matérielle différente qui règne chez ses oncles et tantes.

    a) Il ne se rend que chez ceux dont il espère obtenir quelque chose.

    b) Il aime fréquenter tous les membres de la famille afin d'échapper au contrôle de ses parents.

    c) Il ne va que là où il rencontre les enfants des voisins avec lesquels il peut jouer.

    d) Il est toujours très intimidé mais il rend malgré tout régulièrement visite.

    e) Il aime se rendre en visite et se rend compte de l'atmosphère et de l'aisance matérielle différente qui règne chez ses oncles et tantes.

4. Lorsqu'il rend visite à sa famille et lors de ses contacts avec d'autres enfants, sa grand-mère est frappée par le fait que : il aime bien taquiner les autres enfants.

4. Lorsqu'il rend visite à sa famille et lors de ses contacts avec d'autres enfants, sa grand-mère est frappée par le fait que :

a) Il aime bien taquiner les autres enfants.

b) Il se retire vite du jeu quand on ne se soumet pas à sa volonté.

c) Il tente d'obtenir des autres enfants qu'ils jouent à la guerre.

d) Il est toujours taquiné par les autres enfants et il est incapable de se défendre.

e) Il essaie toujours de s'approprier les jouets des autres enfants.

---

5. Tout le monde trouve A gentil, doué d'un bon cœur, heureux de vivre, et curieux. Il aime les autres enfants et ne récrimine pas à la maison. Cependant, lorsqu'il est seul dans sa chambre : il sent souvent une angoisse l'étreindre.

5. Tout le monde trouve A gentil, doté d'un bon cœur, heureux de vivre, et curieux. Il aime les autres enfants et ne récrimine pas à la maison. Cependant lorsqu'il est seul dans sa chambre :

a) C'est alors qu'il se sent le mieux.

b) Il rêve d'événements fantastiques dont il est le héros.

c) Il s'ennuie tellement qu'il s'endort.

d) Il sent souvent une angoisse l'étreindre.

e) Il est capable de regarder pendant des heures les voitures qui passent dans la rue.

---

6. Sa mère veut toujours l'avoir sous les yeux et veille à ce qu'il passe le moins de temps possible à jouer hors de la maison avec d'autres enfants. Elle l'oblige à jouer seul. Malgré qu'il en ait toujours envie, il ne peut aller jouer au bord de l'eau avec d'autres enfants. Sa mère, très économe, ne lui offre que des jouets peu variés. Comme elle est influencée par des lectures pédagogiques, elle n'attache d'importance qu'à des jouets possédant une valeur éducative. A cette situation, il réagit en s'adaptant aux exigences de sa mère et en jouant avec les jouets qu'il reçoit d'elle.

6. Sa mère veut l'avoir sous les yeux et veille à ce qu'il passe le moins de temps possible à jouer hors de la maison avec d'autres enfants. Elle l'oblige à jouer seul. Malgré qu'il en ait toujours envie, il ne peut aller jouer au bord de l'eau avec d'autres enfants. Sa mère, très économe, ne lui offre que des jouets peu variés. Comme elle est influencée par des lectures pédagogiques, elle n'attache d'importance qu'à des jouets possédant une valeur éducative. A cette situation il réagit en :

a) Se sauvant de la maison pour retrouver ses camarades.

b) Détruisant le peu de jouets qu'elle lui donne.

c) S'adaptant aux exigences de sa mère et en jouant avec les jouets qu'il reçoit d'elle.

d) Volant les jouets d'autres enfants.

e) Demandant des jouets à ses grands-parents, ce qui a pour effet d'embarrasser ses parents.

---

7. Pendant sa scolarité primaire, le père se montre d'une extrême sévérité envers les résultats qu'il obtient. Il pose des exigences strictes car il ne veut pas que son fils soit gâté comme il l'a été lui-même autrefois. Quant à sa mère, elle lui apporte un peu d'aide pour ses devoirs scolaires. Les

TROIS CAS PROGRAMMÉS 125

7. *Pendant sa scolarité primaire, le père se montre d'une extrême sévérité envers les résultats qu'il obtient. Il pose des exigences strictes car il ne veut pas que son fils soit gâté comme il l'a été lui-même autrefois. Quant à sa mère, elle lui apporte un peu d'aide pour ses devoirs scolaires. Les deux parents placent des espoirs élevés, mais mal définis, en leur fils. Lorsque ses résultats fléchissent, il réagissent pas des punitions, mais se montrent indifférents lorsqu'il ramène un bon bulletin à la maison. Cette situation a pour conséquence que A s'efforce toujours d'exécuter à la lettre les tâches qu'on lui impose en raison de la crainte exagérée qu'il éprouve d'être puni par ses parents.*

deux parents placent des espoirs élevés, mais mal définis, en leur fils. Lorsque ses résultats fléchissent, ils réagissent par des punitions, mais se montrent indifférents lorsqu'il ramène un bon bulletin à la maison. Cette situation a pour conséquence que A :

a) Souffre à diverses reprises de cauchemars, si bien que sa mère se rend avec lui chez un médecin.

b) Que A se rend fréquemment auprès de ses grands-parents pour leur demander de l'aide dans ses travaux scolaires.

c) A tendance à négliger de plus en plus ses devoirs, ce qui entraîne une détérioration de ses résultats.

d) Adopte une attitude négative envers l'école.

e) S'efforce toujours d'exécuter à la lettre les tâches qu'on lui impose en raison de la crainte exagérée qu'il éprouve d'être puni par ses parents.

---

8. *Jusqu'en 3ᵉ année primaire, il obtient plus de 85 % des points et par la suite plus de 70 %. Bien qu'on ne lui reproche rien de particulier, les instituteurs ne l'aiment pas. Tout au plus le supportent-ils. Envers les instituteurs qui ont de l'autorité, il se montre flatteur et hypocrite.*

8. Jusqu'en 3ᵉ année primaire, il obtient plus de 85 % des points et par la suite plus de 70 %. Bien qu'on ne lui reproche rien de particulier, les instituteurs ne l'aiment pas. Tout au plus le supportent-ils. Envers les instituteurs qui ont de l'autorité, il se montre :

a) Un élève très rebelle et indiscipliné.

b) Flatteur et hypocrite.

c) Un élève très passif et docile.

d) Un élève qui incite les autres à faire des sottises.

e) Un pitre qui cherche à attirer l'attention sur lui par toutes sortes de propos comiques.

---

9. *A aime prendre part à des activités et à des jeux de groupes avec ses camarades. Les enfants le considèrent comme un audacieux. Cependant, les amitiés qu'il noue sont de courte durée. De temps en temps, il se montre brutal et provocant aussi bien à l'égard de garçons plus jeunes qu'envers des animaux. Envers ses camarades il essaie de s'ériger en chef, mais seulement à condition qu'il n'y ait pas de plus forts que lui.*

9. A aime prendre part à des activités et à des jeux de groupes avec ses camarades. Les enfants le considèrent comme un audacieux. Cependant, les amitiés qu'il noue sont de courte durée. De temps en temps, il se montre brutal et provoquant aussi bien à l'égard de garçons plus jeunes qu'envers des animaux. Envers ses camarades :

a) Il tente en toute circonstance de s'imposer comme chef.

b) Il refuse toujours de prendre la direction et se retire du groupe.

c) Il essaie toujours de jouer le rôle de « bras-droit » ou de « second » du chef.

d) Il essaie de s'ériger en chef, mais seulement à condition qu'il n'y ait pas de plus forts que lui.

e) Il s'efforce toujours d'attirer l'attention sur lui en jouant un rôle de clown.

10. Vers l'âge de 11 ans, il manifeste une croissance et un développement physique accélérés. Ce développement va de pair avec un état de tension diffuse qui tend à se décharger. De ce fait, il éprouve des difficultés à se concentrer et commence à négliger son travail scolaire. Il demande assez fréquemment à sa mère de signer ses bulletins. Par crainte des coups de son père :

10. Vers l'âge de 11 ans, il manifeste une croissance et un développement physique accélérés. Ce développement va de pair avec un état de tension diffuse qui tend à se décharger. De ce fait, il éprouve des difficultés à se concentrer et commence à négliger son travail scolaire. Il demande assez fréquemment à sa mère de signer ses bulletins. Par crainte des coups de son père, il commence à falsifier ses bulletins quand il a de mauvaises notes.

a) Il préfère jouer chez des amis et ne rentre que tardivement à la maison.

b) Il commence à falsifier ses bulletins quand il a de mauvaises notes.

c) Il accuse l'instituteur de lui chercher noise parce qu'il a rossé son fils.

d) Il essaie de se tirer d'affaire en se plaignant de maux imaginaires.

e) Il s'efforce d'être très serviable à l'école pour obtenir quelques bons points supplémentaires.

---

11. En raison de son développement physique, il éprouve pendant cette même période un énorme besoin d'activité. Mais il se heurte toujours aux interdictions de sa mère qui ne veut pas qu'il aille jouer avec d'autres enfants en dehors de sa sphère de surveillance. Cependant un jour de congé, malgré l'interdiction, il va canoter avec quelques camarades. Le propriétaire du bateau dépose plainte parce que les enfants l'ont utilisé sans avoir reçu son autorisation. A est ramené à la maison par la police. Son père est furieux. Quatre agents de police doivent le retenir car il veut battre son fils et A :

11. En raison de son développement physique, il éprouve pendant cette même période un énorme besoin d'activité. Mais il se heurte toujours aux interdictions de sa mère qui ne veut pas qu'il aille jouer avec d'autres enfants en dehors de sa sphère de surveillance. Cependant, un jour de congé, malgré l'interdiction, il va canoter avec quelques camarades. Le propriétaire du bateau dépose plainte parce que les enfants l'ont utilisé sans avoir reçu son autorisation. Son père est furieux. Quatre agents de police doivent le retenir car il veut battre son fils et A a tellement peur de son père qu'il fait une crise aiguëe d'angoisse.

a) A tellement peur de son père qu'il fait une crise aiguë d'angoisse.

b) Se défend violemment, frappe, donne des coups de pied et doit lui aussi être retenu par les agents car il veut attaquer son père.

c) Parvient à se tirer d'affaire en expliquant qu'en réalité il a sauvé la barquette qui partait à la dérive.

d) Se réfugie en pleurant dans les bras de sa mère qui assiste, impuissante, à la scène.

e) Il prend impulsivement la fuite et ne rentre qu'après minuit à la maison.

---

12. Son développement physique accéléré aboutit à une puberté précoce. Il commence à se masturber et, peu de temps après,

il subit une initiation homosexuelle de la part d'un domestique de couvent. Envers cet événement, il réagit :

a) Par de l'indifférence.

b) Il se masturbe de plus en plus et cherche à renouveler l'expérience qu'il a faite.

c) Il développe des sentiments de culpabilité.

d) Il raconte son aventure à ses camarades et s'en vante auprès d'eux.

e) Il se confie à sa grand-mère et lui demande des explications et des conseils.

12. Son développement physique accéléré aboutit à une puberté précoce. Il commence à se masturber et, peu de temps après, il subit une initiation homosexuelle de la part d'un domestique de couvent. Envers cet événement, il réagit : il développe des sentiments de culpabilité.

---

13. Sa mère lui permet enfin d'aller nager. Mais au bassin de natation on le surprend alors qu'il se livre à des jeux sexuels. Il est amené devant le juge des enfants qui le réprimande. Sous l'influence de sa mère, qui s'est rendu compte de son développement précoce, il n'est pas trop sévèrement puni à la maison : tandis que ses parents assistent à un meeting d'aviation auquel il rêvait d'assister depuis longtemps, il est enfermé dans une mansarde :

a) Il surmonte facilement cette frustration, si bien que l'incident ne revêt pas une importance particulière pour lui et il passe toute la journée à jouer avec le bric-à-brac qu'il trouve au grenier.

b) Il est profondément impressionné par cette sanction, il est désespéré et pleure toute la journée.

c) Exaspéré par ce qu'il considère comme une injustice, il se venge en cassant tous les objets qui lui tombent sous la main et en jetant les débris par la lucarne.

d) Il compense son mécontentement en se masturbant.

e) Il s'échappe par la lucarne du grenier, et se rend au meeting par ses propres moyens tout en s'arrangeant pour être de retour à la maison avant ses parents.

13. Sa mère lui permet enfin d'aller nager. Mais, au bassin de natation, on le surprend alors qu'il se livre à des jeux sexuels. Il est amené devant le juge des enfants qui le réprimande. Sous l'influence de sa mère, qui s'est rendu compte de son développement précoce, il n'est pas trop sévèrement puni à la maison : tandis que ses parents assistent à un meeting d'aviation auquel il rêvait d'assister depuis longtemps, il est enfermé dans une mansarde : il surmonte facilement cette frustration, si bien que l'incident ne revêt pas une importance particulière pour lui et il passe toute la journée à jouer avec le bric-à-brac qu'il trouve au grenier.

---

14. Son développement accéléré se stabilise vers l'âge de 13-14 ans et ses résultats scolaires deviennent meilleurs. Pour cette raison, sa mère lui offre une bicyclette et lui donne la permission de se livrer à des activités sportives. Il commence à avoir plus de contacts avec des camarades en dehors de l'école et fait connaissance avec le sexe féminin. Il ébauche un flirt avec une jeune fille du voisinage. Sa mère l'apprend et défend à A de continuer à la voir.

14. Son développement accéléré se stabilise vers l'âge de 13-14 ans et ses résultats scolaires deviennent meilleurs. Pour cette raison, sa mère lui offre une bicyclette et lui donne la permission de se livrer à des activités sportives. Il commence à avoir plus de contacts avec des camarades en dehors de l'école et fait connaissance avec le sexe féminin. Il ébauche un flirt avec une jeune fille du voisinage. Sa mère l'apprend vite et défend à A de continuer à la voir. Il continue à voir la jeune fille et commence à la cajoler et à la serrer de près.

a) Il ne tient pas compte de l'interdiction et a ses premières relations sexuelles;

b) Il obéit à sa mère, cesse de flirter et ne cherche plus à entrer en contact avec des jeunes filles.

c) Il n'ose plus rencontrer cette fille mais il se satisfait de façon imaginaire en se masturbant.

d) Il éprouve du plaisir à flirter, recherche d'autres jeunes filles et pose au Don Juan.

e) Il continue à voir la jeune fille et commence à la cajoler et à la serrer de près.

---

15. Avant la fin de l'année scolaire, il rencontre, dans un dancing du quartier, une autre jeune fille de deux ans son aînée, qu'il a connue enfant. Il la poursuit de ses assiduités et s'attache fortement à elle. Mais la jeune fille est très entichée d'un acteur de théâtre qui la couvre de fleurs. Cet homme est marié et n'a pas l'intention d'abandonner sa femme et ses trois enfants. A est éconduit plusieurs fois par la jeune fille et :

a) Il se désintéresse tout à fait de la jeune fille et s'adonne à des activités sportives.

b) Il abandonne la jeune fille et en cherche une autre.

c) Il persévère et insiste pour qu'ils continuent à se voir.

d) Il donne un coup de téléphone anonyme à la femme de l'acteur pour la mettre au courant de la conduite de son mari.

e) Il menace la jeune fille de se suicider si elle le laisse tomber.

15. Avant la fin de l'année scolaire, il rencontre dans un dancing du quartier une autre jeune fille de deux ans son aînée, qu'il a connue enfant. Il la poursuit de ses assiduités et s'attache fortement à elle. Mais la jeune fille est très entichée d'un acteur de théâtre qui la couvre de fleurs. Cet homme est marié et n'a pas l'intention d'abandonner sa femme et ses trois enfants. A est éconduit plusieurs fois par la jeune fille et : il persévère et insiste pour qu'ils continuent à se voir.

---

16. A n'a pas de projets professionnels bien définis et il ne manifeste aucune préférence pour l'une ou l'autre profession. Son père lui propose de devenir électricien et, à cette fin, il s'inscrit dans une école technique. Mais la jeune fille qu'il courtise a deux ans de plus que lui et travaille déjà. Il se sent un petit écolier à côté d'elle, et :

a) Il essaie de la persuader de suivre également des cours dans une école technique.

b) Il abandonne l'école technique et commence des études commerciales pour devenir employé.

c) Il rencontre beaucoup de nouveaux amis à l'école professionnelle et abandonne la jeune fille.

d) Il abandonne l'école du jour, va travailler et continue ses études d'électricien dans une école du soir.

e) Il utilise ses connaissances techniques pour rendre des services aux parents de la jeune fille et les disposer favorablement à son égard.

16. A n'a pas de projets professionnels bien définis et il ne manifeste aucune préférence pour l'une ou l'autre profession. Son père lui propose de devenir électricien et, à cette fin, il s'inscrit dans une école technique. Mais la jeune fille qu'il courtise a deux ans de plus que lui et travaille déjà. Il se sent un petit écolier à côté d'elle, et : il abandonne l'école du jour, va travailler et continue ses études d'électricien dans une école du soir.

17. Il travaille dans une firme d'appareils électriques où il complète ses connaissances professionnelles par la pratique. Durant ses heures de liberté, il travaille chez des particuliers où il aide son père dans son métier de peintre. Cependant, il voudrait gagner plus d'argent et :

a) Il change de profession et devient garçon dans un café très fréquenté.

b) Il conserve son emploi et obtient une augmentation grâce à ses insistances répétées.

c) Il va travailler avec son père et ils s'installent comme peintres indépendants.

d) Il va travailler dans une grande entreprise où le système des primes pour les heures supplémentaires lui permet de gagner beaucoup d'argent.

e) Pendant son temps libre, il travaille comme agent d'assurances.

17. Il travaille dans une firme d'appareils électriques où il complète ses connaissances professionnelles par la pratique. Durant ses heures de liberté, il travaille chez des particuliers où il aide son père dans son métier de peintre. Cependant, il voudrait gagner plus d'argent et : il va travailler dans une grande entreprise où le système des primes pour les heures supplémentaires lui permet de gagner beaucoup d'argent.

18. Les relations entre A et la jeune fille aboutissent à des fiançailles instables, contrecarrées par la mère de la fille qui ne le considère pas comme un parti intéressant. Elle a toujours eu de hautes ambitions pour sa fille et ne voit pas d'un mauvais œil sa liaison avec l'acteur. La mère de A s'insurge, elle aussi, contre ces fiançailles, sous le prétexte qu'il y a beaucoup de malades dans la famille de la jeune fille. (TBC). Cette opposition crée une situation tendue et :

a) Il fréquente des prostituées.

b) Il a des relations sexuelles avec la jeune fille et la rend enceinte.

c) Il va pour quelque temps habiter chez des membres de sa famille pour ne plus voir la jeune fille.

d) Il prend la situation tellement à cœur qu'il fait une dépression

e) Il commence à boire et se met à sortir beaucoup.

18. Les relations entre A et la jeune fille aboutissent à des fiançailles instables, contrecarrées par la mère de la fille qui ne le considère pas comme un parti intéressant. Elle a toujours eu de hautes ambitions pour sa fille et ne voit pas d'un mauvais œil sa liaison avec l'acteur. La mère de A s'insurge, elle aussi, contre ces fiançailles, sous le prétexte qu'il y a beaucoup de malades dans la famille de la jeune fille (TBC). Cette opposition crée une situation tendue et il a des relations sexuelles avec la jeune fille et la rend enceinte.

19. Quoique la jeune fille soit enceinte, elle ne désire toujours pas l'épouser. Sa mère lui donne une forte dose de laxatif pour provoquer un avortement mais cette manœuvre échoue. Dans l'entre-temps, la jeune fille reste toujours en contact avec l'acteur. Quant à A :

a) Il la persuade de se faire avorter.

b) Il la laisse finalement tomber.

c) Il la persuade de l'épouser.

d) Il prétend que l'enfant n'est pas de lui, mais de son rival.

e) Propose de faire d'abord son service militaire et de se marier tout de suite après.

19. Quoique la jeune fille soit enceinte, elle ne désire toujours pas l'épouser. Sa mère lui donne une forte dose de laxatif pour provoquer un avortement, mais cette manœuvre échoue. Dans l'entre-temps, la jeune fille reste toujours en contact avec l'acteur. Quant à A, il la persuade de l'épouser.

La femme de A et sa famille

La belle-mère de A est une femme assez égocentrique et nerveuse, qui exerce le métier de femme d'ouvrage dans un institut provincial. Comme ménagère, elle consacre toute son attention à l'ordre et à la propreté, négligeant toutes les autres activités ménagères.

Elle est travailleuse et très préoccupée par les questions d'argent, avare pour les autres, mais ne se refusant rien à elle-même. Avec ses économies, elle s'est acheté un tourne-disques, participe régulièrement à de petites excursions et s'habille très bien, alors que son mari est vêtu comme un mendiant.

Son mari, le beau-père de A, ouvrier non qualifié, de 2 ou 3 ans plus jeune que sa femme, était un homme doux, aimable, très indulgent vis-à-vis de sa femme. Son statut au sein de la famille était comparable à celui d'un balai : lorsqu'il ne travaillait pas, il pouvait se tenir dans un coin. Il mourut à l'âge de 50 ans d'une tumeur cérébrale.

La femme de A, qui est l'aînée de trois filles, était la préférée de son père, ce qui ne l'avantageait guère, étant donné le statut de ce dernier dans la famille. Elle n'eut jamais de bonnes relations avec sa mère quand elle était enfant. Celle-ci la confiait souvent à la grand-mère mais, dès qu'elle eut 14 ans, sa mère l'obligea à aller travailler le lendemain du jour où se terminait l'année scolaire.

Une sœur, de trois ans plus jeune qu'elle, ne jouit pas d'une situation plus enviable dans la famille. Mariée une première fois à 21 ans à un homosexuel dont elle divorça 2 ans plus tard, elle se remaria avec un fleuriste. C'est une femme saine et gaie, qui entretient de bonnes relations avec sa sœur aînée.

La cadette de la famille, de 8 ans plus jeune qu'elle, fut toujours la préférée de la mère qui la gâta beaucoup. Elle se maria à 18 ans à un militaire de carrière dont elle a une fille.

La belle-mère de A entretint toujours de grandes ambitions pour ses filles et rêvait pour elles de beaux mariages. Aussi, s'opposa-t-elle longtemps au projet de mariage entre sa fille et A, et elle obligea sa fille, qui travaillait comme couturière dans un atelier, à lui remettre la totalité de son salaire jusqu'au dernier mois avant son mariage avec A. Le salaire de la jeune fille était la seule chose qui intéressait la mère. Elle ne se souciait pas le moins du monde de la préparer à ses futures tâches ménagères, de sorte que, au moment de son mariage, la femme de A ne connaissait rien dans ce domaine.

Pendant toute leur jeunesse, les deux filles aînées furent privées de tendresse et de soins maternels. Elles avaient peu de vêtements, pas d'argent de poche et le dimanche on les envoyait chez la grand-mère ou au dancing.

20. Quand le jeune couple se marie, leurs parents respectifs ne sont pas en mesure de les aider financièrement. La jeune fille doit même remettre intégralement son dernier salaire à sa mère. Un oncle leur donne les meubles indispensables. Les parents de A leur offrent de venir habiter chez eux dans une mansarde, à condition de payer la moitié du loyer. A :

a) Accepte la proposition de ses parents et s'installe dans la mansarde avec sa femme.
b) Demande de l'aide à la Commission d'Assistance Publique.
c) Demande à ses grands-parents paternels de l'héberger.
d) Cherche un emploi de concierge pour bénéficier d'un logement gratuit.
e) Cherche une chambre où ils vont habiter seuls.

20. Quand le jeune couple se marie, leurs parents respectifs ne sont pas en mesure de les aider financièrement. La jeune fille doit même remettre intégralement son dernier salaire à sa mère. Un oncle leur donne les meubles indispensables. Les parents de A leur offrent de venir habiter chez eux dans une mansarde, à condition de payer la moitié du loyer. A accepte la proposition de ses parents et s'installe dans la mansarde avec sa femme.

21. Le jeune couple va habiter chez les parents de A, mais après 6 mois ils s'installent dans un petit appartement. A continue à travailler comme électricien. Il doit encore effectuer son service militaire et, trois jours avant la naissance de son 2ᵉ enfant, il est appelé sous les drapeaux. Après la période d'instruction, il est affecté à des fonctions administratives dans une compagnie d'état-major. Il fait beaucoup de sport et n'encourt aucune punition. Il est persuadé que, pendant qu'il réside à la caserne, sa femme non seulement rencontre encore l'acteur, mais entretient éventuellement des relations sexuelles avec lui. Devant cette situation, A :

a) Essaie de surprendre sa femme en flagrant délit.
b) Va administrer une bonne correction à l'acteur.
c) Il fréquente des maisons de tolérance et trompe sa femme à plusieurs reprises.
d) Il va demander conseil à son commandant.
e) Il cherche à se consoler auprès de la sœur d'un autre soldat.

21. Le jeune couple va habiter chez les parents de A, mais après 6 mois ils s'installent dans un petit appartement. A continue à travailler comme électricien. Il doit encore effectuer son service militaire et, trois jours avant la naissance de son 2ᵉ enfant, il est appelé sous les drapeaux. Après la période d'instruction, il est affecté à des fonctions administratives dans une compagnie d'état-major. Il fait beaucoup de sport et n'encourt aucune punition. Il est persuadé que, pendant qu'il réside à la caserne, sa femme non seulement rencontre encore l'acteur, mais entretient éventuellement des relations sexuelles avec lui. Devant cette situation, A fréquente des maisons de tolérance et trompe sa femme à plusieurs reprises.

22. Pendant les 18 premiers mois de son mariage, il aime toujours bien rentrer chez lui en dépit du fait qu'il sorte de temps en temps seul. A éprouve d'importants besoins sexuels et sa vie sexuelle est intense. Toutefois, il souffre d'éjaculation précoce et sa femme en est d'autant moins satisfaite qu'elle a également d'impérieux besoins sexuels. En conséquence de cet état de choses, A :

a) Va consulter un médecin.
b) Insiste et persévère dans ses efforts, si bien que son éjaculation précoce disparaît graduellement et qu'il parvient à satisfaire sa femme.
c) Décide, étant donné que la situation s'aggrave, de prendre des pilules sur lesquelles son attention a été attirée par une annonce parue dans le journal.
d) Il cherche une échappatoire à la situation en fréquentant des maisons de tolérance.
e) Il devient impuissant avec sa femme.

22. Pendant les 18 premiers mois de son mariage, il aime toujours bien rentrer chez lui en dépit du fait qu'il sorte de temps en temps seul. A éprouve d'importants besoins sexuels et sa vie sexuelle est intense. Toutefois, il souffre d'éjaculation précoce et sa femme en est d'autant moins satisfaite qu'elle a également d'impérieux besoins sexuels. En conséquence de cet état de choses, A insiste et persévère dans ses efforts, si bien que son éjaculation précoce disparaît graduellement et qu'il parvient à satisfaire sa femme.

23. Depuis l'âge de 15 ans, A a fait partie d'un club de lutte gréco-romaine. Ce sport l'intéressait beaucoup, il l'apprit vite et fit de grands progrès qui l'amenèrent à changer plusieurs fois de club. Il participa à des concours provinciaux et, après 3 ans, il participait déjà à l'étranger à des compétitions en 1ᵉ classe. Sa femme insiste pour qu'il abandonne ce sport qu'elle n'apprécie guère et lui demande de ne plus fréquenter ce milieu qu'elle soupçonne de favoriser les pratiques homosexuelles. La réaction de A consiste à accéder au désir de sa femme.

23. Depuis l'âge de 15 ans, A a fait partie d'un club de lutte gréco-romaine. Ce sport l'intéressait beaucoup, il l'apprit vite et fit de grands progrès qui l'amenèrent à changer plusieurs fois de club. Il participa à des concours provinciaux et, après 3 ans, il participait déjà, à l'étranger, à des compétition en 1ᵉ classe. Sa femme insiste pour qu'il abandonne ce sport qu'elle n'apprécie guère et lui demande de ne plus fréquenter ce milieu qu'elle soupçonne de favoriser les pratiques homosexuelles. La réaction de A consiste à :

a) S'affilier à un club de judo.
b) Refuser catégoriquement et a entrer en conflit avec sa femme.
c) Assister encore aux compétitions mais à ne plus y participer.
d) Continuer à sortir et à s'affilier à un club de billard.
e) Accéder au désir de sa femme.

---

24. Pendant son service militaire, il gagne la confiance de son major parce que, de toute son unité, il est le seul homme marié et père de deux enfants. Il devient son homme de confiance, et se montre très discret. Préposé au téléphone, il est amené à rendre quelques services au major dans ses affaires sentimentales. A la fin de son service militaire, le major s'intéresse à l'avenir de A. Comme celui-ci n'a pas de but précis, le major lui suggère de faire une demande pour entrer à la gendarmerie et lui promet son appui. A introduit une demande à la gendarmerie et est accepté.

24. Pendant son service militaire, il gagne la confiance de son major parce que, de toute son unité, il est le seul homme marié et père de deux enfants. Il devient son homme de confiance et se montre très discret. Préposé au téléphone, il est amené à rendre quelques services au major dans ses affaires sentimentales. A la fin de son service militaire, le major s'intéresse à l'avenir de A. Comme celui-ci n'a pas de but précis, le major lui suggère de faire une demande pour entrer à la gendarmerie et lui promet son appui. A,

a) N'accepte pas la proposition et reprend son métier d'électricien chez son ancien employeur.
b) Choisit de rester à l'armée.
c) Introduit une demande à la gendarmerie et est accepté.
d) Suit des cours de perfectionnement en électronique.
e) Fait une demande et se voit embauché comme électricien dans un service municipal.

---

25. A la fin de son service militaire naît un 3ᵉ enfant. Peu après, il est appelé à l'école de gendarmerie. Sa femme qui souhaite rester près de lui vient s'installer dans la même ville. A cause de son service militaire, la situation économique du ménage est devenue encore plus précaire qu'au moment de leur mariage. Depuis qu'il a quitté l'armée, sa famille ne l'aide plus, et il se refuse à demander de l'aide à qui que ce soit. Le couple doit déménager et comme ils ne disposent pas de meubles ni d'équipement ménager, AB achète une chambre à coucher et une salle à manger à crédit.

25. A la fin de son service militaire naît un 3ᵉ enfant. Peu après, il est appelé à l'école de gendarmerie. Sa femme qui souhaite rester près de lui vient s'installer dans la même ville. A cause de son service militaire, la situation économique du ménage est devenue encore plus précaire qu'au moment de leur mariage. Depuis qu'il a quitté l'armée, sa famille ne l'aide plus, et il se refuse à demander de l'aide à qui que ce soit. Le couple doit déménager et comme ils ne disposent pas de meubles ni d'équipements ménager, A :

a) Va emprunter quelques meubles chez ses amis de l'armée.
b) Fabrique lui-même quelques meubles indispensables.
c) Cherche une chambre meublée où ils s'installent.
d) Achète une chambre à coucher et une salle à manger à crédit.
e) Se procure des meubles aux « Petits Riens ».

TROIS CAS PROGRAMMÉS 133

26. *En s'installant dans leur nouvel appartement, les deux époux désirent acheter tout l'équipement ménager dont ils ont besoin et surtout les objets qu'ils n'ont jamais eus auparavant. Ils désirent offrir à leurs enfants plus que ce qu'ils ont eux-mêmes reçu à la maison. Ils désirent également accéder à un niveau de vie qui soit en rapport avec le statut de gendarme de A, étant donné que cette profession jouit d'un grand prestige aux yeux de la famille. C'est pourquoi ils font un second achat à crédit de vêtements, d'équipement de cuisine, ainsi que d'un appareil de TV. Comme la livraison du poste se fait attendre et qu'à ce moment il est très friand d'un certain programme, A sans se rendre compte qu'il est lié par un contrat d'achat, achète un second appareil à crédit.*

26. En s'installant dans leur nouvel appartement, les deux époux désirent acheter tout l'équipement ménager dont ils ont besoin et surtout les objets qu'ils n'ont jamais eus auparavant. Ils désirent offrir à leurs enfants plus que ce qu'ils ont eux-mêmes reçu à la maison. Ils désirent également accéder à un niveau de vie qui soit en rapport avec le statut de gendarme de A, étant donné que cette profession jouit d'un grand prestige aux yeux de sa famille. C'est pourquoi ils font un second achat à crédit de vêtements, d'équipement de cuisine, ainsi que d'un appareil de TV. Comme la livraison du poste se fait attendre et qu'à ce moment il est très friand d'un certain programme :

a) Sans se rendre compte qu'il est lié par un contrat d'achat, il achète un second appareil à crédit.

b) Il retourne chez le marchand, se fâche et en arrive à des voies de fait.

c) Il laisse ses trois enfants seuls et sort avec sa femme pour aller voir le programme dans un café.

d) Il n'ose rien dire au marchand mais se dispute avec sa femme.

e) S'arrange pour que des voisins l'invitent.

---

27. *A cause de cette succession rapide de divers achats à crédit, A se voit obligé de rembourser 4 traites dans un bref laps de temps. Mais il ne dispose que de son traitement de gendarme qui, compte tenu des allocations familiales, s'élève à environ 10 000 Fr. par mois. Il essaie de résoudre ses difficultés financières en contractant un emprunt auprès d'une société de financement.*

27. A cause de cette succession rapide de divers achats à crédit, A se voit obligé de rembourser 4 traites dans un bref laps de temps. Mais il ne dispose que de son traitement de gendarme qui, compte tenu des allocations familiales, s'élève à environ 10.000 fr. par mois. Il essaie de résoudre ses difficultés financières :

a) En obtenant que sa femme aille travailler.

b) En demandant une aide financière à sa famille.

c) En risquant sa chance aux pronostics.

d) En faisant appel au service social de la gendarmerie.

e) En contractant un emprunt auprès d'une société de financement.

---

28. Dans l'entre-temps, le ménage doit faire face à de nouvelles dépenses, notamment l'achat de vêtements pour toute la famille. Par ailleurs, ils ne se privent de rien au point de vue alimentation et achètent toujours ce qu'il y a de meilleur et de plus cher. Comme ils n'établissent pas de budget, et ne contrôlent pas la manière dont ils utilisent leur argent, ils dépensent une partie du premier emprunt si bien qu'ils ne peuvent payer qu'une partie de leurs dettes antérieures. Ils restent confrontés avec de gros problèmes financiers et :

28. Dans l'entre-temps, le ménage doit faire face à de nouvelles dépenses, notamment l'achat de vêtements pour toute la famille. Par ailleurs ils ne se privent de rien au point de vue alimentation et achètent toujours ce qu'il y a de meilleur et de plus cher. Comme ils n'établissent pas de budget, et ne contrôlent pas la manière dont ils utilisent leur argent, ils dépensent une partie du premier emprunt si bien qu'ils ne peuvent payer qu'une partie de leurs dettes antérieures. Ils restent confrontés avec de gros problèmes financiers et A se voit obligé de contracter un nouvel emprunt.

a) A persuade une tante de lui accorder une avance sur son héritage.
b) Les relations deviennent tendues entre les époux qui rejettent l'un sur l'autre la responsabilité de la situation.
c) Ils s'aperçoivent tous les deux qu'ils doivent élaborer un budget détaillé et vivre plus modestement.
d) A incite sa femme à emprunter de l'argent auprès de son ancien amoureux, l'acteur de théâtre.
e) Il se voit obligé de contracter un nouvel emprunt.

29. Le couple n'a que peu d'amis et tous deux n'entretiennent que des contacts de pure forme avec leur famille. A n'a que des relations très superficielles avec ses collègues. Ils vivent très isolés. Incapables de se refuser mutuellement quelque chose, ils sont très attachés l'un à l'autre et ont une vie sexuelle très active. Malgré leurs soucis matériels et la complexité de leur situation financière, les deux époux s'entendent bien. Tous deux aiment beaucoup les enfants mais leurs problèmes financiers sont encore aggravés par de nouvelles naissances, et :

a) Ils ne modifient pas leur attitude, ne prennent aucune précaution et se trouvent en un minimum de temps avec 6 enfants sur les bras.
b) Ils décident désormais d'employer des moyens anticonceptionnels.
c) Leur attirance réciproque diminue par la crainte d'avoir encore d'autres enfants.
d) Par crainte de rendre sa femme enceinte, A souffre de nouveau d'éjaculation précoce.
e) Ils en arrivent à avoir des relations sexuelles incomplètes.

30. Sa période d'instruction en tant que gendarme se passe bien. Il devient successivement cavalier, brancardier, chauffeur et opérateur-radio. Il peut aussi s'adonner beaucoup au sport et la vie qu'il mène à la gendarmerie lui plaît. Une seule chose lui cause une déception : il échoue à l'examen de moniteur sportif et :

a) Il est profondément déçu et donne sa démission à la gendarmerie.
b) Il s'efforce d'obtenir le brevet de para-commando.
c) Il se laisse aller et encourt à différentes reprises des sanctions disciplinaires.
d) Il est un peu déçu mais cela ne modifie pas son attitude vis-à-vis de la gendarmerie.
e) Au cours d'une compétition sportive, il parvient à battre un candidat qui avait réussi l'examen de moniteur.

31. Après sa nomination comme gendarme, il retourne à son ancien domicile. Il mène le même genre de vie que lorsqu'il était à l'armée, puisqu'il est dispensé du service actif. Un soir, après son service, il rencontre un homme complètement ivre qui tente de mettre le feu à sa voiture. A réussit à éteindre le début d'incendie et ramène l'ivrogne à la maison. En sa qualité de gendarme, il est obligé de dresser procès-verbal et :

a) Il le transmet à ses supérieurs qui le félicitent pour l'efficacité de son intervention.

b) Il se laisse corrompre par la famille de cet homme et ne transmet pas le procès-verbal.

c) Après une brève hésitation, il déchire le procès-verbal.

d) Il confisque la voiture, ne transmet pas le procès-verbal, et essaie de vendre le véhicule.

e) Il essaie de soutirer de l'argent à l'épouse en avertissant celle-ci que son mari risque d'être interné si le procès-verbal est transmis.

31. Après sa nomination comme gendarme, il retourne à son ancien domicile. Il mène le même genre de vie que lorsqu'il était à l'armée, puisqu'il est dispensé de service actif. Un soir, après son service, il rencontre un homme complètement ivre qui tente de mettre le feu à sa voiture. A réussit à éteindre le début d'incendie et ramène l'ivrogne à la maison. En sa qualité de gendarme, il est obligé de dresser procès-verbal et, après une brève hésitation, il déchire le procès-verbal.

32. Depuis sa nomination, ses revenus ont à peine augmenté. Cependant, sa femme et lui, sans tenir compte de leur situation pécuniaire, font toujours de nouvelles dépenses pour les besoins du ménage. Obligé de faire face à de nouvelles obligations financières, A profite de sa qualité de gendarme pour contracter de nouveaux emprunts. Il emploie cet argent en partie pour payer ses anciennes dettes et en partie pour effectuer de nouveaux achats. Ses difficultés financières augmentent à tel point que les créanciers déposent plainte auprès de ses supérieurs. Lorsque ses supérieurs apprennent sa situation, des sanctions disciplinaires sont prises et A doit céder 1/5 de son traitement pour régler ses dettes. A l'enquête qui est effectuée à son sujet, A réagit de la manière suivante :

a) Il expose toute sa situation et est renvoyé de la gendarmerie.

b) Il cherche un prêteur qui règle toutes ses dettes à un taux usuraire.

c) Il vend ses deux appareils de TV et sa salle à manger.

d) Il accepte d'effectuer clandestinement des travaux d'électricien pour augmenter ses revenus.

e) Il ne reconnaît ouvertement qu'une partie de ses dettes par crainte d'être renvoyé de la gendarmerie et abandonne un deuxième cinquième de son salaire à d'autres créanciers.

32. Depuis sa nomination, ses revenus ont à peine augmenté. Cependant, sa femme et lui, sans tenir compte de leur situation pécuniaire, font toujours de nouvelles dépenses pour les besoins du ménage. Obligé de faire face à de nouvelles obligations financières, A profite de sa qualité de gendarme pour contracter de nouveaux emprunts. Il emploie cet argent en partie pour payer ses anciennes dettes et en partie pour effectuer de nouveaux achats. Ses difficultés financières augmentent à un tel point que les créanciers déposent plainte auprès de ses supérieurs. Lorsque ses supérieurs apprennent sa situation, A encourt des sanctions disciplinaires et il doit céder 1/5 de son traitement pour régler ses dettes. A l'enquête qui est effectué à son sujet, A réagit de la manière suivante : il ne reconnaît ouvertement qu'une partie de ses dettes par crainte d'être renvoyé de la gendarmerie et abandonne un deuxième cinquième de son salaire à d'autres créanciers.

33. Par suite de l'engagement de céder les 2/5 de son traitement, en raison de ses dettes encore impayées et aussi parce que ni lui ni son épouse ne tiennent toujours pas compte de leur budget lorsqu'ils font des dépenses, la situation de A devient

33. Par suite de l'engagement de céder les 2/5 de son traitement, en raison de ses dettes encore impayées et aussi parce que ni lui ni son épouse ne tiennent toujours pas compte de leur budget lorsqu'ils font des dépenses, la situation de A devient très critique. Il lui est impossible de satisfaire les exigences de ses créanciers. Les dépenses du ménage augmentent encore par la naissance d'un 4ᵉ enfant. Après en avoir discuté avec sa femme, il décide de commencer à voler, parce que cela lui semble la seule solution à ses difficultés.

très critique. Il lui est impossible de satisfaire les exigences de ses créanciers. Les dépenses du ménage augmentent encore par la naissance d'un 4ᵉ enfant. Après en avoir discuté avec sa femme, il décide :

a) D'accepter l'offre de son oncle qui lui propose d'engager sa femme comme serveuse dans son bar de luxe.

b) De commencer à voler parce que cela lui semble la seule solution à ses difficultés.

c) De se livrer à la contrebande de matériel électrique.

d) De mettre un terme aux difficultés insurmontables que rencontre leur ménage en ouvrant le robinet du gaz avant d'aller dormir.

e) De faire avec sa femme un budget strict pour équilibrer les dépenses et les rentrées.

---

34. Pendant une période s'étendant sur plusieurs semaines, il occupe ses loisirs à étudier longuement la disposition des lieux où il espère se livrer à des cambriolages. Comme technique, il décide d'avoir recours au hold-up. Pour son premier essai, il choisit une villa et va y sonner le soir. La propriétaire ouvre et il la menace de son revolver, mais la victime commence à crier tandis que le chien accourt en aboyant. A se sauve à toutes jambes.

34. Pendant une période s'étendant sur plusieurs semaines, il occupe ses loisirs à étudier longuement la disposition des lieux où il espère se livrer à des cambriolages. Comme technique, il décide d'avoir recours au hold-up. Pour son premier essai, il choisit une villa et va y sonner le soir. La propriétaire ouvre et il la menace de son revolver, mais la victime commence à crier tandis que le chien accourt en aboyant. A :

a) Assomme la femme et prend la fuite.

b) Se sauve à toutes jambes.

c) Ayant perdu son sang-froid, abat soudainement la femme à coups de revolver.

d) Assomme le chien, maîtrise la femme et s'empare de l'argent.

e) Éclate en sanglots et supplie la femme, au nom de ses 4 enfants, de ne pas alerter la police.

---

35. Après cet échec, il se tient tranquille pendant un mois. Mais sa situation financière ne s'améliore pas. Sa femme est d'accord avec ses activités en ce sens qu'elle ne les désapprouve pas mais elle manifeste une anxiété permanente. Dans ces conditions, il commet trois cambriolages en une nuit et fait main basse sur de l'argent et les clefs qu'il trouve.

35. Après cet échec, il se tient tranquille pendant un mois. Mais sa situation financière ne s'améliore pas. Sa femme est d'accord avec ses activités en ce sens qu'elle ne les désapprouve pas mais elle manifeste une anxiété permanente. Dans ces conditions :

a) Il essaie d'entrer en contact avec une bande parce qu'il n'ose plus rien entreprendre seul.

b) Il accepte la proposition de son oncle et devient « aide-souteneur » dans son bar.

c) Il décide d'abandonner le vol et de se livrer à des jeux de hasard.

d) Il commet trois cambriolages en une nuit et fait main basse sur de l'argent et les clefs qu'il trouve.

e) Il se sent tellement désespéré et coupable qu'il se confesse à un prêtre.

36. Un mois après sa première expédition réussie, il fait une deuxième tentative. Cette fois, le retour inattendu des propriétaires l'oblige à fuir. Il se rend compte qu'il n'a pas assez de connaissance du métier, ni assez d'expérience et :

a) Il cesse pendant 3 mois ses activités délictueuses pour perfectionner sa technique.

b) Il cesse de voler mais, pendant ses loisirs, il se fait passer pour un agent d'assurances et empoche tout l'argent encaissé.

c) Il vole un chèque à son oncle, imite sa signature et va toucher une somme importante.

d) Il cesse de voler et incite sa femme à se livrer à la prostitution.

e) Il s'initie à la technique de la gravure chez un ami dans le but de fabriquer de faux billets de banque.

36. Un mois après sa première expédition réussie, il fait une deuxième tentative. Cette fois, le retour inattendu des propriétaires l'oblige à fuir. Il se rend compte qu'il n'a pas assez de connaissance ni assez d'expérience du métier, et il cesse pendant 3 mois ses activités délictueuses pour perfectionner sa technique.

---

37. Dans l'entre-temps, ses supérieurs sont mis au courant de l'ampleur réelle de ses dettes et il reçoit son préavis. Sous la pression de ses créanciers et dans l'espoir de pouvoir rester à la gendarmerie s'il paie ses dettes :

a) Il va trouver l'oncle qui précédemment lui a donné des meubles, dans l'espoir de lui emprunter de l'argent.

b) Il décide de cambrioler le bar de sa tante.

c) Obsédé par l'idée de frapper un grand coup qui lui permettrait de liquider toutes ses dettes, il commet en l'espace d'un mois une série impressionnante de cambriolages.

d) Il essaie, sous un faux nom, de contracter un nouveau emprunt dans une ville étrangère.

e) Après avoir beaucoup insisté, il obtient que sa femme entre en service auprès de vieilles personnes riches, dans le but de préparer un grand coup.

37. Dans l'entre-temps, ses supérieurs sont mis au courant de l'ampleur réelle de ses dettes et il reçoit son préavis. Sous la pression de ses créanciers et dans l'espoir de pouvoir rester à la gendarmerie s'il paie ses dettes et, obsédé par l'idée de frapper un grand coup qui lui permettrait de liquider toutes ses dettes, il commet en l'espace d'un mois une série impressionnante de cambriolages.

---

38. Lors de ses expéditions, il vole toujours de l'argent et des bijoux. En ce qui concerne ces derniers :

a) Il les emballe dans du papier journal et les fait disparaître dans des poubelles, parce qu'il craint qu'ils permettent de l'identifier.

b) Il les fait écouler par sa femme chez des receleurs.

c) Il va les vendre lui-même.

d) Il feint de les avoir trouvés et s'adresse aux propriétaires dans l'espoir d'obtenir une récompense.

e) Il jette les pierres et fond l'or pour le revendre.

38. Lors de ses expéditions, il vole toujours de l'argent et des bijoux. En ce qui concerne ces derniers il les emballe dans du papier journal et les fait disparaître dans des poubelles, parce qu'il craint qu'ils permettent de l'identifier.

39. Épuisé par ses expéditions nocturnes, il sollicite à plusieurs reprises des congés de maladie. Sa femme, qui se plaint d'être toujours seule, devient de plus en plus anxieuse et doit se faire soigner, mais sans pouvoir avouer la vrai motif de son anxiété. En conséquence de cette situation tendue :

a) Les époux se disputent beaucoup et se font des reproches mutuels.

b) Une certaine froideur s'installe entre eux et leurs relations sexuelles se raréfient.

c) Il se montre exagérément sévère envers les enfants et devient très irascible.

d) Il quitte le domicile conjugal pendant plusieurs jours.

e) Il simule une dépression pour obtenir un long congé de maladie qui lui permettrait de rester auprès de sa femme.

39. Épuisé par ses expéditions nocturnes, il sollicite à plusieurs reprises des congés de maladie. Sa femme, qui se plaint d'être toujours seule, devient de plus en plus anxieuse et doit se faire soigner, mais sans pouvoir avouer le vrai motif de son anxiété. En conséquence de cette situation tendue une certaine froideur s'installe entre eux et leurs relations sexuelles se raréfient.

---

40. Lors d'un cambriolage qu'il commet après avoir observé le départ des occupants de la maison, il découvre dans une chambre à coucher une jeune fille de 20 ans et :

a) Il se jette sur elle pour qu'elle ne puisse pas donner l'alarme et il l'assomme.

b) Il lui dit qu'il fait partie de la police et qu'il poursuit un cambrioleur.

c) Il se jette sur elle, la ligote, la bâillonne et inspecte toute la maison.

d) Il est pris de panique et s'enfuit à toutes jambes.

e) Il se jette sur elle et, excité par le contact avec un corps de femme a demi-nu, il la viole et s'éloigne ensuite rapidement.

40. Lors d'un cambriolage qu'il commet après avoir observé le départ des occupants de la maison, il découvre, dans une chambre à coucher, une jeune fille de 20 ans ; il se jette sur elle et, excité par le contact avec un corps de femme à demi-nu, il la viole et s'éloigne ensuite rapidement.

---

41. Deux mois plus tard, au cours d'une de ses expéditions, il tombe sur une patrouille de police. Il prend immédiatement la fuite, mais les agents le poursuivent et, après une chasse infernale, le coincent dans une impasse. A :

a) Applique une prise au premier agent, le projette sur le second et parvient à s'échapper.

b) Voit qu'il est perdu et se laisse arrêter, sans offrir de résistance.

c) Tire son revolver et en visant méthodiquement au-dessus et à côté des agents, il les met en fuite.

d) Abat un agent, blesse l'autre et parvient à s'échapper.

e) Retourne son arme contre lui-même et se blesse grièvement.

41. Deux mois plus tard, au cours d'une de ses expéditions, il tombe sur une patrouille de police. Il prend immédiatement la fuite, mais les agents le poursuivent et, après une chasse infernale, le coincent dans une impasse. A tire son revolver et en visant méthodiquement au-dessus et à côté des agent, il les met en fuite.

42. Profondément affecté par cet incident, il cesse toute activité délictueuse. Entre-temps, sous la pression des créanciers, il est renvoyé de la gendarmerie. Il reprend son ancien métier d'électricien. Pour apaiser ses créanciers :

a) Il utilise ses connaissances de gendarme pour se faire receleur.

b) Il travaille comme garçon dans un dancing pendant les week-ends.

c) Il se sert des renseignements obtenus dans le bar de son oncle pour contracter des emprunts auprès de riches clients.

d) Il essaie de gagner le plus possible en faisant des heures supplémentaires en qualité d'électricien.

e) Il prétend qu'il doit hériter d'une vieille tante sans enfants.

---

43. Une enquête était déjà en cours depuis quelques mois ; l'agression contre les deux agents avait laissé supposer que le coupable devait être un excellent tireur. Il semblait donc que l'on avait affaire à un homme familiarisé avec les armes à feu. Une enquête effectuée dans toutes les casernes du pays démontra que les rayures des douilles trouvées sur les lieux provenaient de l'ancien revolver de A. Peu de temps après, il est arrêté un matin, au moment de se rendre à son travail. Après son arrestation :

a) Il s'effondre, éclate en pleurs et passe immédiatement aux aveux.

b) Il déclenche une bagarre et en prison il persévère dans son attitude de rébellion : il accuse en outre la société d'être responsable de ses actes.

c) Pendant les premières semaines de sa détention, il simule des troubles de la mémoire.

d) Il refuse obstinément de reconnaître les faits.

e) Il tente de se pendre dans sa cellule.

---

44. Après son arrestation, sa femme prend connaissance de l'acte d'accusation. Elle apprend que son mari est également accusé de viol. Comme elle ignorait ce fait, elle exige des explications et A :

a) Reconnaît le fait, mais lui fait croire qu'il a été provoqué par la jeune fille.

b) Il éclate en sanglots et demande à sa femme d'oublier ces faits le plus vite possible.

c) Il avoue mais rejette la responsabilité sur sa femme qui était si anxieuse et si nerveuse qu'elle se refusait à lui.

d) Il jure sur la tête de ses enfants que cette accusation est totalement fausse.

e) Il nie le fait parce qu'il n'ose pas l'avouer, mais quelques semaines plus tard, il lui écrit la vérité dans une lettre.

45. A est condamné à 10 ans de prison. Après 4 ans et demi de détention, il est transféré dans une section spéciale où il est soumis à un examen approfondi. On observe soigneusement son comportement en prison et on constate que :

a) Il réagit toujours de façon agressive vis-à-vis des gardiens et des co-détenus de sorte qu'il encourt de nombreuses sanctions disciplinaires.

b) Systématiquement, et en toutes circonstances, il joue le rôle du prisonnier modèle, essayant d'atteindre, dans la mesure du possible, un statut intermédiaire entre celui de détenu et de surveillant. Il obéit strictement aux ordres, se présente comme le porte-parole des détenus, exerce une influence considérable sur les autres et adopte, vis-à-vis d'eux, une attitude dominatrice.

c) Il réagit par une forte dépression qu'il ne surmonte que lentement.

d) Il adopte une attitude très passive en toute circonstance.

e) Il tente toujours de se soustraire aux désagréments de la vie de détenu en se faisant passer pour malade.

---

46. En prévision d'une libération conditionnelle, A est soumis à un examen de personnalité approfondi, dans un centre d'observation où les examens s'étendent sur une longue période de temps. A réagit vis-à-vis de l'examen et des examinateurs de la façon suivante.

a) Il est très coopérant, il s'extériorise, raconte dans le détail tout ce qui concerne son passé, et se montre heureux de pouvoir communiquer ses expériences vécues.

b) De façon artificielle et superficielle, il essaie de se montrer sous un jour exagérément favorable et tente de justifier ses délits.

c) Il parle de façon détaillée de tous les aspects de sa vie mais il évite tout ce qui concerne ses délits.

d) Au début, il se montre très collaborant, mais il réagit ensuite de façon négative quand on essaie de mettre à jour les mobiles de ses actes. Placé devant le choix de continuer ou d'interrompre les examens, il choisit de s'y soustraire.

e) Il est extrêmement réservé, dévoile peu de choses au sujet de lui-même, contrôle très fort ses déclarations et ne raconte rien qui ne soit déjà connu des examinateurs.

---

47. Au centre d'observation, A entre en contact avec d'autres détenus qui sont également soumis à des examens. Ceux-ci représentent des cas divers de troubles caractériels et d'inadaptation sociale. Parmi eux se trouvent notamment trois

47. Au centre d'observation, A entre en contact avec d'autres détenus qui sont également soumis à des examens. Ceux-ci représentent des cas divers de troubles caractériels et d'inadaptation sociale. Parmi eux se trouvent notamment trois individus : un débile, un délinquant très naïf et infantile et un détenu physiquement affaibli qui présente les symptômes d'un délire de jalousie. Ces trois détenus se trouvent dans une situation d'infériorité vis-à-vis des autres. A leur égard A :

a) Prend leur défense lorsque les autres détenus les agacent.

b) Se montre parfaitement indifférent à leur égard.

c) Est toujours prêt à les taquiner, à se moquer d'eux et à exploiter leur crédulité.

d) Il ne se trouve pas à l'aise en leur présence, à cause de leur infériorité et il les évite.

e) Il parade devant eux, étale sa supériorité et essaie de forcer leur admiration.

47. Au centre d'observation, A entre en contact avec d'autres détenus qui sont également soumis à des examens. Ceux-ci représentent des cas divers de troubles caractériels et d'inadaptation sociale. Parmi eux se trouvent notamment trois individus : un débile, un délinquant très naïf et infantile et un détenu physiquement affaibli qui présente les symptômes d'un délire de jalousie. Ces trois détenus se trouvent dans une situation d'infériorité vis-à-vis des autres. A leur égard, A est toujours prêt à les taquiner, à se moquer d'eux et à exploiter leur crédulité.

48. Soumis à un test général d'intelligence non verbale (c'est-à-dire ne faisant pas appel aux connaissances scolaires), il obtient un quotient intellectuel :

a) Très nettement au-dessus de la moyenne.

b) Au-dessus de la moyenne.

c) Moyen.

d) Légèrement en-dessous de la moyenne.

e) Nettement inférieur à la moyenne.

48. Soumis à un test général d'intelligence non verbale (c'est-à-dire ne faisant pas appel aux connaissances scolaires), il obtient un quotient intellectuel très nettement au-dessus de la moyenne.

49. A est soumis à un test de fluidité verbale, c'est-à-dire à une épreuve qui consiste à trouver en un temps déterminé le plus grand nombre possible de choses en rapport avec une situation donnée (par ex. le plus grand nombre possible d'objets ronds dont le nom commence par une lettre déterminée, etc...) On sait que les personnes qui obtiennent à cette épreuve un *résultat élevé* présentent les caractéristiques suivantes : elles ont un caractère gai ; elles savent rire de bon cœur ; elles sont très sociables et se sentent vite à l'aise avec des personnes étrangères ; elles possèdent un sens prononcé de l'humour ; elles voient vite le comique d'une situation et peuvent prendre les choses à la légère ; elles possèdent un grand pouvoir d'adaptation aux nouvelles situations et aiment le changement ; elles ont une compréhension très rapide et fournissent parfois une réponse avant que la question soit entièrement formulée. Les personnes qui obtiennent un *résultat inférieur* présentent généralement les caractéristiques suivantes : elles ne rient pas vite et pas beaucoup ; au contact avec d'autres personnes, elles adoptent une attitude de défense, manifestent une certaine froideur ou une apparente indifférence ; elles ont peu d'amis, sont souvent seules ou font partie de petits groupes ; elles se montrent le plus souvent très sérieuses ; elles

49. A est soumis à un test de fluidité verbale, c'est-à-dire à une épreuve qui consiste à trouver en un temps déterminé le plus grand nombre possible de choses en rapport avec une situation donnée (par ex. le plus grand nombre possible d'objets ronds dont le nom commence par une lettre déterminée, etc...). On sait que les personnes qui obtiennent à cette épreuve un résultat élevé présentent les caractéristiques suivantes : elles ont un caractère gai ; elles savent rire de bon cœur ; elles sont très sociables et se sentent vite à l'aise avec des personnes étrangères ; elles possèdent un sens prononcé de l'humour ; elles voient vite le comique d'une situation et peuvent prendre les choses à la légère ; elles possèdent un grand pouvoir d'adaptation aux nouvelles situations et aiment le changement ; elles ont une compréhension très rapide et fournissent parfois une réponse avant que la question soit entièrement formulée. Les personnes qui obtiennent un résultat inférieur présentent généralement les caractéristiques suivantes : elles ne rient pas vite et pas beaucoup ;

au contact avec d'autres personnes, elles adoptent une attitude de défense, manifestent une certaine froideur ou une apparente indifférence; elles ont peu d'amis, sont souvent seules ou font partie de petits groupes; elles se montrent le plus souvent très sérieuses; elles sont très conservatrices, tiennent à leurs habitudes et ne les abandonnent pas facilement; quand elles se trouvent devant un problème elles en approfondissent les données et ne donnent leur avis qu'après mûre réflexion. Le résultat exprimé en percentiles obtenu par A est 0-20.

sont très conservatrices, tiennent à leurs habitudes et ne les abandonnent pas facilement; quand elles se trouvent devant un problème elles en approfondissent les données et ne donnent leur avis qu'après mûre réflexion.

Le résultat exprimé en percentiles obtenu par A est :

a) 80 — 100
b) 60 — 80
c) 40 — 60
d) 20 — 40
e) 0 — 20

---

50. Dans une épreuve de niveau d'aspiration on demande au sujet de se fixer un but qu'il souhaite atteindre, lors de l'exécution d'une tâche. Après avoir exécuté celle-ci, il peut constater s'il a ou non atteint son but. Une fois le premier résultat connu, on demande au sujet de se fixer un nouveau but, puis d'exécuter à nouveau la tâche, de manière à lui faire prendre une nouvelle fois position vis-à-vis du résultat obtenu. Ceci est répété plusieurs fois. Soumis à une épreuve semblable, A a manifesté d'une façon systématique le comportement suivant : il se fixe un haut niveau d'aspiration qui reste inchangé quel que soit le succès ou l'échec de ses tentatives.

50. Dans une épreuve de niveau d'aspiration, on demande au sujet de se fixer un but qu'il souhaite atteindre, lors de l'exécution d'une tâche. Après avoir exécuté celle-ci il peut constater s'il a ou non atteint son but. Une fois le premier résultat connu, on demande au sujet de se fixer un nouveau but, puis d'exécuter à nouveau la tâche, de manière à lui faire prendre une nouvelle fois position vis-à-vis du résultat obtenu. Ceci est répété plusieurs fois. Soumis à une épreuve semblable, A a manifesté d'une façon systématique le comportement suivant :

a) Il se choisit toujours comme but celui qu'il vient tout juste d'atteindre.
b) Les aspirations qu'il formule sont toujours au-dessus de ses performances mais elles s'adaptent avec souplesse aux résultats : après un succès il élève et après un échec il abaisse son niveau d'aspiration.
c) Il se fixe un haut niveau d'aspiration qui reste inchangé quel que soit le succès ou l'échec de ses tentatives.
d) Pour être sûr de réussir, il se fixe systématiquement des buts assez bas et obtient par conséquent des succès faciles.
e) Au lieu d'abaisser son niveau d'aspiration après un échec, pour l'adapter à ses résultats, il l'élève.

---

51. A une épreuve de richesse et de précision du vocabulaire, A obtient, par rapport à la population belge, les résultats suivants en décile : 9-10.

51. A une épreuve de richesse et de précision du vocabulaire, A obtient, par rapport à la population belge, les résultats suivants (en déciles) :

a) 1 — 2.
b) 3 — 4.
c) 5 — 6.
d) 7 — 8.
e) 9 — 10.

52. Lorsque A a pour tâche de résoudre une série de problèmes pratiques dont le niveau de difficulté augmente graduellement, c'est-à-dire dont la solution exige chaque fois une approche différente et l'invention de nouvelles méthodes, il réagit de la façon suivante :

a) Il s'attaque de façon très rigide aux premiers problèmes, ne parvient pas à s'adapter aux plus difficiles et n'y trouve pas de solution.

b) Il manifeste une rigidité prononcée, ce qui a pour conséquence que plus le problème s'avère difficile, plus il emploie une méthode compliquée parce qu'il se tient une fois pour toutes à des procédés qui ont réussi antérieurement.

c) Il fait preuve d'une grande souplesse et s'adapte facilement au degré de difficulté propre à chaque problème.

d) Il se jette à corps perdu dans son travail, résout vite les problèmes faciles, mais perd la tête lorsqu'il se trouve placé devant des problèmes difficiles et ne parvient pas à les résoudre.

e) Lorsqu'il se rend compte que les problèmes deviennent plus difficiles, il essaie d'imposer à l'examinateur des solutions inadéquates en trichant.

52. Lorsque A a pour tâche de résoudre une série de problèmes pratiques dont le niveau de difficulté augmente graduellement, c'est-à-dire dont la solution exige chaque fois une approche différente et l'invention de nouvelles méthodes, il réagit de la façon suivante : il manifeste une rigidité prononcée, ce qui a pour conséquence que, plus le problème s'avère difficile, plus il emploie une méthode compliquée parce qu'il se tient une fois pour toutes à des procédés qui ont réussi antérieurement.

CHAPITRE IV **DONNÉES COMPLÉMENTAIRES SUR LE CAS A**

Afin de faciliter la tâche du lecteur, nous commencerons par dresser le plan des données se rapportant au cas A.

1) Aspects physiques.

2) Épreuves de performance.
   a. Test de persévération de Zazzo [1].
   b. Test de Pauli [2].

3) Questionnaires de Personnalité.
   a. Inventaire Maudsley de Personnalité (Eysenck) [3].
   b. Échelle de Névrose NSQ (Scheier et Cattell) [4].
   c. Échelle IPAT d'anxiété (Cattell) [5].
   d. Inventaire multiphasique de Personnalité du Minnesota (MMPI) [6].

4) Description de Personnalité.
   a. Échelles d'appréciation concernant A.
   b. Auto-description de A, et description par A de son père, de sa mère et de son épouse au moyen de la liste d'adjectifs interpersonnels de Laforge et Suczek [7], [8].
   c. Test d'inventaire de rôles de Kelly [9].

[1] R. ZAZZO, Manuel pour l'examen psychologique de l'enfant, Delachaux et Nestlé, 1960.
[2] W. ARNOLD, Der Pauli-Test, 3, Auflage, J. A. Barth, München, 1961.
[3] H. J. EYSENCK, The questionnaire measurement of neuroticism and extraversion, Rivista di Psicologia, 1956, 50, 113-140.
[4] I. H. SCHEIER, R. B. CATTELL, Handbook for the Neuroticism Seale questionnaire, IPAT, 1961.
[5] R. B. CATTELL, Handbook for the IPAT anxiety Seale, IPAT, 1957.
[6] S. R. HATHAWAY, J. C. Mc. KINLEY, Inventaire multiphasique de Personnalité du Minnesota, Traduction J. Perse, Centre de Psychologie appliquée, Paris, 1966.
[7] R. LAFORGUE, R. SUCZEK, The interpersonal dimension of personality, III. An interpersonal check-list, Journal of Personality, 1955, 24, N° 1, 94-112.
[8] T. LEARY, Interpersonal Diagnosis of Personality. The Ronald Press Company, New-York, 1957.
[9] G. A. KELLY, The Psychology of Personal constructs, volumes I et II, New-York, Norton, 1955.

5) Épreuves Projectives.
   a. Phrases incomplètes de Sacks et Levy [10].
   b. Phrases incomplètes de Rotter [11].
   c. T.A.T. de Murray.

6) Données d'ordre socio-psychologique.
   a. Échelle de statut socio-économique de Warner [12].
   b. Échelle de statut social de Chapin [13].
   c. Échelle de satisfaction professionnelle de Brayfield et Rothe [14, 15].
   d. Rangement des professions par prestige selon Van Heek [16].
   e. Questionnaire de structure familiale de P. G. Herbst [17, 18, 19].
   f. Questionnaire d'adaptation conjugale de E. W. Burgess et H. J. Locke [20].
   g. Épreuve de Concepts idéologiques de M. Rokeach [21, 22].
   h. Questionnaire d'attitudes sociales d'Eysenck [23].
   i. Questionnaire de Dogmatisme de M. Rokeach [24].
   j. Questionnaire d'intolérance à l'ambiguïté de Budner [25].

---

[10] J. M. SACKS et S. LEVY, The sentence completion test dans L. E. Abt et L. Bellak, Projective Psychology, New-York, 1950.

[11] J. B. ROTTER et J. E. RAFFERTY, The Rotter incomplete sentences blank, New-York, 1950, The Psychological corporation.

[12] W. LLOYD WARNER, M. MEEKER, K. EELLS, Social Class in America, Chicago, Science Research Associates, 1949.

[13] F. STUART CHAPIN, Contemporary American Institutions, New-York, Harper and Bros, 1935.
Échelle révisée de 1952 citée in D. C. MILLER, Handbook of Research Design and Social Measurement, D. Mc Kay Company, 1964.

[14] A. H. BRAYFIELD, H. F. ROTHE, « An index of Job Satisfaction », Journal of applied Psychology, 1951, 35, 307-11.

[15] A. H. BRAYFIELD, R. V. WELLS, M. W. STRATE, « Inter-relationships among measures of Job satisfaction and general satisfaction », Journal of Applied Psychology, 1957, 41, 201-5.

[16] F. VAN HEEK, Stijging en Daling op de maatschappelijke ladder, Leiden, 1945.

[17] P. G. HERBST, The measurement of Family Relationship, Human Relations, 1952, V, 1.

[18] H. TOUZARD, Enquête Psychologique sur les rôles conjugaux et la structure familiale. Monographies françaises de Psychologie, N° 13, 1967.

[19] O. A. OESER et S. B. HAMMOND (édit.), Social Structure and Personality in a City, London, Rontledge and Kegan Paul, 1954.

[20] E. W. BURGESS, H. J. LOCKE, The Family, 2e édit., New-York, American Book Company, 1960.

[21] M. ROKEACH, A method for studying individual differences in « narrow-mindedness », Journal of Personality, 1951, 20, 219-233.

[22] M. ROKEACH, « Narrow-mindedness » and personality, 1951, 20, 234-251.

[23] H. J. EYSENCK, Psychology of Politics, London Routledge and Kegan Paul, 1954.

[24] M. ROKEACH, The Open and the closed Mind, New-York, Basic Books, 1960.

[25] S. BUDNER, « Intolerance of Ambiguity as a personality variable », Journal of Personality, 1962, 30, 29, 50.

I
ASPECTS
PHYSIQUES

Du point de vue physique, A qui est de taille et de corpulence moyenne, présente deux caractéristiques notables : d'une part sa ressemblance très marquée avec sa mère et d'autre part son type athlétique au sens de Kretschmer. Il est intéressant de constater que lorsque 27 sujets qui avaient interprété sa biographie programmée, reçurent pour tâche d'identifier sa photo parmi cinq autres, la majorité y parvint du premier coup (tableau) et ce indépendamment du résultat obtenu au cas programmé.

Identification correcte
après

	1er choix	2e choix	3e choix	4e choix	Total
n	16	6	4	2	27
%	59	22	15	4	100

Les antécédents médicaux de A sont insignifiants. On sait qu'à la naissance il présentait une hernie ombilicale. A l'âge de 16 ans il fut victime d'un accident de travail qu'il décrit comme suit :

« J'étais occupé à travailler à une hauteur de 6 mètres à une conduite électrique et je me tenais de la main gauche aux tuyaux d'acier de la conduite tandis que je coupais les fils de la conduite au moyen d'une tenaille non isolée, étant donné que le monteur m'avait assuré que la conduite n'était plus sous tension. En conséquence je reçus une décharge qui me précipita en bas de l'échelle. Poussant un cri je tombai en arrière dans les bras du monteur et je l'entraînai dans ma chute pour me retrouver par terre à genoux après avoir heurté du front le plat d'une courroie de transmission. Je repris connaissance à l'infirmerie de l'usine et on m'accorda deux semaines de congé-maladie. Cet accident est resté sans conséquences. Au moment où je subis la décharge j'eus uniquement conscience de culbuter dans le noir et une idée me traversa l'esprit : c'en est fini de moi. »

Le tracé électro-encéphalographique est caractérisé par un bon rythme de base (alpha 9,5 à 10,5 c/sec. de 10 à 50 microvolts). On observe également des ondes de 4,7 à 5 c/sec., polymorphes de bas voltage plus abondantes en temporales gauches. A part de courtes dysrythmies ralenties synchrones à 4-7 c/sec. qui apparaissent en coronales triangulaires, l'hyperpnée ne modifie pas le tracé de manière significative.

Sous alcool, le rythme de base reste le même mais en coronales triangulaires, dès le début de l'épreuve d'hyperpnée, il se produit une augmentation des ondes lentes. Celles-ci apparaissent groupées en bouffées synchrones de plus en plus longues de 5-7 c/sec. puis de 3,4-4,5 c/sec. Au-delà de la 3° minute d'hyperpnée elles s'amplifient, ont une allure franchement paroxystiques et sont précédées d'ondes alpha pointues à gauche.

II ÉPREUVES DE PERFORMANCE

a) Au test de Persévération de Zazzo, A manifeste dans toutes les épreuves un rendement homogène et se classe finalement au niveau du 4e décile.

b) Les caractéristiques principales de la courbe de travail de A obtenue lors de l'application de l'épreuve d'additions continues de Kraepelin adaptée par Pauli peuvent être résumées comme suit. Le rendement quantitatif est nettement supérieur à la moyenne. Il en va de même pour l'aspect qualitatif de sa performance étant donné le petit nombre d'erreurs et de corrections. L'accroissement maximal témoigne d'un effet notable de l'exercice. Le taux des oscillations est moyen et permet de conclure à la régularité de l'effort mental soutenu. Quant au résultat maximal qui se situe dans la 17e période, il indique que l'intéressé a judicieusement réparti ses efforts au cours de l'épreuve.

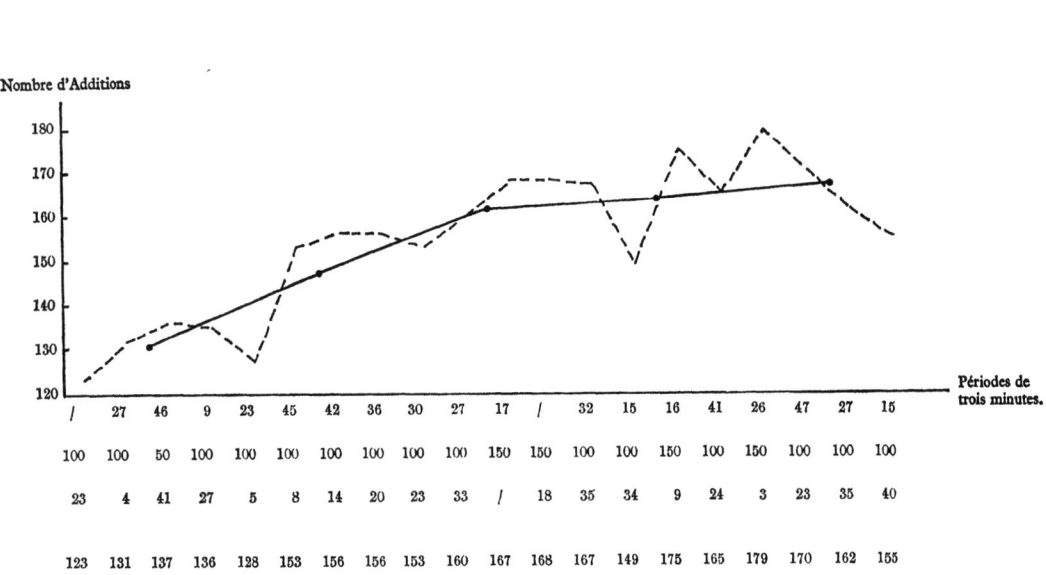

TEST DE PAULI

III QUESTIONNAIRES DE PERSONNALITÉ

a) Inventaire Maudsley de Personnalité d'Eysenck.

A l'échelle de facteur névrotique, A obtient une note de 15, ce qui, par rapport à un étalonnage belge de ce questionnaire ($\bar{m} = 24,0$; $= 10,73$), le situe à environ un écart-type en dessous de la moyenne. Par contre, à l'échelle d'extraversion une note de 33 le place à un écart-type au-dessus de la moyenne ($\bar{m} = 25,6$; $= 8,14$). On se trouve donc devant un résultat d'extraverti non névrotique.

b) Échelle de Névrose NSQ de Cattell.

Rappelons que la note totale fournie à ce questionnaire résulte de l'addition des notes obtenues à quatre composantes factorielles qui sont :

Facteur I : Surprotection, sensibilité émotionnelle cultivée de type « tender-mindedness ».

Facteur F : Sérieux, sobriété, inhibition et tendances dépressives.

Facteur E : Soumission, suggestibilité et dépendance.

Facteurs O, Q4 et C : Ceux-ci concernent respectivement les sentiments de culpabilité, la tension ergique résultant de frustrations et la faiblesse du moi ainsi que l'immaturité émotionnelle, dont le total permet d'apprécier le niveau d'anxiété d'un individu.

Les résultats obtenus par A peuvent être résumés dans le tableau suivant (normes de Cattell) :

	I	F	E	Anxiété	Total
Note brute	2	8	8	8	26
Note « Sten »	1	4	3	4	12

c) Échelle IPAT d'Anxiété de Cattell.

Le but que s'est fixé Cattell en élaborant ce questionnaire est de mesurer un facteur général de second ordre d'anxiété (U. I. 24) distinct du facteur de tendances névrotiques. Ses composantes peuvent être brièvement définies de la manière suivante :

–Q3 (Self-sentiment development). Ce facteur mesure le degré de motivation manifesté par un individu pour intégrer son comportement selon des normes socialement approuvées et une conscience de soi positive. La note obtenue à ce facteur permet d'apprécier le degré auquel l'anxiété d'un individu est liée à des habitudes et à une structure caractérielle socialement acceptées.

–C (Ego-Strength). Il s'agit ici du facteur représentant la force du moi, c'est-à-dire la capacité de contrôler les tensions ergiques et de les extérioriser par des voies appropriées.

–L (Protension or Paranoid Trend). Cette composante a trait à des attitudes méfiantes et interprétatives.

–O (Guilt-Pronenness). Cette composante représente les sentiments dépressifs de culpabilité.

–Q4 (Ergic tension). Ce facteur correspond à la tension anxieuse engendrée par des besoins insatisfaits.

A cette échelle d'anxiété, A obtint les résultats suivants :

		Note brute	Note « Sten »
Q3	Manque d'intégration de la personnalité	3	3
C	Manque de fermeté du Moi	5	7
L	Tendances paranoïdes	1	2.5
O	Propension aux sentiments de culpabilité	3	2
Q4	Tension ergique	2	2
		14	
	Correction pour l'âge	+ 2	
	Total	16	3

Le rapport de l'anxiété consciente à l'anxiété dite « cryptique que ce questionnaire peut également mettre en évidence est de 8/5 soit 1.33.

d) Inventaire Multiphasique de Personnalité du Minnesota (MMPI).

Étant donné l'abondance des informations fournies par ce questionnaire, les résultats obtenus par A aux différentes échelles seront groupés de la manière suivante :

1. Échelles de contrôle classiques et diverses autres échelles permettant d'apprécier les attitudes avec lesquelles le sujet a abordé l'épreuve ainsi que diverses caractéristiques pouvant influencer ses réponses.
2. Échelles classiques du MMPI avec leurs subdivisions en sous-échelles selon Harris et Lingoes [26] Pepper et Strong [27] et Wiener [28].
3. Échelles de contenu de Wiggins [29].
4. Échelles factorielles, échelles générales et indices.
5. Échelles d'intérêt criminologique.
6. Échelles spéciales de Personnalité.

[26] R. E. HARRIS, J. C. LINGOES, Subscales for the MMPI, An aid to profile interpretation, Mimeographed, San Francisco, Department of Psychiatry, University of California, 1955.
H. LINGOES, MMPI Factors of the Harris and the Wiener Subscales, Journal of Consulting Psychology, vol. 24, n° 1, 1960.

[27] L. J. PEPPER, P. N. STRONG, Jugmental Subscales for the Mf-Scale of the MMPI 1958, cité in W. D. Dahlstrom et G. S. Welsh.

[28] D. N. WIENER, Subtle and obvious Keys for the MMPI, Journal of Consulting Psychology, 1948, 12, 164-170.

[29] J. S. WIGGINS, Substantive dimensions of Self-Report in the MMPI item pool, Psychological Monographs 1966, 80, (22, N° 630).

Pour une définition et une interprétation détaillée, tant des échelles classiques que des nouvelles échelles du MMPI, nous renvoyons le lecteur aux ouvrages spécialisés [30].

Les résultats obtenus aux diverses échelles seront synthétisés de deux manières différentes. En ce qui concerne les échelles classiques du MMPI, nous utiliserons le procédé d'interprétation mis au point à la Mayo Clinic par J. S. Pearson et W. M. Swenson [31]. Afin de tirer parti des nombreuses nouvelles échelles qui ont été élaborées au cours des dernières années, nous présenterons la lecture automatique du MMPI effectuée par ordinateur selon la programme mis au point par Fowler [32].

1. *Échelles de contrôle classiques et échelles permettant d'apprécier les attitudes avec lesquelles le sujet a abordé l'épreuve, ainsi que diverses caractéristiques pouvant influencer ses réponses.*

Échelles	Note brute	Note T
L	9	67
F	5	55
K	17	59
F-K	12	38
B (Fricke 1957) Acquiescement	27	41
So-r (Edwards 1957) Comportement socialement souhaitable	33	64
Ds-r (Gough 1954) Dissimulation	4	45
Mp (Cofer, Chance, Judson 1949) Simulation positive	20	69
Dn (Little et Fisher 1958) Négation de symptômes	13	52
Cn (Cuadra 1953) Contrôle	18	32

[30] W. G. DAHLSTROM, G. S. WELSH, « An MMPI Handbook », University of Minnesota Press, 1965.
J. N. BUTCHER, MMPI, Research Developments and Clinical Applications, Mc Graw Hill, 1969.

[31] J. S. PEARSON, W. M. SWENSON, A User's guide to the Mayo Clinic Automated MMPI Program, New-York, 1967, The Psychological Corporation.

[32] R. D. FOWLER Jr., Automated Interpretation of Personality, Test Data, in J. N. Butcher *(op. cit.)*, chapitre 6.
R. D. FOWLER Jr., Computer Interpretation of Personality Tests, The Automated Psychologist, Comprehensive Psychiatry, vol. 8, N° 6, December 1967.
R. D. FOWLER Jr., The Current Status of Computer Interpretation of Psychological Tests, Am., Journal of Psychiatry, 125, 7, January 1969.

Échelle	Note brute	Note T
Ie (Gough 1957)		
Efficience Intellectuelle	32	60
Iq (Gough 1957)		
Quotient Intellectuel	46	63

2. *Échelles classiques du MMPI et sous-échelles.*

Hs		
Hypocondrie	8	65
D		
Dépression	20	58
DO (Wiener 1948)		
Réponses évidentes	7	44
DS (Wiener 1948)		
Réponses subtiles	13	57
D1 (Harris et Lingoes 1955)		
Dépression subjective	8	50
D2 (idem)		
Ralentissement psychomoteur	6	54
D3 (idem)		
Troubles physiques	4	50
D4 (idem)		
Obtusion mentale	3	52
D5 (idem)		
Rumination mentale	0	30
Hy		
Hystérie	21	58
HyO (Wiener 1948)		
Réponses évidentes	7	52
HyS (idem)	14	54
Hy1 (Harris et Lingoes 1955)		
Négation d'anxiété sociale	5	55
Hy2 (idem)		
Besoin d'affection	4	42
Hy3 (idem)		
Lassitude-malaises	4	60
Hy4 (idem)		
Plaintes somatiques	4	54
Hy5 (idem)		
Inhibition de l'agressivité	3	49
Cr (Rosen 1952)		
Réactions de Conversion	57	55
Pd		
Déviation Psychopathique	18	64

Échelle	Note brute	Note T
PdO (Wiener 1948)		
Réponses évidentes	9	57
PdS (idem)		
Réponses subtiles	9	52
Pd1 (Harris et Lingoes 1955)		
Discorde familiale	2	48
Pd2 (idem)		
Problèmes d'autorité	5	60
Pd3 (idem)		
Aplomb social	11	60
Pd4A (idem)		
Aliénation sociale	5	45
Pd4B (idem)		
Aliénation de soi	4	50
Mf		
Intérêts féminins	23	55
Mf1 (Pepper et Strong 1958)		
Sensibilité personnelle et émotionnelle	4	42
Mf2 (idem)		
Identification sexuelle	1	48
Mf3 (idem)		
Altruisme	6	61
Mf4 (idem)		
Identification à occupations féminines	8	60
Mf5 (idem)		
Rejet d'occupations masculines	5	44
Fe (Gough 1952)		
Féminité	7	50
Pa		
Paranoia	6	44
PaO (Wiener 1948)		
Réponses évidentes	2	44
PaS (idem)		
Réponses subtiles	4	45
Pa1 (Harris et Lingoes 1955)		
Idées de persécution	3	47
Pa2 (idem)		
Souffrance	2	50
Pa3 (idem)		
Naïveté	3	45
Pt		
Psychasthénie	4	46
Sc		
Schizophrénie	11	61

Échelle	Note brute	Note T
Sc1A (Harris et Lingoes 1955) Aliénation sociale	5	55
Sc1B (idem) Aliénation émotionnelle	1	35
Sc2A (idem) Absence de contrôle cognitif	2	54
Sc2B (idem) Absence de contrôle conatif	2	47
Sc2C (idem) Absence d'inhibition	1	47
Sc3 (idem) Expériences sensorielles bizarres	1	43
Sk (Harding, Holz, Kawakami 1958) Différenciation entre Schizophrénie et Troubles du Comportement	6	40
Ma Hypomanie	18	60
MaO (Wiener 1948) Réponses évidentes	6	52
MaS (idem) Réponses subtiles	12	57
Ma1 (Harris et Lingoes 1955) Amoralité	3	55
Ma2 (idem) Excitation psychomotrice	5	60
Ma3 (idem) Aplomb	5	57
Ma4 (idem) Inflation du Moi	3	54
Si Introversion Sociale	22	47

3. *Échelles de Contenu de Wiggins.*

HEA Préoccupations concernant l'état de santé	6	53
ORG Symptômes d'organicité	4	48
DEP Dépression	4	44
MOR Moral	5	47
AUT Conflits d'autorité	12	56
HOS Hostilité	5	41

Échelle	Note brute	Note T
FAM		
Conflits familiaux	5	54
FEM		
Intérêts féminins	13	53
PHO		
Anxiété phobique	1	38
PSY		
Symptômes psychotiques	5	44
HYP		
Hypomanie	8	39
SOC		
Anxiété sociale	7	46

4. *Échelles factorielles, échelles générales et indices.*

Échelle	Note brute	Note T
A (Welsh 1954)		
Premier facteur	6	40
R (Welsh 1954)		
Deuxième facteur	14	54
ES (Barron 1953)		
Force du Moi	49	59
AI (Welsh 1952)		
Indice d'anxiété	41	45
IR (Welsh 1952)		
Rapport d'intériorisation	0,92	44
At (Taylor 1953)		
Anxiété manifeste	17	50
Ne (Winne 1951)		
Névrosisme	6	49
AH (Welsh et Sullivan 1952)		
Index d'hostilité active	124	59
PAI (idem)		
Index d'hostilité passive	+6	60
FT (Beall et Panton 1957)		
Tolérance envers la frustration	1,17	65
Dom (Leary 1957)		
Domination	20	68 [33]
		100 [34]
Lov (idem)		53 [33]
Affiliation	1	57 [34]

[33] Note T calculée d'après les normes de T. Leary.
[34] Note T calculée d'après nos propres normes.

Échelle	Note brute	Note T
5. *Échelles d'intérêt criminologique.*		
Al (Hampton 1951) Alcoolisme	45	52
Am (Holmes 1953) Alcoolisme	29	52
De (Gough et Peterson 1952) Délinquance	5	62
Dq (Hathaway et Monachesi 1957) Délinquance	13	63
Hc (Schultz 1955) Contrôle de l'hostilité	6	47
Hv (Schultz 1955) Hostilité manifeste	5	50
Ho (Cook et Medley 1954) Hostilité	16	44
Wa (Tydlaska et Mengel 1953) Attitude envers le travail	9	50
Ap (Beall et Panton 1956) Adaptation pénitentiaire	17	62
Ec (Beall et Panton 1956) Tendance à l'évasion	10	40
Re (Clark 1948) Récidivisme	23	57
Pe (Toobert, Bartelme, Jones 1959) Pédophilie	5	40
Re (Gough, Mc Closky, Maehl 1952) Responsabilité sociale	23	57
6. *Échelles spéciales de personnalité.*		
Do (Gough, Mc Closky, Meehl 1951) Domination	16	55
Lp (Gough 1957) Aptitude à diriger	35	57
Dy (Navran 1954) Dépendance	12	42
Rp (Mc Clelland 1951) Aptitude à assumer un rôle	23	62
Rg-m (Cervin 1957) Rigidité	4	41
Sp (Gough 1952) Participation sociale	18	66

Échelle	Note brute	Note T
Ss (Nelson 1952) Statut socio-économique	64	64
St (Gough 1948) Statut social	25	66
Pr (Gough 1951) Préjugés	7	39
To (Gough 1957) Tolérance	23	64
Or (Gough 1957) Originalité	16	73
Py (Gough 1957) Intérêts Psychologiques	2	31

La synthèse des résultats obtenus par A aux échelles classiques du MMPI (L, F, R, Hs, D, Hy, Pd, Pa, Sc, Si), effectuée selon la méthode d'analyse de la Mayo Clinic peut être formulée comme suit :

« L'intéressé tent à se présenter sous des dehors favorables tant en ce qui concerne son respect des normes sociales, sa maîtrise de soi que sa moralité.

Il exprime un nombre de plaintes physiques légèrement supérieur à la moyenne et manifeste quelques préoccupations au sujet de ses fonctions corporelles et de sa santé physique.

Sa vue sur l'existence comporte un mélange d'optimisme et de pessimisme conforme à la moyenne. On peut le considérer comme un individu indépendant et assez peu conformiste. Tant en ce qui concerne son travail que ses activités de loisir ses intérêts sont ceux d'un homme normal.

L'intéressé est capable d'organiser son travail et sa vie personnelle. Ses intérêts l'orientent vers des sujets plutôt abstraits tels que la science, la philosophie et la religion. Il est probablement énergique et enthousiaste et témoigne d'intérêts variés. Mais il est possible qu'il soit quelque peu tendu et inquiet. »

Quant à la lecture par ordinateur d'après le programme mis au point par R. D. FOWLER, elle aboutit au protocole suivant :

« Le fait que ce patient n'est guère disposé à reconnaître les défauts relativement mineurs que la plupart des gens possèdent suggère qu'il est une personne dotée d'un intense besoin de se considérer lui-même et d'être perçu par autrui comme un individu exceptionnellement vertueux. De telles personnes ont tendance à se montrer rigides, défensives et inflexibles tout en adoptant une attitude moralisatrice et en soulignant leur propre intégrité. Ce sont des personnes frustrées, sujettes à des sentiments d'insécurité qui n'ont que peu de compréhension envers leurs propres problèmes et qui sont inconscientes de l'effet qu'elles produisent sur autrui. Il est douteux que ces tendances aient invalidé les résultats du patient au test, mais elles peuvent avoir eu pour effet de réduire les notes qu'il a obtenues aux échelles cliniques.

Il se peut que le passé de ce patient comporte des conduites socialement inacceptables et qu'il se soit montré incapable de faire face aux difficultés et aux responsabilités habituelles de la vie. Fréquemment de tels individus sont à même de contrôler leurs impulsions asociales, mais alors ils ont tendance à y substituer un style de vie amer et plaintif fait d'apitoiement sur soi. De toute manière on peut s'attendre à ce qu'il soit égocentrique, exigeant et préoccupé par des plaintes physiques. Quoiqu'il puisse réagir favorablement à une psychothérapie symptomatique de brève durée, il ne suivra probablement le traitement que de façon irrégulière et ne persévérera pas assez longtemps pour réaliser de véritables progrès.

Le mode de pensée de ce patient présente quelques aspects inusités pouvant être l'expression soit d'une orientation originale et inventive soit de certaines tendances schizoïdes. Des informations supplémentaires seraient nécessaires pour éclaircir ce point.

Il tend à manifester une certaine hyperactivité sur le plan de la pensée et de l'action. Il peut être agité, exagérément bavard, et, dans des situations frustrantes, devenir irritable, agressif et impulsif. L'expression normale de ce trait se marque par de l'enthousiasme, de l'énergie et de la persévérance dans la poursuite des buts.

Cet individu semble être une personne compétitive, ambitieuse, impétueuse et spontanée. Dans des situations sociales, il a tendance à être enthousiaste et franc. »

IV
DESCRIPTION DE PERSONNALITÉ

a) Échelles d'appréciation concernant A

Il s'agit de 11 échelles à 9 points utilisées par les surveillants du COP pour effectuer hebdomadairement des cotations sur le comportement des détenus en observation. Chacune d'entre elles est définies par un ensemble d'items concrets, mais nous nous contenterons ici de mentionner leurs caractéristiques polaires. Ce sont :

(1) Énergie – Apathie.
(2) Euphorie – Dysphorie.
(3) Excitabilité émotionnelle – Placidité.
(4) Contrôle – Impulsivité.
(5) Niveau d'aspiration élevé – Niveau d'aspiration bas.
(6) Domination – Soumission.
(7) Dépendance – Indépendance.
(8) Agressivité – Affiliation.
(9) Méfiance – Confiance.
(10) Extraversion – Introversion.
(11) Sympathie – Antipathie.

Cette dernière échelle a pour but de permettre aux observateurs d'exprimer leurs attitudes personnelles envers les individus étudiés. Alors que l'emploi des 10 premières échelles est régie par diverses règles destinées à rendre leur utilisation aussi objective que possible et que leur application fait l'objet d'un enseignement permanent, la dernière échelle offre la possibilité aux observateurs de se libérer de toute considération rationnelle et de se défouler affectivement à l'endroit des personnes qu'ils ont pour tâche d'apprécier.

Les cotations sont effectuées hebdomadairement par cinq surveillants travaillant de manière indépendante. C'est la cote moyenne qui est retenue comme donnée de base et les déviations marquées par rapport à celle-ci font périodiquement l'objet de discussions destinées à éclairer les raisons des divergences constatées. Ajoutons que des observations qualitatives concernant diverses conduites manifestées dans des situations bien définies sont effectuées quotidiennement et viennent compléter les cotations quantitatives.

La cotation de chaque échelle se fait en deux temps. Une première fois l'observateur parcourt toute la liste des individus et, pour chaque échelle, les cote « inférieur » (1, 2 ou 3), « moyen » (4, 5 ou 6) ou « supérieur » (7, 8 ou 9). Puis, échelle par échelle il passe une nouvelle fois les différents individus en revue et soumet chaque terme de la trichotomie à laquelle il a abouti à une nouvelle subdivision en inférieur, moyen et supérieur de manière à traduire son appréciation finale sur une échelle à neuf points.

On trouvera dans les graphiques suivants (pages 160, 161), les cotations hebdomadaires moyennes attribuées par cinq observateurs indépendants à A au cours de 25 semaines consécutives.

On notera la remarquable stabilité des cotes dont les moyennes générales peuvent être comparées aux moyennes obtenues pour 81 individus observés au COP (cfr. tableau 19).

TABLEAU 19

Échelles de Cotation	A	Différence	Groupe de comparaison (n = 81)	
			$\bar{m}$	σ
1. Énergie	6,4	+ 2,3	4,1	0,65
2. Euphorie	5,8	+ 1,2	4,6	1,61
3. Excitabilité émotionnelle	4,6	— 0,1	4,7	0,56
4. Contrôle	6,9	+ 2,3	4,6	1,72
5. Niveau d'aspiration	6,7	+ 1,6	4,9	1,35
6. Domination	6,1	+ 1,7	4,4	1,82
7. Dépendance	4,5	0	4,5	1,58
8. Agressivité	4,5	— 0,1	4,6	1,58
9. Méfiance	5,5	+ 0,9	4,6	2,00
10. Extraversion	5,4	+ 1,1	4,3	1,84
11. Sympathie	4,9	+ 1,0	3,9	1,46

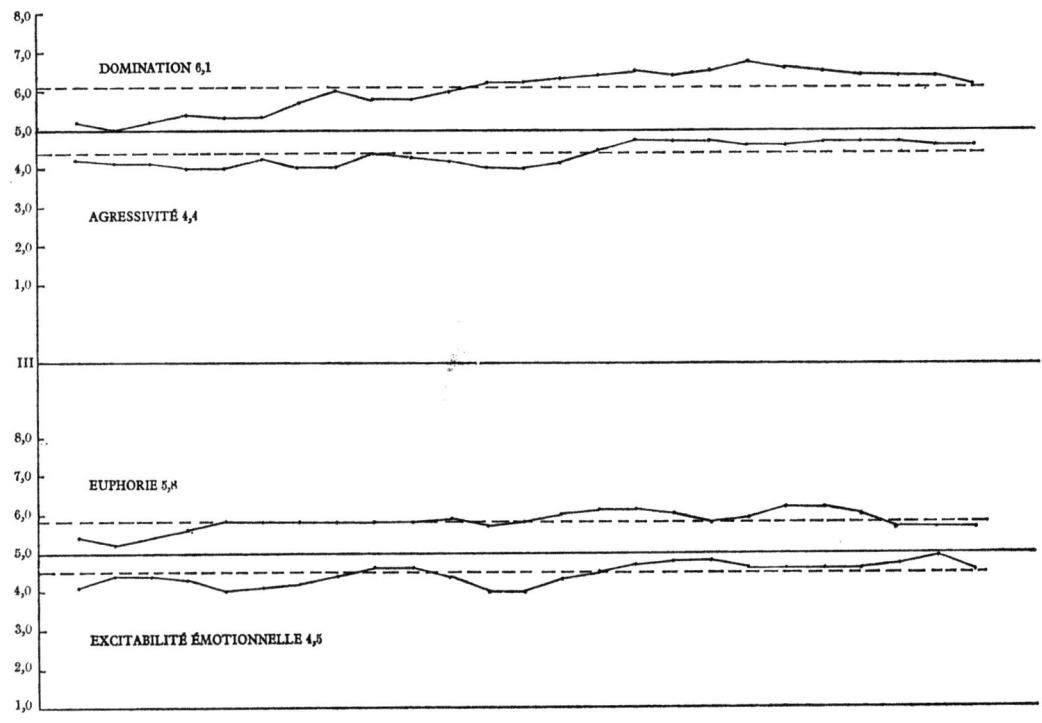

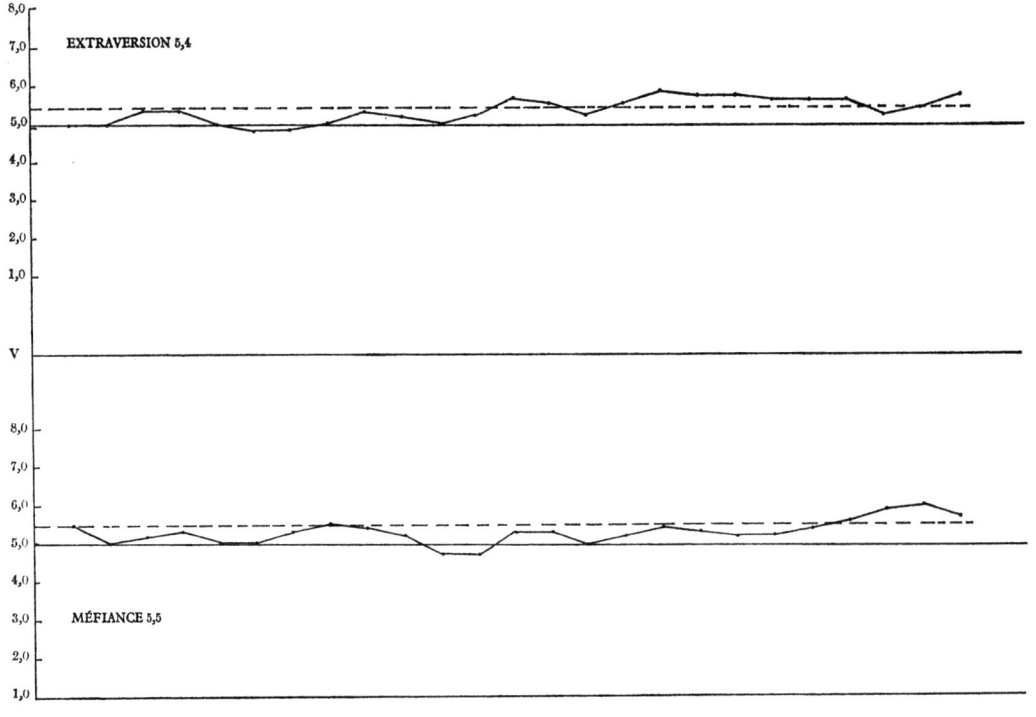

DONNÉES COMPLÉMENTAIRES SUR LE CAS A   161

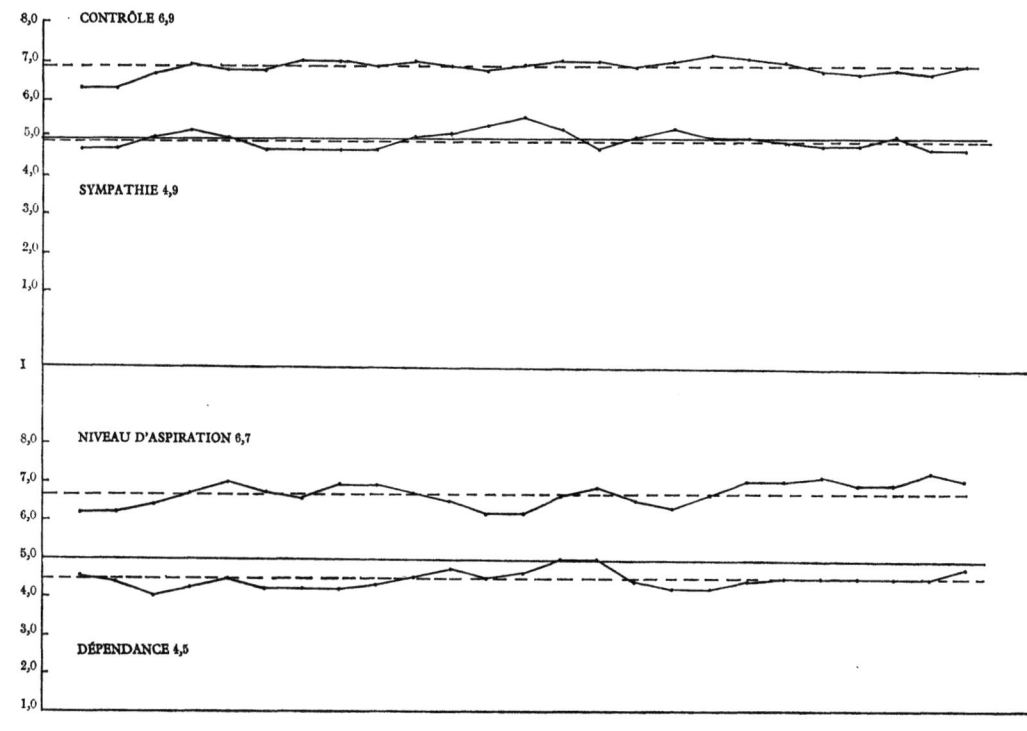

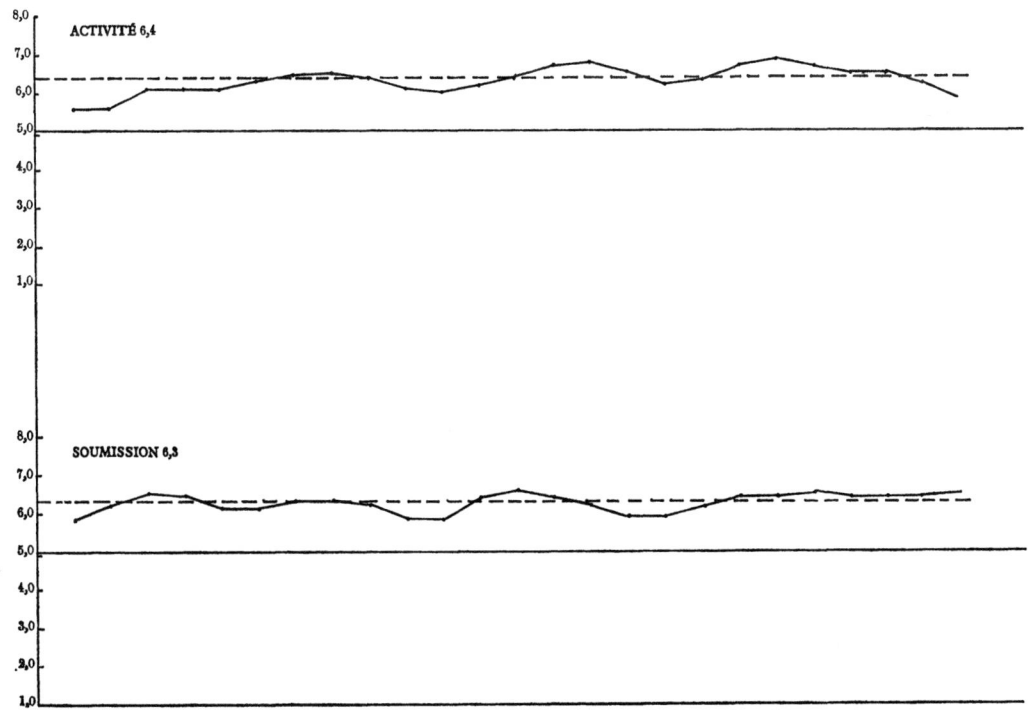

Comme on peut facilement s'en apercevoir, c'est surtout par son énergie, par la tonalité de son humeur, par l'aspect contrôlé de son comportement ainsi que par sa tendance à la domination sociale que A se distingue de manière très prononcée des autres détenus.

L'interprétation de ces données est facilitée par la prise en considération des corrélations existant entre ces différentes échelles. Comme l'indique la partie supérieure droite du tableau 20, il existe d'importantes corrélations entre l'échelle de sympathie et diverses autres échelles. Ainsi, les corrélations entre sympathie et énergie, euphorie, contrôle et niveau d'aspiration atteignent respectivement les valeurs de + .53, + .58, + .62 et + .44. Par contre, les corrélations entre sympathie d'une part et excitabilité émotionnelle, agressivité et méfiance d'autre part sont négatives (— .42, — .47, — .39). Il en découle que la sympathie des surveillants va aux détenus actifs, de bonne humeur, capables de se contrôler, qui ont tendance à se poser des exigences à eux-mêmes et qui en outre témoignent de placidité, d'amabilité et de confiance. Or, cet ensemble de qualités n'est rien d'autre que le stéréotype du « parfait détenu » tel que le conçoivent les surveillants. C'est la raison pour laquelle, étant donné l'importance des corrélations existant entre l'échelle de sympathie et les autres échelles, il est indispensable de tenir compte de l'influence des jugements de sympathie sur l'ensemble des corrélations obtenues. C'est ce qui a été fait en calculant les corrélations partielles entre les différentes échelles par rapport à l'échelle de sympathie. En comparant la moitié inférieure gauche du tableau 20, où l'on trouve les coefficients de corrélation partiels, avec la moitié supérieure droite du même tableau

TABLEAU 20

	Énergie	Euphorie	Excit. émotion.	Contrôle	Niveau d'aspiration	Domination	Dépendance	Agressivité	Méfiance	Extraversion	Sympathie
Énergie	—	+ .67	+ .17	+ .18	+ .55	+ .55	+ .21	+ .14	— .15	+ .49	+ .53
Euphorie	+ .53	—	— .18	+ .17	+ .34	+ .28	+ .47	— .22	— .61	+ .48	+ .58
Excit. émotion.	+ .51	+ .08	—	— .54	+ .04	+ .66	+ .19	+ .45	+ .45	+ .59	— .42
Contrôle	— .22	— .30	— .39	—	+ .69	— .02	— .47	— .54	— .03	— .33	+ .62
Niveau d'aspir.	+ .42	+ .13	+ .28	+ .59	—	+ .62	— .18	+ .04	+ .05	+ .32	+ .44
Domination	+ .65	+ .35	+ .73	— .01	+ .69	—	+ .20	+ .68	+ .15	+ .78	— .007
Dépendance	+ .26	+ .59	+ .20	— .59	— .19	+ .20	—	+ .18	— .36	+ .53	— .02
Agressivité	+ .52	+ .07	+ .95	— .35	+ .31	+ .76	+ .20	—	+ .47	+ .58	— .47
Méfiance	+ .07	— .51	+ .36	+ .29	+ .26	+ .16	— .40	+ .35	—	— .14	— .39
Extraversion	+ .65	+ .67	+ .60	— .34	+ .41	+ .78	+ .53	+ .60	— .20	—	— .10

on peut se rendre compte de la portée des modifications résultant de cette manière de contrôler l'influence des jugements de sympathie.

L'ordre de grandeur et la nature de celles-ci sont tels qu'il est avantageux d'effectuer une analyse factorielle sur la matrice des coefficients de corrélations partiels. C'est ainsi qu'une analyse centroïde permet la mise en évidence de trois facteurs qui rendent compte respectivement de 43 %, de 23 % et de 14 % de la variance. Les autres facteurs ne satisfaisant pas aux critères de

C. BURT et C. BANKS [35] n'ont pas été retenus.

La comparaison des saturations indiquées au tableau permet d'interpréter le premier facteur comme reflétant une dimension

TABLEAU 21

	F1	F2	F3	h^2
1. Énergie	+ .73	+ .03	— .16	0,56
2. Euphorie	+ .51	— .55	— .47	0,78
3. Excitabilité émotionnelle	+ .82	+ .22	+ .46	0,93
4. Contrôle	— .35	+ .70	— .53	0,89
5. Niveau d'aspiration	+ .46	+ .63	— .53	0,90
6. Domination	+ .89	+ .29	— .16	0,90
7. Dépendance	+ .42	— .63	— .02	0,95
8. Agressivité	+ .83	+ .25	+ .44	0,58
9. Méfiance	+ .05	+ .68	+ .34	0,57
10. Extraversion	+ .89	— .21	— .22	0,88
% Variance :	43 %	23 %	14 %	

du comportement que l'on peut qualifier de compétition. En effet il possède de fortes saturations en « domination » et « agressivité » et, comme l'ont montré les études consacrées par LEARY [36] et par LORR et Mc NAIR [37] à l'évaluation de relations interpersonnelles, le mode de relation compétitif résulte d'une composante sociale (Domination) et d'une composante affective (agressivité). Par ailleurs les saturations élevées en « extraversion », « excitabilité émotionnelle » et « énergie » que comporte ce premier facteur ne peuvent que confirmer l'interprétation de celui-ci comme facteur d'attitude compétitive.

Quant au deuxième facteur, dont les saturations positives intéressent les échelles de contrôle (+ .70), méfiance (+ .68) et niveau d'aspiration (+ .63) et qui est caractérisé par des saturations négatives en dépendance (— .63) et en euphorie (— .55),

[35] C. BANKS et C. BURT, The reduced correlation matrix, British Journal of Statistical Psychology, 1954, 7, 107, 117.
C. BURT, Tests of significance in Factor Analysis, British Journal of Psychology Statistical Section, 1952, 5, 109-133.
[36] T. LEARY, Interpersonal Diagnosis of Personality, New-York, 1957.
[37] M. LORR et M. D. Mc. NAIR, « An interpersonal behavior Circle », Journal of abnormal and social Psychology, 1963, 67, 68-75.
M. LORR et M. D. Mc. NAIR, « Expansion of the Interpersonal behavior circle », Journal of Personality and Social Psychology, 1965, 2, 823-830.

il suggère l'existence d'une dimension bipolaire dont contrôle et immaturité constitueraient les deux pôles opposés.

Le troisième facteur est saturé à son pôle positif, par les échelles d'agressivité (+ .44), d'excitabilité émotionnelle (+ .46) et de méfiance (+ .34), alors qu'au pôle négatif ce sont les échelle de contrôle (— .53), de niveau d'aspiration (— .53) et d'euphorie (— .47) qui possèdent les plus fortes saturations. L'opposition qui apparaît ici est celle existant entre une attitude d'hostilité paranoïde et une attitude de collaboration confiante.

Cette analyse ne permet pas seulement de préciser la nature des échelles utilisées ainsi que les types de problèmes caractériels que manifestent les individus examinés au COP. Le calcul des notes factorielles obtenues par A offre en outre la possibilité de le situer dans l'espace tridimensionel défini par les trois facteurs.

Les 3 notes factorielles standard de A sont respectivement :

F_1 : + 0,34 σ
F_2 : + 1,36 σ
F_3 : — 1,16 σ

Par rapport à la population de détenus étudiés au COP, A apparaît donc comme un individu relativement peu engagé dans des relations de compétition, extrêmement bien contrôlé et ne témoignant que fort peu d'hostilité paranoïde.

b) Autodescription de A et description par A de son père, de sa mère et de son épouse.

L'instrument qui fut utilisé pour permettre à A de se décrire lui-même ainsi que son épouse, son père et sa mère est la « Check-List » interpersonnelle mise au point par R. LAFORGE et R. SUCZEK et dont T. LEARY fait usage dans sa conception du diagnostic interpersonnel de la Personnalité.

Il s'agit de 16 caractérisations des relations interpersonnelles qu'un individu peut entretenir avec autrui qui, groupées par paires (AP, BC, DE etc... cfr. pages 165 et 166), constituent les octants d'un cercle autour duquel les variables interpersonnelles peuvent être ordonnées. L'application d'une formule trigonométrique fort simple permet alors d'exprimer les valeurs obtenues pour chaque octant en fonction des deux axes fondamentaux du système des variables interpersonnelles : Domination – Soumission et Affiliation – Hostilité. Ce résultat final est exprimé en note T par un point situé dans le plan du cercle interpersonnel.

On trouvera pages 165 et 166 le résultat des descriptions fournies par A concernant son Moi réel et son Moi idéal ainsi que la représentation qu'il donne de son père, de sa mère et de son épouse. On notera que, dans chaque octant, ce sont les valeurs brutes qui sont indiquées alors que les points correspondants à une personne sont exprimées en échelle T.

Alors que le « Moi réel » de A est localisé dans l'octant 1 (AP) M1, son « Moi idéal » occupe une position extrême dans l'octant 8 (NO) M2. Ce résultat concorde bien avec celui que l'on obtient en utilisant les indices dérivés des échelles du MMPI au moyen desquels T. LEARY évalue la position d'un individu sur les deux axes de Domination - Soumission et Affiliation - Hostilité (M3 page 166).

Le degré auquel un individu manifeste des relations interpersonnelles de domination ou de soumission est calculé à partir de l'indice

Ma − D + Hs − Pt = D.

Par contre, l'importance des relations interpersonnelles basées sur l'amitié ou l'hostilité est calculée au moyen de l'indice

K − F + Hy − Sc = L.

Chez A, on trouve pour ces deux indices :
60 − 58 + 64 − 46 = 20 = D.
59 − 55 + 58 − 61 = 1 = L.

Ce qui, en notes T donne :
D = 68   A = 53

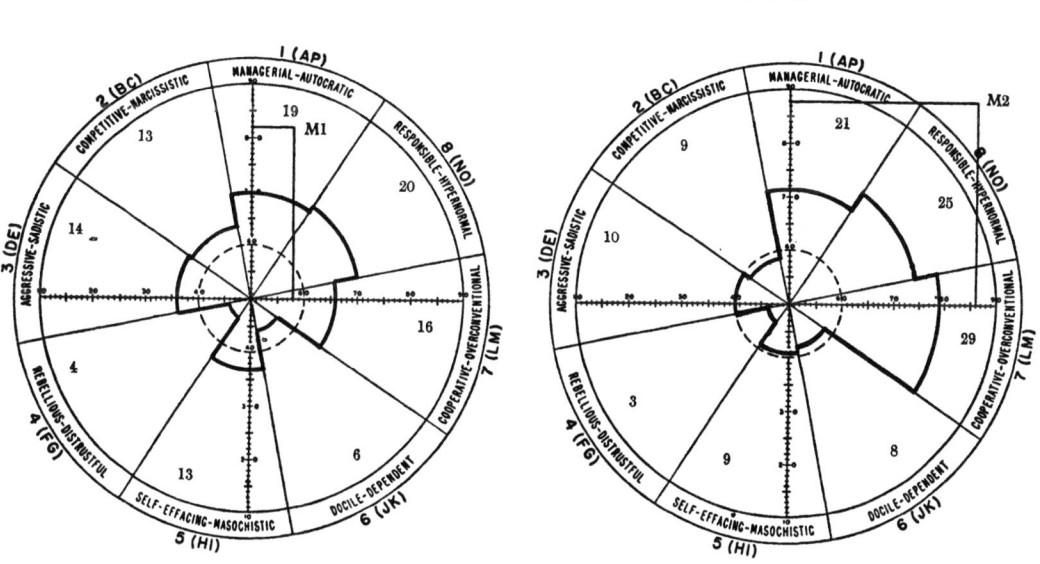

Sans doute le résultat auquel aboutit l'autodescription du « Moi réel » est-il plus élevé que celui qui découle des indices du MMPI. Mais il est remarquable que les deux points se situent pour ainsi dire sur une même droite.

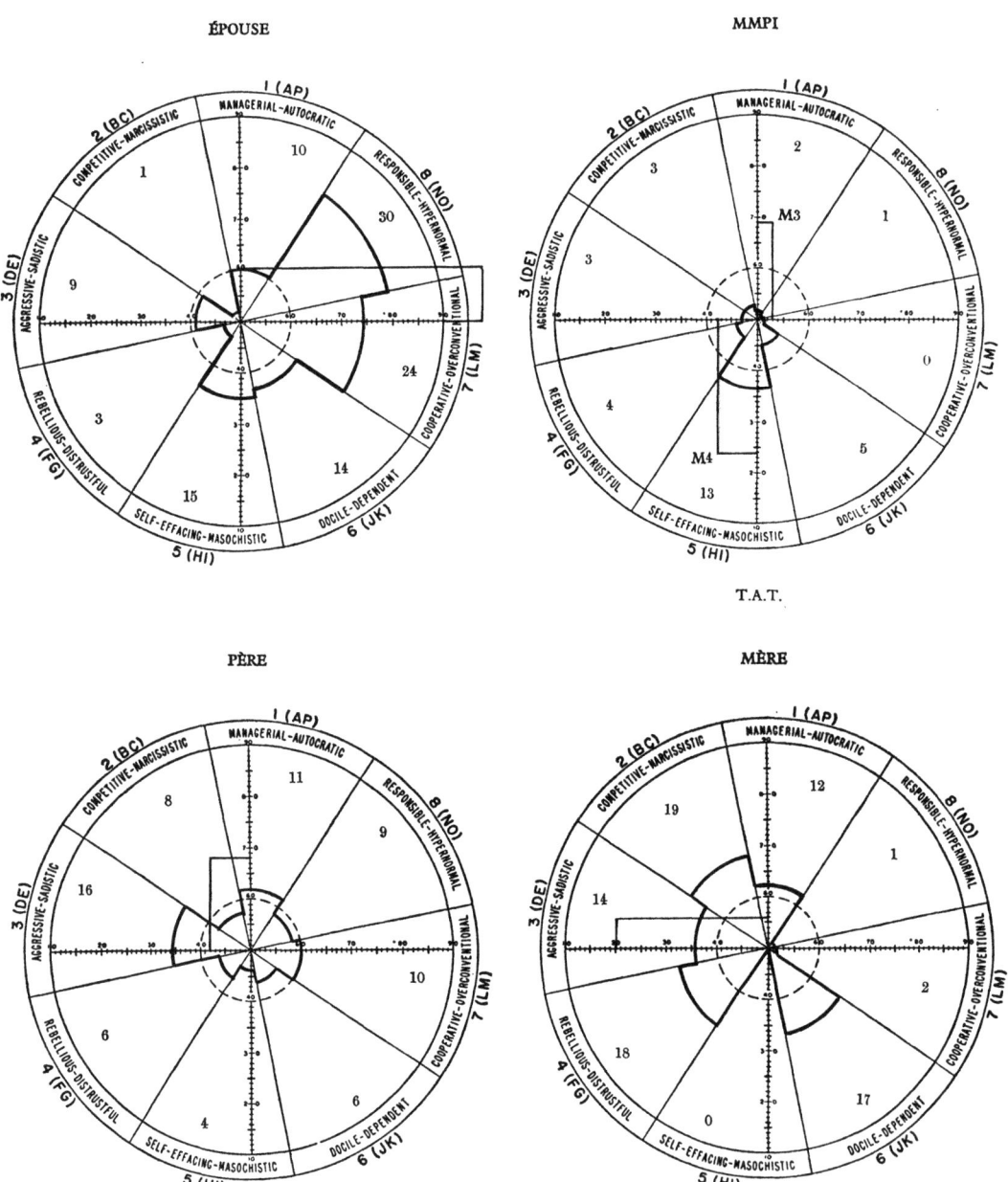

Outre le fait que l'épouse fait l'objet d'une description extrêmement favorable et conventionnelle on notera les différences entre les deux parents.

c) Test du répertoire de rôles de KELLY (Role Repertory Test).

Cette épreuve ne fournit pas des descriptions de personnalité à proprement parler. Il est néanmoins intéressant de comparer les résultats qu'elle a fournis avec les données que nous venons de passer en revue, étant donné qu'elle a pour but d'analyser la manière dont un individu conceptualise les personnes significatives de son entourage. Rappelons brièvement que le sujet a pour première tâche de concrétiser et d'individualiser une série de définitions de rôles qui lui sont soumises en indiquant quels sont les individus qui, à ses yeux, ont assumés ces rôles dans son existence. Une fois cette liste établie, des triades de personnages constituées suivant un plan préétabli par l'examinateur sont présentées au sujet avec la consigne de désigner deux des trois personnes ayant une caractéristique en commun qui les oppose à la troisième. Lorsque le classement a été opéré et que les descriptions correspondantes ont été notées, il est demandé au sujet d'indiquer à quelles personnes, autres que celles envisagées dans la triade initiale, la caractérisation commune aux deux individus de la triade considérés comme semblables peut être généralisée.

Si l'on ordonne les définitions de rôles et leur individualisation horizontalement et si l'on inscrit verticalement sous celles-ci les rangées contenant le résultat des opérations effectuées sur des triades successives, on obtient une matrice dont le nombre de cases est égal au produit du nombre de définitions de rôle par le nombre de triades et de généralisations utilisées. Chaque élément de cette matrice est dichotomique c'est-à-dire qu'il correspond à l'application ou à la non-application d'un concept à une personne.

Cette matrice peut alors être soumise à un type d'analyse factorielle non paramétrique mis au point par G. KELLY. Afin de ne pas surcharger notre exposé de détails techniques, nous renvoyons le lecteur à la version abrégée que KELLY a donnée de sa méthode ainsi qu'à l'ouvrage de D. BANNISTER et J. M. M. MAIR [38] qui ont envisagé les différentes possibilités d'utilisation de cet ingénieux procédé. Disons simplement que l'analyse peut emprunter deux directions. D'une part on peut chercher à mettre en évidence les groupements des polarités conceptuelles utilisées par le sujet au cours d'une vingtaine ou d'une trentaine d'opérations de classement effectuées sur autant de triades différentes. C'est ici que l'on voit apparaître les concepts fondamentaux dont se sert un individu pour caractériser autrui. Mais d'autre part on peut — en considérant la matrice verticalement — s'intéresser aux ressemblances entre les personnes que le sujet a comparés. Il arrive en effet très fréquemment qu'apparaissent des « personnes généralisées » groupant plusieurs individus. Mais surtout, étant donné que le sujet de l'épreuve se trouve inclus parmi les définitions de rôle, il devient possible d'étudier le degré de ressemblance qu'il s'attribue avec les autres personnages. De ce fait on dispose d'une bonne définition opérationnelle de l'identification.

Chez A, ce sont deux facteurs bipolaires qui rendent compte

---

[38] D. BANNISTER et J. M. M. MAIR, « The Evaluation of personal constructs », Academic Press, London and New-York, 1968.

de sa façon de catégoriser les personnes de son entourage. Le premier facteur est caractérisé par les oppositions suivantes :
1. Jovial, animé – Rigide, guindé.
2. Aimant les enfants – Sévère.
3. Intérêts diversifiés – Intérêts centrés sur la profession.
4. Détendu, s'exprimant facilement – Taciturne.
5. Vit et laisse vivre – Égocentrique.

Quant au deuxième facteur, il est défini par les polarités que voici :
1. Conservateur – Intéressé par tout ce qui est neuf.
2. Renfermé – Ouvert.
3. Incapable d'avoir une discussion sérieuse – Sérieux s'il le faut.

Les identifications positives et négatives sont claires et nettes. Ainsi il s'identifie de manière très prononcée à une de ses tantes dont il admire la vie conjugale très réussie, à son épouse, et à son grand-père maternel. Par contre, il s'identifie négativement à un de ses anciens supérieurs, un capitaine de gendarmerie qui a fait une carrière rapide, ainsi qu'à sa mère. En ce qui concerne son père, il s'identifie négativement à lui, mais le degré de discordance entre sa conceptualisation de soi et celle de son père n'est pas statistiquement significatif.

V ÉPREUVES PROJECTIVES

a) Phrases incomplètes de Sacks et Levy.

Pour la commodité du lecteur, nous grouperons les réponses de A par thème.

– Père :
1. Je sens que rarement mon père EST INTIME AVEC MOI.
2. Si seulement mon père voulait, il POURRAIT ENCORE GUÉRIR.
3. Je souhaite que mon père PUISSE RAPIDEMENT GUÉRIR.
4. Je sens que mon père PASSE PAR UNE MAUVAISE PÉRIODE.

– Mère :
1. Ma mère JE L'AIME.
2. Ma mère et moi SOMMES DE BONS AMIS.
3. Je pense que la plupart des mères FONT TOUT CE QU'ELLES PEUVENT POUR ÊTRE DE BONNES MÈRES.
4. J'aime ma mère mais IL N'Y A PAS DE MAIS.

– Famille :
1. Comparée à la plupart des familles, la mienne est MEILLEURE.
2. Ma famille me traite comme SI JE N'AVAIS JAMAIS RIEN FAIT DE MAL.
3. La plupart des familles que je connais SONT DES « FAMILLES ».
4. Lorsque j'étais enfant, ma famille ME DORLOTAIT.

– Femmes :
1. Mon idée d'une femme parfaite DANS LA CUISINE ET À LA MAISON UNE SERVANTE, DANS LA RUE UNE DAME ET AU LIT SANS GÊNE.

2. Je pense que la plupart des jeunes filles AIMENT SE RENDRE BELLES.
3. Je crois que la plupart des femmes SONT BONNES.
4. Ce que j'aime le moins chez les femmes C'EST LEUR MANIÈRE DE SE FARDER.

– Sexualité :

1. Lorsque je vois un homme et une femme ensemble, IL M'ARRIVE DE PENSER À MON MARIAGE.
2. Mon opinion concernant la vie conjugale est QU'IL FAUT SE COMPRENDRE MUTUELLEMENT.
3. Si j'avais des relations sexuelles, MON DÉSIR SERAIT APAISÉ.
4. Ma vie sexuelle me PARAÎT ÊTRE LA CHOSE PRINCIPALE.

– Amis :

1. Je pense qu'un véritable ami DOIT ÊTRE EN MÊME TEMPS UN PÈRE ET UNE MÈRE.
2. Je n'aime pas les gens QUI SONT VANTARDS.
3. Les gens que je préfère sont MA FEMME ET MES ENFANTS.
4. Lorsque je suis absent, mes amis DEMANDENT DE MES NOUVELLES.

– Supérieurs :

1. Les hommes qui sont mes supérieurs JE LES RESPECTE.
2. A l'école mes professeurs SOUVENT EMBÊTÉ [39].
3. Lorsque je vois le patron arriver, JE CESSE DE TRAVAILLER ET JE LE SALUE.
4. Les hommes que je considère comme mes supérieurs DOIVENT PROUVER QU'ILS SONT DES CONNAISSEURS D'HOMMES, LES AUTRES JE LES ACCEPTE COMME TELS.

– Collègues :

1. Au travail je m'entends le mieux AVEC MES CAMARADES DE TRAVAIL.
2. Les personnes avec lesquelles je travaille SONT DE BRAVES GENS.
3. J'aime travailler avec des gens qui S'EXPRIMENT SPONTANÉMENT.
4. Généralement les gens qui travaillent avec moi ME PLAISENT.

– Subordonnés :

1. Si j'étais chef D'UNE FIRME OU D'UN GROUPE D'OUVRIERS J'EXIGERAIS QUE L'ON TRAVAILLE.
2. Si des gens travaillent pour moi JE DÉSIRE LES RÉCOMPENSER POUR LEURS PRESTATIONS.
3. Les gens qui travaillent pour moi JE LES RÉCOMPENSERAIS POUR LEURS PRESTATIONS.
4. Lorsque je donne des ordres à d'autres JE SUIS HEUREUX.

[39] Réponse incomplète, signifiant : « je les ai souvent embêtés ».

— Aptitudes :
1. Lorsque le sort m'est défavorable JE PRÉFÈRE QU'ON NE VIENNE PAS M'ENNUYER AVEC AUTRE CHOSE QUE CE QUI ME PRÉOCCUPE.
2. Je crois que j'ai des aptitudes pour LE COMMANDEMENT.
3. Ma plus grande faiblesse est D'ÊTRE TROP IMPULSIF.
4. Lorsque la chance se tourne contre moi JE ME RÉSIGNE.

— Passé :
1. Lorsque j'étais enfant J'AIMAIS DE FAIRE DES CHOSES INTERDITES.
2. Avant la guerre J'ÉTAIS ENCORE TRÈS PETIT.
3. Si je pouvais redevenir plus jeune ET SAVOIR CE QUE JE SAIS JE M'Y PRENDRAIS AUTREMENT.
4. Mon souvenir d'enfant le plus net EST UNE SCÈNE D'HIVER. (Cfr. Épisode 1).

— Avenir :
1. L'avenir me paraît BON.
2. Je m'attends à ce que JE SOIS RAPIDEMENT LIBÉRÉ.
3. Un de ces jours [40]
4. Lorsque je serai plus vieux JE SERAI PLUS INTELLIGENT.

— Buts :
1. J'ai toujours désiré OCCUPER UNE POSITION DE PRESTIGE DANS LA SOCIÉTÉ.
2. Je pourrais être parfaitement heureux si J'ÉTAIS SORTI DE PRISON.
3. Mon ambition secrète dans la vie EST DE REPRENDRE MON ANCIENNE PLACE DANS LA SOCIÉTÉ — CE QUI EST ÉVIDEMMENT IMPOSSIBLE.
4. Ce que je désire le plus recueillir dans la vie C'EST LE BONHEUR.

— Craintes :
1. Je sais que c'est ridicule, mais j'ai peur de LA PRISON.
2. La plupart de mes amis ne savent pas que j'ai peur de LA PRISON.
3. Je souhaiterais me débarrasser de la peur D'ÊTRE ENCORE LONGTEMPS DÉTENU.
4. Mes peurs me forcent parfois à [41].

— Culpabilité :
1. Je ferais n'importe quoi pour oublier le temps où J'ÉTAIS DÉTENU.
2. Ma plus grande erreur a été DE CRAINDRE DE FAIRE CONNAÎTRE MA SITUATION AU MONDE EXTÉRIEUR.
3. Lorsque j'étais plus jeune je me sentais coupable de NE PAS ÉTUDIER SUFFISAMMENT.
4. La pire chose que j'aie jamais faite A ÉTÉ DE RENIER MA PROFESSION DE GENDARME.

[40] Absence de réponse.
[41] Absence de réponse.

b) Phrases incomplètes de Rotter et Rafferty.

1. J'aime ma FEMME ET MES ENFANTS.
2. Le moment le plus heureux SERA CELUI DE MA LIBÉRATION.
3. Je veux savoir CE QUI M'ATTEND.
4. De retour à la maison TOUTE LA FAMILLE SE RÉJOUIRA.
5. Je regrette MES AGISSEMENTS QUI ONT EU TOUT CECI POUR CONSÉQUENCE.
6. Au moment d'aller me coucher JE PENSE À MA FAMILLE.
7. Les jeunes gens PENSENT TROP PEU À LEUR AVENIR.
8. Le meilleur C'EST UN FOYER HEUREUX.
9. Ce qui m'ennuie C'EST DE NE PAS SAVOIR QUAND JE SERAI LIBÉRÉ.
10. On DOIT SE SUPPORTER MUTUELLEMENT.
11. Une maman DOIT AIMER SES ENFANTS.
12. Je ressens LE MAL DU PAYS.
13. Ma plus grande peur EST DE PERDRE UN MEMBRE DE MON FOYER.
14. A l'école J'ÉTAIS UN ÉLÈVE MOYEN.
15. Je ne peux PLUS MENTIR.
16. Les sports SONT UN BEAU PASSE-TEMPS.
17. Quand j'étais enfant J'ÉTAIS INSOUCIANT.
18. Mes nerfs TIENNENT LE COUP.
19. Les gens PENSENT TROP PEU À LEUR PROCHAIN.
20. Je souffre DE MA DÉTENTION.
21. J'ai échoué EN TANT QU'HOMME MAIS J'AI BEAUCOUP APPRIS.
22. La lecture EST UNE BONNE CHOSE LORSQU'ELLE S'ADRESSE À DE BONS LIVRES.
23. Mon esprit EST TOUJOURS PRÈS DE MA FAMILLE.
24. L'avenir JE VOUDRAIS DÉJÀ POUVOIR L'ENTAMER.
25. J'ai besoin D'AIDE.
26. Le mariage EST LA PLUS BELLE CHOSE SUR TERRE.
27. Je me sens le mieux LORSQUE JE REÇOIS DES NOUVELLES DE MA FAMILLE.
28. Quelquefois JE VEUX M'OPPOSER À TOUT.
29. Ce qui me peine C'EST « QUAND VIENDRA LE JOUR ? »
30. Je déteste LES VANTARDS.
31. Cet emploi JE L'ACCEPTE S'IL ME PARAÎT FAVORABLE.
32. Je suis D'UN NATUREL TRÈS CALME.
33. Le seul ennui C'EST L'ASSAINISSEMENT DE MES FINANCES.
34. Je désire RAPIDEMENT UNE SOLUTION.
35. Mon père EST UN BRAVE HOMME.
36. En secret JE FUMAIS LORSQUE J'ÉTAIS JEUNE.
37. Je J'AIME LA VIE.
38. La danse ME PLAÎT.
39. Mon plus grand souci est MA FAMILLE.
40. La plupart des femmes SONT SÉRIEUSES.

c) T. A. T.

Dans le texte des histoires inventées aux planches du T. A. T. on trouvera les lettres de code désignant les diverses relations interpersonnelles du héros. Le procédé adopté est celui recommandé par T. Leary (*op. cit.*, p. 145) et le résultat obtenu est représenté page 166 (M4). Quant au codage des relations interpersonnelles, il peut être résumé comme suit :

A. Thèmes de pouvoir : Puissance, commandement, direction, autorité.

B. Thèmes de Narcissisme : Indépendance, Expression de soi, Supériorité, lutte pour le pouvoir.

C. Thèmes d'Exploitation : Séduction, Viol, Rejet, Privation, Égocentrisme.

D. Thèmes d'Hostilité primitive : Punition, Brutalité, Disputes, Menaces.

E. Thèmes d'Hostilité pure : Agression, Lutte, Colère, Meurtre.

F. Thèmes d'activité non conventionnelle : Rebellion, Résistance passive, Jalousie, Ressentiment.

G. Thèmes de déprivation : Méfiance, désappointement, Rejet.

H. Thèmes Masochistes : Suicide, Retrait, Culpabilité, Autopunition, Peur, Anxiété, Fuite.

I. Thèmes de Faiblesse : Obéissance, Soumission, Inconscience, Indécision, Ambivalence, Passivité, Maladie.

J. Thèmes de Conformité : Docilité, Demande d'avis, d'aide et de conseil, Adhésion.

K. Thèmes de Confiance : Gratitude, Attachement, Bonne chance, Dépendance.

L. Thèmes de collaboration et de sociabilité : Adaptation, bonne entente, fin heureuse, compréhension.

M. Thèmes d'amour pur : affiliation, Mariage, amitié.

N. Thèmes de tendresse : Pitié, soutien, encouragement, gentillesse.

O. Thèmes de générosité : Aide, soins, traitement, prise en charge, Don.

P. Thèmes de succès : Héroïsme, popularité, réussite, sagesse, explication, enseignement.

I (1)

C'est un jeune homme qui rêve de devenir violoniste. Il suivra des leçons chez un professeur et après des années d'études et d'exercices il deviendra un bon musicien (P).

C'est peut-être à un problème musical qu'il pense maintenant. Arrivé à un certain point il est incapable de jouer certaines notes; il joue faux. Il raisonne et en cherche la cause (I). Il demandera conseil à son professeur (J) et il suivra le mieux possible les conseils qui lui seront donnés (J).

A le voir là, le problème paraît insoluble et il semble abandonner (H).

Après un moment, il y retournera et recommencera à chercher (J).

II (2)

Il y a une différence entre ces deux femmes : l'une reste attachée à l'agriculture, aux vieilles idées alors que l'autre projette de continuer à étudier afin d'améliorer l'agriculture par ses études. Celle qui étudie obtiendra de meilleurs résultats (P).

C'est une famille de paysans dont la fille... pardon, dont les parents désirent éviter qu'elle doive travailler à la ferme. Ils ne veulent pas qu'elle éprouve les peines et la vie dure qu'eux-mêmes mènent.

Ces gens se sacrifieront pour ne pas devoir compter sur son aide.

III (3 BM)

C'est une personne désespérée. Elle a du chagrin à cause de ce qui lui est arrivé. Peut-être a-t-elle été malchanceuse en amour et est-elle déçue (H).

Elle a appris qu'elle n'était pas la seule (G) et c'est pourquoi elle est plongée dans le désespoir. Son caractère est ainsi fait qu'elle est vite déprimée et il est difficile de la mettre en colère (H). Elle désire cesser de vivre (H). Jusqu'à ce qu'une autre idée la préoccupe, et elle oubliera la situation.

IV (4)

Ce sont de drôles de choses! Une dispute entre un homme et une femme au sujet d'une autre femme qui est dans le jeu (E). L'épouse s'efforce de persuader l'homme d'abandonner l'autre femme. L'homme ne semble pas se laisser convaincre (F). Il part (C). Après un certain temps lorsque l'autre femme aura perdu l'attrait de la nouveauté, il reviendra (J).

V (6 BM)

Une mère et son fils. Ils regardent tristement devant eux. Ils ont du chagrin parce qu'ils ont perdu le père qui est décédé de maladie (H). Ils s'y attendaient en partie (I). Chacun d'eux est perdu dans ses pensées à ce sujet. Ils pensent au passé, au temps heureux (I). La mère songe au fait qu'elle se trouve seule. Le fils qui n'est pas encore marié pense malgré son chagrin à lui-même (O). Désormais il devra s'occuper de sa mère et il devra attendre pour se marier (I).

VI (6 GF)

Je ne vois pas d'histoire ici.

Cet homme a l'air de menacer cette femme. C'est une discussion au cours de laquelle l'homme fait peur à la femme en prononçant des paroles très dures (D). Peut-être cet homme est-il jaloux et rend-il la vie de sa femme difficile par ses soupçons (F).

Peut-être soupçonne-t-il sa femme de le tromper (G). Il a une nature égoïste et veut tout avoir pour lui tout seul (C).

Peut-être ces disputes vont-elles se reproduire jusqu'à ce que survienne une rupture. L'homme deviendra tellement jaloux qu'il ne pourra plus se retenir (E).

VII (7 BM)

Père et fils. Peut-être ce père s'efforce-t-il de raisonner son fils afin de le convaincre d'abandonner le mauvais chemin et de se corriger. Peut-être néglige-t-il ses études ou bien... non... il néglige son travail, sort beaucoup et fréquente des milieux mal famés. Il est tout à fait sur le mauvais chemin. En lui citant de bons exemples, le père tente de le persuader et de l'aider.

Le garçon prend chaque fois de bonnes résolutions mais ultérieurement il abandonne la ligne de conduite qu'il s'est tracée. Il ne termine pas ses études et subit une dégringolade sociale (I).

VIII (12 M)

C'est un charlatan qui tente de convaincre quelqu'un qu'en l'hypnotisant il le délivrera de ses maux. Il essaie ainsi de gagner l'argent au détriment de ceux qui le laissent faire (B).

Il se peut aussi que ce soit quelqu'un qui vient saluer un mort et qui lui fait le signe de la croix (J).

IX (13 MF)

Je vois un homme qui s'est rendu auprès d'une prostituée et qui après éprouve un sentiment de honte. Il se couvre le visage et trouve qu'il a été bête (H). Il a trompé sa femme à cause de son désir d'aventures et de sa curiosité!

X (18 BM)

Je vois là quelqu'un qui souffre de délire de persécution et qui croit que quelqu'un l'a attaqué... que quelqu'un l'agrippe par derrière et il est effrayé (H).

VI DONNÉES D'ORDRE SOCIO-PSYCHOLOGIQUE

a) Échelle de Statut Socio-Économique de WARNER

L'application de cette technique bien connue nécessite une évaluation sur une échelle à sept points de la profession, de la source des revenus, du type d'habitation et du milieu de résidence. Ces évaluations font ensuite l'objet d'une pondération et permettent alors d'aboutir par sommation à une expression quantitative du statut socio-économique d'un individu. Dans le cas présent nous n'avons utilisé à titre d'indices que la profession, la source des revenus et le type d'habitation.

Pour commode que soit le procédé, il offre néanmoins certains inconvénients. Nous ne disposons pas d'étalonnage adapté à notre pays et il n'est donc pas possible d'en faire usage qu'à titre de comparaison à l'intérieur d'un seul et même cas. Notons aussi en passant que l'échelle de Warner ne semble pas très discriminative par rapport aux échelons les plus bas.

Avec ces réserves, on peut décrire l'évolution du niveau socio-économique de A en 4 étapes principales selon ses résidences successives.

	Résidence	Profession	Note	Catégorie
1.	Chez les parents	Électricien	63	Inféro-inférieur
2.	Indépendant	Période d'instruction comme gendarme		Inféro-supérieure
3.	Indépendant	Gendarme	59	
4a.	Indépendant	Gendarme		
4b.	Indépendant	Électricien	63	Inféro-inférieur

On constate donc que, pendant la période où A est gendarme, son statut s'élève puisqu'il passe de la catégorie Inféro-inférieure à la catégorie Inféro-supérieure.

Si l'on tient compte de la manière dont l'application de l'échelle de Warner permet d'aboutir à ce résultat, deux constatations s'imposent.

TABLEAU 22

Électricien	Évaluation	Pondération	Note
Profession	5	5	25
Source de revenus	5	4	20
Type d'habitation	6	3	18
			63
Gendarme			
Profession	5	5	25
Source de revenus	4	4	16
Type d'habitation	6	3	18
			59

Comme l'indiquent les données du tableau, l'élévation du statut de A en tant que gendarme résulte uniquement d'une modification dans la source de revenus. D'autre part, dans les deux cas le type d'habitation est d'un niveau inférieur à la profession et à la source de revenus.

b) Échelle de Statut Social de Chapin (version revisée de 1952)

Cette échelle particulièrement intéressante par son objectivité et par la rapidité avec laquelle elle peut être appliquée vise à la description quantitative du niveau socio-économique d'une famille à partir des objets présents dans une habitation, de leur état ainsi que des qualités esthétiques qui s'en dégagent.

Appliquée aux quatre habitations occupées par A elle permet de dresser le tableau suivant :

TABLEAU 23

	Résidence	Profession	Note	Catégorie
1.	Chez les parents	Électricien	44	Inféro-inférieur
2.	Indépendant	période d'instruction	35	id.
3.	Indépendant	Gendarme	43	id.
4a.	Indépendant	Gendarme	58	Inféro-supérieur
4b.	Indépendant	Électricien	58	id.

La comparaison des résultats obtenus au moyen de l'échelle de Chapin avec ceux de l'échelle de Warner permet de constater que pendant la deuxième et la troisième période le niveau socio-économique de son intérieur est inférieur à celui de son statut objectif en tant que gendarme. Ce n'est que durant la dernière période que les deux évaluations de son niveau socio-économique coïncident.

Relevons encore qu'aux quatre résidences successives correspond une charge de 2, 3, 4 et 6 enfants respectivement.

Quant au budget familial, à partir de la 2e période, l'achat de nourriture et de vêtements tant pour les enfants que pour les parents constituent des postes particulièrement importants. Ce dernier pesait d'autant plus lourdement sur l'ensemble du budget du fait que l'épouse de A n'effectuait aucun raccommodage et préférait acheter du neuf dès que le moindre problème se posait. Ce n'est qu'au cours de la 4e période que des sommes plus importantes seront consacrées à l'amélioration du mobilier.

Il est également intéressant de noter que l'intérieur auquel A aspire équivaut à une note de 124 ce qui le situerait à un échelon supérieur à celui qu'il a occupé en dernier lieu.

c) Échelle de satisfaction professionnelle de Brayfield et Rothe

Ce questionnaire qui comprend 18 items a été mis au point par Brayfield et Rothe en utilisant une combinaison des méthodes de Thurstone et Liekert. Sa brièveté et sa simplicité en rendent l'application facile et nous l'avons jusqu'à présent utilisé cliniquement afin de permettre à un individu d'expliquer de manière systématique le degré de satisfaction qu'il a éprouvé au cours d'emplois ou de professions successifs. Appliqué à A, il fournit les résultats suivants :

1. Électricien :   84
2. Gendarme :   76
3. Retour à la profession
   d'électricien :   86

Si l'on prend pour points de référence une moyenne de 60.54 et un écart-type de 14.98, il apparaît que A, tout en ayant manifesté d'une façon générale un degré élevé de satisfaction professionnelle, exprime néanmoins une nette préférence pour la profession d'électricien. Or ceci est en contradiction manifeste avec l'ordre de préférence qu'il établit parmi les trois périodes de sa vie professionnelle. En effet, lorsqu'il les considère globalement c'est à la profession de gendarme qu'il accorde le premier rang. Vient ensuite la troisième période durant laquelle il est redevenu électricien et, enfin, la première période où il commença à exercer ce métier.

Si l'on examine de plus près ses réponses au questionnaire de satisfaction professionnelle, on s'aperçoit que le résultat inférieur que A obtient en ce qui concerne la profession de gendarme résulte pour l'essentiel des réponses qu'il fournit à trois questions. A deux de celles-ci il déclare que, lorsqu'il était électricien, son travail était également un passe-temps pour lui et qu'il préférait son travail à ses activités de loisir. Des explications qu'il fournit à ce sujet il apparaît clairement que, lorsqu'il était électricien, il occupait la plus grande part de son temps libre à effectuer des heures supplémentaires.

C'est donc en tant que source de revenus supplémentaires qu'il juge plus favorablement sa profession d'électricien. Par ailleurs, il déclare qu'il éprouvait un certain dégoût de son travail de gendarme alors que ce n'était certainement pas le cas lorsqu'il travaillait comme électricien. Ce « dégoût » a trait au fait qu'il aurait toujours détesté rédiger des procès-verbaux à charge de personnes ayant commis l'une ou l'autre infraction. Néanmoins, il prétend avoir eu l'impression, lorsqu'il était gendarme, de se sentir professionnellement plus heureux que la plupart des autres gens. Cette attitude paradoxale s'explique lorsque l'on tient compte du fait qu'il considérait son travail à la gendarmerie comme beaucoup moins dur à la fois en raison de l'absence d'heures supplémentaires et à cause de la similitude de ses activités d'entraînement en tant que cavalier avec la vie militaire.

En définitive, il ressort des interviews prolongés qui furent consacrés à sa vie professionnelle que ce qui l'attirait vers le métier d'électricien c'était la possibilité d'augmenter considérablement son salaire de base en faisant des heures supplémentaires selon un système de primes. Celles-ci toutefois exigeaient des efforts souvent pénibles. Par contre ce qui l'attirait dans la gendarmerie c'était tout à la fois le prestige et le fait qu'au moyen d'un travail moins fatigant, il bénéficiait d'un salaire de base plus élevé. Ici l'élément négatif était surtout constitué, outre certaines fonctions répressives, par la stricte application du règlement disciplinaire et par l'impossibilité d'utiliser son temps libre de façon lucrative.

Il ne fait aucun doute que les buts professionnels de A sont caractérisés par une considérable indifférence envers la nature même de son travail. Il se déclare prêt à accepter n'importe quel travail qu'il est capable d'exécuter, même s'il s'agit d'une occupation pénible, pourvu qu'elle comporte un salaire élevé.

Pour lui, le gain matériel prime tout. Et à salaire égal, il préfère l'activité la plus aisée. Le contexte humain occupe le deuxième rang parmi ses critères car il désire travailler parmi des gens qui aiment rire. En troisième lieu, il lui importe que le patron soit un homme de métier compétent afin d'éviter les discussions inutiles.

d) Rangement des professions par prestige selon VAN HEEK

Afin d'étudier la manière dont A se représente la hiérarchie des professions, il a été fait usage de la liste de 56 professions, avec laquelle F. VAN HEEK a investigué le rangement des professions par prestige. L'épreuve telle que nous la pratiquons prévoit que le sujet commence par classer les 56 professions en sept groupes, puis, qu'il les ordonne à l'intérieur de chacun des groupes, pour ensuite expliquer les critères qu'il a adoptés en réalisant les sept groupes.

Le tableau 24 contient à la fois les résultats obtenus par Van Heek et les deux classements successifs opérés par A. Dans la quatrième colonne on trouvera, en regard de chaque profession le rang que lui a accordé A, et dans la cinquième colonne un chiffre romain indique à quel grand groupe constitué par A chaque profession appartient.

On notera immédiatement que A n'est pas parvenu à classer les 56 professions en sept groupes. En dépit des instructions qui lui ont été données, il n'a pu en discriminer que cinq. Cela tient évidemment aux critères qu'il emploie. Le premier groupe (I) qu'il situe au sommet de sa hiérarchie des professions comprend un ensemble très disparate de 33 professions. Ce qui les caractérise, d'après A, c'est qu'elles sont indispensables et qu'elles impliquent soit des efforts pénibles soit de grandes responsabilités. Le deuxième groupe (II) ne comporte que huit professions. Selon A, ceux qui les exercent ont assurément dû préalablement livrer de sérieux efforts, mais, une fois « arrivés », ils vivent de leur réputation et la majeure partie de leur travail est exécuté par des subordonnés. Dans le troisième groupe (III) A réunit 6 professions qui ont en commun le fait que les travaux correspondants, au lieu d'être accomplis par ceux qui les exercent, sont effectués par du personnel subordonné.

TABLEAU 24

Profession (V.H.)	Position sur l'échelle	Écart	V.H. Rang	A Rang	A Catégories
Professeur d'Université	50,8	6,4	56	23	II
Médecin	50,8	5,2	55	41	I
Bourgmestre (Gde ville)	50,4	7,6	54	22	II
Juge	50,4	8,4	53	29	I
Ingénieur	48,7	7,9	52	38	I
Notaire	47,4	8,1	51	12	III
Avocat	47,0	9,5	50	16	II
Dentiste	46,2	6,2	49	40	I
Directeur d'une grosse entreprise	46,2	8,9	48	11	III
Vétérinaire	46,2	7,1	47	37	I
Bourgmestre (petite commune)	45,2	8,1	46	24	I
Ministre du culte protestant	44,6	11,6	45	32	I
Prof. d'école secondaire	43,9	6,9	44	35	I
Prêtre	43,8	12,7	43	33	I
Général ou Colonel	43,4	14,6	42	21	II
Dir. petite entrepr. industr. (50 pers.)	39,1	8,0	41	17	II
Professeur d'école professionnelle	38,6	7,0	40	34	I
Fonctionnaire supérieur	37,7	8,5	39	6	IV
Capitaine ou Lieutenant	35,5	12,5	38	4	IV
Instituteur	35,4	8,5	37	36	I
Journaliste	34,7	10,8	36	5	IV
Dessinateur industriel	34,3	8,5	35	39	I
Cultivateur (très grosse exploitation)	34,0	9,9	34	26	I

TABLEAU 24 (suite)

Profession (V.H.)	Position sur l'échelle	Écart	V.H. Rang	A Rang	A Catégories
Fonctionnaire de moyenne importance	32,3	8,4	33	8	IV
Artisan propr./mag. app. électro-techn.	31,1	8,3	32	15	III
Cultivateur exploit. moyenne importance	30,2	9,4	31	10	III
Gérant magasin important avec personnel	28,7	8,8	30	3	IV
Artisan/patron-boucher	27,6	8,1	29	14	III
Artiste-peintre	26,6	13,2	28	2	V
Contremaître d'usine	26,2	9,1	27	27	I
Artisan/propr. salon de coiffure	26,1	7,5	26	18	II
Fonctionnaire subalterne	24,7	9,2	25	9	IV
Sous-offic. de carrière (Sergent)	23,7	11,3	24	30	I
Jardinier	22,1	10,8	23	48	I
Machiniste d'usine	21,9	9,8	22	51	I
Agent de police	21,3	10,5	21	31	I
Artisan/propr.-ferronier + personnel	27,7	8,7	20	13	III
Ouvrier qualifié : mécanicien	21,0	9,6	19	52	I
Petit cultivateur sans personnel	20,6	10,8	18	49	I
Gérant petit magasin sans personnel	20,4	8,0	17	45	I
Représentant de commerce	19,7	8,2	16	42	I
Employé subalt. pas au serv. de l'État	18,7	8,2	15	7	IV
Conducteur de train	16,5	8,4	14	25	I
Chauffeur	14,1	8,0	13	28	I
Ouvrier qualif. entrepr. fabric. cigares	14,1	7,8	12	50	I
Facteur	14,0	9,3	11	56	I
Gérant de café	13,5	9,5	10	1	V
Ouvrier expl. ou maraîcher	13,1	12,0	9	54	I
Matelot marine marchande	11,9	9,1	8	43	I
Employé de magasin	11,1	7,6	7	46	I
Musicien dans un petit orchestre	10,9	8,8	6	19	II
Garçon de café ou restaurant	9,5	7,0	5	47	I
Marchand ambulant sans magasin	9,0	6,9	4	20	II
Ouvrier du port : non qualifié	6,8	7,6	3	53	I
Balayeur de rue	5,6	8,2	2	44	I
Garçon de courses	5,1	5,9	1	55	I

Les sept professions de la quatrième catégorie (IV) sont celles dont on pourrait se passer étant donné que, d'après A, elles sont superflues. Quant au dernier groupe (V), il contient des professions qui ne méritent pas ce nom. Pour A, la peinture ne saurait guère être plus qu'un passe-temps. Il se refuse également d'admettre qu'un patron de café puisse être considéré comme exerçant une profession.

La dimension fondamentale selon laquelle A ordonne les professions apparaît clairement : à l'une des extrémités sont situées les professions qu'il considère comme indispensables et comportant un travail exécuté de manière directe par ceux qui les exercent. A l'autre extrémité se trouvent les métiers qu'il juge parasitaires. Le critère qu'il utilise est donc double : il s'agit à la fois du degré d'utilité sociale et du caractère plus ou moins direct de l'activité exercée.

Il saute aux yeux que les cinq groupes constitués par A ainsi que l'ordre imposé aux 56 professions X correspond à une vision très personnelle de la hiérarchie des professions. Son rangement est d'ailleurs caractérisé par une corrélation (rho de Spearman) négative de — 0.33 avec l'ordre moyen observé par VAN HEEK. Lui-même se situe, tant comme électricien que comme gendarme, dans la première catégorie. Comme électricien il s'attribue le rang 52 équivalant à celui d'ouvrier qualifié et comme gendarme le rang 31 c'est-à-dire celui d'agent de police. Il range également son père dans le premier groupe et le place au niveau du rang 51 (machiniste d'usine).

Interrogé sur le rang qu'il aimerait occuper au sein de sa propre hiérarchie, A indique sans hésiter la profession de médecin (rang 55). « C'est eux qui gagnent le plus facilement beaucoup d'argent » déclare-t-il.

e) Questionnaire de structure familiale de P. G. HERBST

Ce questionnaire connu sous la dénomination de « The day at home technique » a été élaboré par P. G. HERBST dans son étude consacrée à la famille australienne. Situé dans la perspective de la théorie du champ de K. LEWIN, il a pour but de mettre en évidence l'organisation et la dynamique interne du groupe familial à partir de réponses fournies par des enfants. Une première partie du questionnaire porte sur les différentes activités se déroulant dans la famille. Parmi celles-ci on distingue le domaine domestique, le domaine des activités sociales, le domaine des activités économiques et le domaine des activités centrées sur les enfants. Le sujet interrogé reçoit pour tâche de dire quelles sont les personnes appartenant à la famille qui remplissent ces activités. La deuxième partie du questionnaire porte sur les mêmes domaines. Toutefois, ceux-ci ne sont plus envisagés sous l'angle des personnes qui y participent à titre d'exécutants car il s'agit maintenant de savoir qui prend les décisions. Il est, en outre, demandé au sujet d'indiquer la fréquence des désaccords entre les acteurs. Les données fournies par le questionnaire sont donc de trois espèces : (1) l'activité : qui fait l'action ? (2) la décision : qui prend la décision concernant une tâche ? (3) la tension : cette décision provoque-t-elle ou non un désaccord entre les intéressés ? A partir de celles-ci, on peut définir d'une part un champ d'action du mari et un champ d'action de la femme qui peuvent comporter une zone de chevauchement et une distribution de l'autorité qui révèle dans quelle mesure l'un des champs est déterminé par l'autre.

Pour chaque tâche il existe trois possibilités d'action : (1) le mari exécute la tâche seul (Ma); (2) la femme exécute la tâche seule (Fa); (3) le mari et la femme exécutent la tâche ensemble, c'est-à-dire soit successivement soit simultanément (Ea).

Le nombre de tâches appartenant à chacune de ces trois catégories permet de définir le champ de chacun des conjoints et leur degré de chevauchement.

Il y a également trois possibilités en ce qui concerne les décisions : (1) le mari décide seul (Md); (2) la femme décide seule (Fd); (3) les conjoints décident ensemble (Ed). Ici, le nombre de tâches entrant dans chaque catégorie permet d'établir l'étendue de l'influence de chaque conjoint ainsi que leur degré de recouvrement.

En combinant, pour chaque tâche, les critères de décision et d'activité on aboutit à 9 types d'interaction auxquels correspondent autant de conduites de rôle :

1. Ma Md   Autonomie du mari.
2. Fa Fd   Autonomie de la femme.
3. Fa Md   Autocratie du mari.
4. Ma Fd   Autocratie de la femme.
5. Ea Md   Leadership du mari.
6. Ea Fd   Leadership de la femme.
7. Ea Ed   Coopération Syncratique
8. Ma Ed ⎫
9. Fa Fd ⎬ Division Syncratique des rôles.

Ces types d'interaction peuvent être regroupés en 5 types majeurs :

I. Dominance du Mari :   Fa Md + Ea Md.
II. Dominance de la Femme : Ma Fd + Ea Fd.
III. Autonomie :   Ma Md + Fa Fd.
IV. Syncratie :   Ea Ed.
V. Division syncratique
   des rôles :   Ma Ed + Fa Ed.

Quant aux tensions engendrées par les prises de décision, on évaluera leur importance générale en calculant un index de tension par rapport à l'ensemble des activités envisagées.

Il ne nous est évidemment pas possible d'exposer ici tous les aspects de cette technique. Aussi renvoyons-nous le lecteur à l'intéressante application que H. TOUZARD en a fait en France.

Dans le cas de A, il a été procédé à trois applications du questionnaire de HERBST. Une première concerne sa famille d'origine. La seconde et la troisième ont trait à son propre ménage. En raison de la distinction opérée, tant par A que par son épouse, entre deux périodes de leur vie conjugale, notamment avant son entrée à la gendarmerie et après, les réponses pour ces deux périodes ont été traitées séparément.

Les résultats obtenus sont résumés dans les tableaux 25, 26, 27 et 28.

En ce qui concerne la famille d'origine c'est, compte tenu du phénomène général d'autonomie, la dominance marquée du père, principalement dans les domaines social et économique qui est frappante. S'il n'intervient guère dans les activités domestiques c'est que, jusqu'à l'âge de 14 ans, ce sera A lui-même qui aidera beaucoup sa mère dans le ménage. Autre monopole du père : l'évaluation des résultats scolaires et les punitions. A cet égard tout ce qui est octroyé à A, toutes les possibilités qui s'offrent à lui sont rigoureusement fonction de ses résultats scolaires. Néanmoins, le rôle de la mère reste important car c'est elle qui non seulement signale au père tout ce qui mérite sanction, mais qui en outre décide s'il y a lieu de le mettre au courant.

Des tensions apparaissaient dans le domaine économique dans la mesure où le père s'opposait à ce que sa femme aille travailler. Quant aux tensions dans la région d'activités sociales, elles avaient généralement trait aux relations avec la famille du père et celle de la mère, et se manifestaient à l'occasion de visites.

TABLEAU 25

FAMILLE D'ORIGINE

Types	Dominance du Mari				Dominance de la femme				Autonomie				Syncratique Coopératif		Division Syncratique des rôles			
Régions d'activité	Fa n	Md t	Ea n	Md t	Ma n	Fd t	Ea n	Fd t	Ma n	Md t	Fa n	Fd t	Ea n	Ed t	Ma n	Ed t	Fa n	Ed t
Rég. domestique : (13) t = 0	1	—	—	—	1	—	—	—	1	—	8	—	1	—	1	—	—	—
Rég. des Enfants : (9) t = 0	—	—	1	—	—	—	—	—	—	—	4	—	—	—	2	—	2	—
Rég. Économique : (8) t = 1	2	—	2	1	—	—	—	—	1	—	—	—	3	—	—	—	—	—
Rég. Sociale : (8) t = 3	—	—	4	2	—	—	—	—	3	1	—	—	1	—	—	—	—	—
N = 38 SOMME :	3	—	7	3	1	—	—	—	5	1	12	—	5	—	3	—	2	—
% :	7,9		18,4		2,6	0	0	0	13,7	0	31,6	0	13,7		7,9	0	5,3	0
	26,3 %				2,6 %				45,3 %				13,7 %		13,2 %			

Index de Tension : T = 10,5 %.

TABLEAU 26
PREMIÈRE PÉRIODE DE MARIAGE

Types	Dominance du Mari				Dominance de la femme				Autonomie				Syncratique Coopératif		Division Syncratique des rôles			
Régions d'activité	Fa n	Md t	Ea n	Md t	Ma n	Fd t	Ea n	Fd t	Ma n	Md t	Fa n	Fd t	Ea n	Ed t	Ma n	Ed t	Fa n	Ed t
Rég. domestique : (13) t = 4	–	–	2	2	–	–	2	1	4	1	–	–	4	–	1	–	–	–
Rég. des enfants : (7) t = 1	–	–	–	–	–	–	–	–	3	1	1	–	2	–	–	–	1	–
Rég. économique : (6) t = 1	1	–	1	–	–	–	–	–	1	1	–	–	2	–	1	–	–	–
Rég. sociale : (11) t = 1	–	–	1	1	–	–	–	–	2	–	–	–	7	–	1	–	–	–
N = 37																		
SOMME :	1	0	4	3	0	0	2	1	10	3	1	0	15	0	3	0	1	0
% :	2,7		10,8		0		5,4		27		2,7		40,5		8,1		2,7	
	13,5 %				5,4 %				29,7 %				40,5 %		10,8 %			

Index de Tension : 19 %.

TABLEAU 27
SECONDE PÉRIODE DE MARIAGE

Types	Dominance du mari				Dominance de la femme				Autonomie				Syncratique Coopératif		Division Syncratique des rôles			
Régions d'activité	Fa n	Md t	Ea n	Md t	Ma n	Fd t	Ea n	Fd t	Ma n	Md t	Fa n	Fd t	Ea n	Ed t	Ma n	Ed t	Fa n	Ed t
Rég. domestique : (13) t = 0	–	–	–	–	–	–	4	–	4	–	–	–	4	–	1	–	–	–
Rég. des enfants : (7) t = 1	–	–	–	–	–	–	–	–	3	1	1	–	2	–	–	–	1	–
Rég. économique : (6) t = 0	1	–	1	–	–	–	–	–	1	–	–	–	2	–	1	–	–	–
Rég. sociale : (11) t = 0	–	–	–	–	–	–	–	–	2	–	–	–	8	–	1	–	–	–
N = 37																		
SOMME :	1	0	1	0	0	0	4	0	10	1	1	0	16	0	3	0	1	0
% :	2,7		2,7		0	0	10,8	0	27		2,7		43,2		8,1		2,7	
	5,4 %				10,8 %				29,7 %				43,2 %		10,8 %			

Index de Tension : 2,7 %.

TABLEAU 28

TABLEAU RÉCAPITULATIF

	Dominance du Mari	Dominance de la Femme	Autonomie	Syncratique Coopératif	Division Syncratique	Tension
Famille d'origine	26,3 %	2,6 %	45,3 %	13,7 %	13,2 %	10,5 %
Première Période de mariage de A.	13,5 %	5,4 %	29,7 %	40,5 %	10,8 %	19 %
Seconde Période du ménage de A.	5,4 %	10,8 %	29,7 %	43,2 %	10,8 %	2,7 %

Dans l'ensemble le niveau de tension reste bas et il est fort possible qu'en raison de l'application rétrospective du questionnaire il ait été sous-estimé par A.

La structure familiale du ménage de A, durant la première période de mariage est nettement déviante, par le pourcentage réduit de conduites autonomes et l'élévation considérable de relations de type syncratique coopératif. On notera aussi le déséquilibre caractérisant les conjoints dans la catégorie des conduites autonomes car, alors que A en manifeste 27 %, le comportement de l'épouse relève dix fois moins de cette catégorie (2,7 %). Par ailleurs, on constate une nette dominance du mari qui semble être en contradiction avec l'importance des relations syncratiques coopératives. Il y a également lieu de tenir compte d'un niveau de tension modéré dans l'ensemble, mais concentré dans la région des activités domestiques. L'explication de cet état de choses réside dans les conditions matérielles d'existence du couple au début du mariage. En effet, « obligés » de se marier sans disposer de la moindre installation matérielle, A et son épouse eurent rapidement la charge d'un deuxième enfant au moment où leurs ressources diminuèrent du fait du service militaire de A. En outre, comme l'épouse était totalement ignorante en matière de travaux et d'organisation domestique, A, qui n'était guère mieux préparé qu'elle, dut constamment intervenir et l'aider dans ses différentes tâches.

Après l'entrée de A à la gendarmerie, c'est-à-dire durant la seconde période de son mariage, qui est caractérisée entre autres choses par une succession rapide de naissances, il s'opère un net changement dans l'importance relative de la dominance du mari et celle de l'épouse. Les pourcentages observés antérieurement s'inversent au profit de l'épouse qui devient plus dominante. La tension devient pratiquement négligeable. Néanmoins, la structure familiale reste à forte prédominance syncratique coopérative et l'ensemble des conduites autonomes reste faible avec, à l'intérieur de celles-ci, le même déséquilibre qu'auparavant entre les deux conjoints.

f) Adaptation Conjugale

Afin d'apprécier l'adaptation conjugale réalisée par A, il fut fait usage du questionnaire très détaillé mis au point par E. W. Burgess et L. S. Cottrell [42] et amélioré au cours de 25 années de recherches par E. W. Burgess et H. J. Locke.

Ce questionnaire qui a pour but de prédire l'adaptation conjugale est basé sur une définition de l'adaptation conjugale que l'on peut résumer comme suit :

(1) Accord entre le mari et la femme sur des questions pouvant devenir des problèmes critiques; (2) Intérêts communs et activités exercées ensemble; (3) Démonstrations ouvertes et fréquentes d'affection et de confiance; (4) Plaintes très minimes; (5) Rareté de sentiments de solitude, de dépression, d'irritabilité etc... Sa fidélité, calculée sur 526 couples est de $+ 0.88$. Entre le jugement porté par des conjoints sur leur bonheur conjugal et les notes obtenues au questionnaire, des corrélations de $+ 0.92$ et $+ 0.95$ furent calculées. Dans l'ensemble la validité de l'épreuve est très satisfaisante.

Étant donné que, tant A que son épouse, déclarèrent indépendamment l'un de l'autre que l'évolution de leur mariage comportait deux périodes dont il a déjà été fait mention antérieurement, le questionnaire fut appliqué deux fois afin de permettre une comparaison entre elles. Dans ce cas nous ne disposons pas seulement des réponses A, mais également de celles de son épouse.

En décrivant la première période de son mariage l'épouse obtient une note de 692 ce qui situe son appréciation dans la troisième (assez bien adaptés) des neuf classes dans lesquelles les auteurs du questionnaire ont subdivisé la distribution des résultats.

Sa description de la deuxième période est plus favorable car, avec une note de 707, elle se classe dans une catégorie supérieure, celle des « bien adaptés ». A, par contre, ne fait pas de différence entre les deux étapes de sa vie conjugale. Avec une note de 708 il se place d'emblée dans la catégorie que son épouse n'atteint que lors de la description de la deuxième période de sa vie conjugale. Ce n'est pas qu'il nie l'existence de problèmes, mais tout en admettant certaines difficultés, il considère que celles-ci n'exercèrent aucune influence sur son entente avec son épouse. L'avis de cette dernière est plus nuancé. Car outre les problèmes domestiques résultant de leur situation matérielle et de son inexpérience, elle signale qu'au début de son mariage elle n'était guère satisfaite sur le plan sexuel. Ce n'est qu'après que A se soit rendu compte de son état de frustration qu'au bout d'un an, à force de répéter patiemment leurs tentatives, ils attinrent tous deux un niveau élevé de satisfaction réciproque.

g) Épreuves de Concepts Idéologiques de Rokeach

Dans cette épreuve, le sujet se voit confronté avec 10 concepts idéologiques dont on lui demande de fournir une définition.

---

[42] E. W. Burgess, L. S. Cottrell, Predicting Success or Failure in Marriage, 1939.

Ensuite il reçoit pour tâche d'indiquer et de décrire les relations existant entre les termes qu'il vient de définir. Les définitions font l'objet d'une analyse en termes du niveau d'abstraction manifesté dans les réponses du sujet. A cet égard on distingue : (1) le niveau concret où le terme est défini en fonction de personnes ou de groupes agissant d'une certaine manière ou entretenant certaines croyances ; (2) le niveau de la réification qui est caractérisé par le fait que le signifié des termes proposés est traité comme une entité indépendante ; (3) le niveau abstrait où une conceptualisation adéquate se révèle par la prise en considération des termes en tant que systèmes de croyances ou organisations politico-économiques.

Quant à la mise en relation, elle fait l'objet d'une catégorisation en (1) organisations compréhensives, définies par l'inclusion des 10 concepts dans un ensemble et l'énoncé des relations entre ceux-ci ; (2) organisations isolées, où tous les concepts sont utilisés, mais où ils sont subdivisés en deux ou plusieurs groupes ; (3) les organisations dites étroites, où un ou plusieurs termes ne trouvent pas de place dans l'organisation propre aux autres.

Comme nous demandons également aux sujets de classer les dix termes par ordre de familiarité, c'est dans cet ordre que nous présentons les définitions formulées par A.

1. Christianisme : Le véritable mode de vie. L'amour du prochain. La croyance en un Dieu et en la Vierge Marie.
2. Démocratie : Liberté d'action et de pensée pour tout le monde.
3. Catholicisme : Ne tiennent compte qu'avec ce qui est catholique et veulent tout faire sous cette forme.
4. Protestantisme : Croyance en un seul Dieu, mais pas en la Vierge Marie.
5. Capitalisme : Se propose de réaliser toutes les opérations financières sur une grande échelle. Ne tiennent pas compte des petits capitaux.
6. Socialisme : Œuvrent à l'avantage de la classe ouvrière et donc pour celui qui n'a que des revenus modestes.
7. Judaïsme : Croient en Dieu, mais pas que Jésus-Christ est venu sur terre pour délivrer les hommes de leurs péchés.
8. Communisme : Veulent l'égalité pour tout le monde aussi bien en ce qui concerne le travail que les revenus.
9. Bouddhisme : Croient en une seconde vie. Durant leur vie ils ne tuent ni personnes ni animaux afin d'éviter de tuer précisément ceux qui possèdent la forme sous laquelle ils pourraient revenir au cours de leur deuxième vie. De cette manière ils s'assurent d'une certaine façon leur retour.
10. Fascisme : Ne prennent en considération que l'intérêt de leur parti et éliminent tout le reste par n'importe quel moyen.

La mise en relation effectuée par A comporte la constitution de deux groupes :

— « Le Christianisme, le Protestantisme et la Démocratie qui laissent tous trois beaucoup de liberté et aident à la compréhension entre les hommes. »
— « Le Communisme et le Socialisme vont tous deux dans une seule direction et ne désirent récompenser que les producteurs. »

Les cinq autres concepts (Bouddhisme, Catholicisme, Capitalisme, Judaïsme, Fascisme) ne sont même pas mentionnés.

Il est clair qu'à en juger par les réponses fournies par A à cette épreuve, sa structuration cognitive dans le domaine idéologique est fort primitive. Outre les erreurs, les omissions et les accentuations unilatérales que comportent ses définitions, celles-ci sont sans exception de type concret. Quant à l'organisation réalisée, elle est fort étroite et ne comporte parmi les termes du premier groupe que ceux avec lesquels il déclare être personnellement le plus familiarisé.

h) Questionnaire d'attitudes sociales de H. J. EYSENCK

Ce questionnaire qui se situe dans la lignée des recherches entreprises par LURIE (1937) THURSTONE (1934) et FERGUSON (1939, 1946) ainsi que ADORNO, FRENKEL-BRENSWICK, LEWISON et SANFORD (1950) comporte un ensemble d'items dont les intercorrélations définissent deux facteurs. Le premier correspond à la dimension Radicalisme-Conservatisme et à la polarité classique entre « gauche » et « droite ». Quant au second, EYSENCK le décrit dans les termes utilisés par W. JAMES pour décrire deux mentalités philosophiques opposées qu'il qualifie de « tough-minded » et « tender-minded ».

En ce qui concerne Radicalisme-Conservatisme, A obtient une note de 9 (moyenne : 9,64 ; écart-type : 2,64) et se situe entre les deux extrêmes. Sur l'autre dimension, une note de 20 le place à un écart-type au-dessus de la moyenne (moyenne : 16,1 ; écart-type : 3,98). C'est dire qu'il apparaît comme nettement « tender-minded ». Compte tenu des travaux effectués par EYSENCK et ses collaborateurs, on peut conjecturer que A voterait probablement libéral.

Afin de préciser la manière dont il obtient ce résultat, nous énumérons ci-dessous, pour les deux facteurs que comporte ce questionnaire les opinions qu'il exprime au sujet des différents items.

1. Radicalisme

   a. Désapprouve :
      — La production et le commerce devraient être libres de toute intervention gouvernementale.
      — La nationalisation des grandes industries est de nature à entraîner de l'inefficacité, de la bureaucratie et de la stagnation.
      — « Même quand il a tort, mon pays a encore raison » exprime une attitude fondamentalement juste.

- Nous devons croire sans discussion tout ce que l'Église nous enseigne.
- Excepté dans le mariage, les relations sexuelles sont inadmissibles.
- En participant à n'importe quelle forme d'organisation mondiale, notre pays doit s'assurer qu'il ne perd rien de son indépendance ni de sa puissance.

b. Approuve :
- Notre façon de traiter les délinquants est trop dure; nous devrions essayer de les guérir et non pas de les punir.
- Une occupation par une puissance étrangère est préférable à une guerre (item commun avec l'échelle de « tender-mindedness »).

2. « Tender-Mindedness »

a. Désapprouve :
- Les lois sur le divorce devraient être modifiées de façon à rendre le divorce plus facile.
- Les gens pauvres et déshérités méritent fort peu la sympathie de ceux qui ont réussi dans la vie.
- Les délits comportant des actes de violence devraient être punis au moyen de peines corporelles (item commun avec l'échelle de radicalisme).
- Avant le mariage, hommes et femmes ont le droit de rechercher s'ils s'accordent sexuellement, par exemple par un mariage à l'essai.
- La peine de mort est un procédé barbare qui devrait être aboli.
- Il peut y avoir quelques exceptions, mais en général les juifs sont presque tous les mêmes.
- Toute personne qui en décide ainsi devrait être libre de se suicider sans aucune intervention de la société.
- L'amour libre devrait être encouragé comme un moyen de promouvoir la santé physique et mentale.
- La plupart des gens religieux sont des hypocrites.
- Les réfugiés d'autres pays devraient se débrouiller tout seuls.
- A l'heure actuelle, il y a de plus en plus de gens qui tentent de pénétrer et de connaître des choses qui ne les regardent pas.
- Il est plus important de maintenir l'ordre intérieur dans un pays que de veiller à ce que chacun jouisse d'une liberté complète.

b. Approuve
- L'État existe pour le bien des individus, mais pas les individus pour le bien de l'État.

- Le bombardement atomique d'Hiroshima et de Nagasaki qui entraîna la mort de milliers de femmes et d'enfants innocents fut un acte immoral et incompatible avec les principes de notre civilisation.
- Le contrôle des naissances, excepté lorsqu'il est recommandé par un médecin, devrait être illégal.
- Les juifs sont des citoyens aussi estimables que les autres.
- L'univers fut créé par Dieu.
- Les sports sanglants tels que la chasse au renard, les combats de coqs et les courses de taureaux sont cruels et devraient être interdits.

i) Questionnaire de dogmatisme de ROKEACH

Le concept de « dogmatisme » au sens où l'entend M. ROKEACH recouvre toute une théorie sur les systèmes de croyance dont de multiples investigations ont démontré l'intérêt et le bien fondé. Il ne saurait évidemment être question de la résumer ici et nous nous contenterons d'en esquisser quelques traits essentiels pour la compréhension de l'épreuve basée sur la théorie du Dogmatisme selon Rokeach.

Les diverses croyances auxquelles un individu peut adhérer sont conçues comme des systèmes cognitifs possédant une organisation formelle. Celle-ci présente deux aspects fondamentaux : le degré d'isolement ou d'interconnexion des diverses croyances d'un individu, et leur degré de différenciation. Un autre aspect des systèmes cognitifs est leur perspective temporelle c'est-à-dire l'importance relative qu'ils accordent au passé, au présent et à l'avenir. Selon Rokeach un système de croyances possède également une organisation en profondeur. Derrière les croyances spécifiques, telles qu'elles peuvent être formulées concernant les sujets les plus divers et qui n'occupent que la portion périphérique et extérieure du système, se situe l'ensemble des croyances axiomatiques d'un individu concernant le monde, la société et sa propre personne qui occupe une position centrale. Une position intermédiaire est propre aux croyances qui, tout en n'étant pas primitives et fondamentales comme les précédentes, possèdent néanmoins une grande importance en raison du fait qu'elles concernent les divers types d'autorités ou de critères au moyen desquels l'individu évalue les croyances qu'il rejette ou qu'il accepte. C'est également ici qu'il convient de situer les attitudes adoptées envers les individus et les groupes prônant des croyances différentes ou opposées. Ainsi, toute nouvelle information enregistrée par l'individu sera d'abord confrontée avec les croyances axiomatiques centrales ; ensuite elle sera jaugée par rapport aux critères de la zone intermédiaire pour finalement être comparée aux régions périphériques du système de croyance. C'est en fonction des péripéties caractérisant ce processus de filtrage dans lequel les propriétés dynamiques et structurales de l'ensemble du système de croyances joueront un rôle décisif que de nouvelles données auront pour effet, soit des remaniements corrélatifs à leur assimilation, soit leur rejet.

Outre leur structure et leur dynamique propres, Rokeach envisage également la fonction qu'exercent les systèmes de croyances dans l'économie de la personnalité individuelle. D'après l'auteur de la théorie du Dogmatisme, les systèmes de croyances doivent être conçus comme résultant de la cristallisation des deux groupes de motivations opposées que sont, d'une part, les motivations dites d'abondance ou de dépassement et, d'autre part, les motivations de déficience ou homéostatiques. Alors que les unes sont inductrices de tensions et incitent l'individu à un affrontement créateur de son environnement, les autres aboutissent, par réduction de tension, à compenser les déficits internes et les menaces extérieures.

Selon que l'un ou l'autre de ces deux types de motivations prédomine chez un individu, son système de croyances sera plus ou moins « ouvert » ou bien « fermé » c'est-à-dire dogmatique.

Ainsi, chez un individu dogmatique dont le mode d'adaptation est essentiellement défensif, tant envers ses désirs, qu'envers des influences extérieures dont il subit l'impact affectif, la structure cognitive propre à son système de croyances se distinguera à la fois par le rejet d'autres croyances, le manque de différenciation des « incroyances » et l'isolement des composantes de son système de croyances. Sa perspective temporelle comportera une accentuation exagérée soit du passé, soit de l'avenir au détriment du présent et, de ce fait, les soustraira à tout danger d'infirmation par l'expérience présente.

Quant au noyau central des croyances, il est constitué par une interprétation du monde où celui-ci est défini comme fondamentalement dangereux et menaçant pour l'individu faible et vulnérable. Dans la région intermédiaire, c'est la croyance en des autorités absolues qui jouera le rôle de critère d'évaluation envers toute information nouvelle et qui inspirera différentes formes d'intolérance. Quant à la couche périphérique des croyances, son organisation dépendra bien plus de l'influence déterminante des autorités reconnues que de leurs rapports intrinsèques et de leurs relations avec la réalité.

Afin d'effectuer des comparaisons interindividuelles quant au degré de dogmatisme, M. ROKEACH a élaboré un questionnaire dont les items correspondent aux divers aspects du dogmatisme tels que nous venons de les résumer. La note obtenue par A (240) le situe à un peu plus d'un demi écart-type en dessous de la moyenne (moyenne 264; écart-type 31).

Lorsque l'on analyse séparément les réponses fournies aux différents groupes d'items, il apparaît que ses notes partielles sont particulièrement basses pour tout ce qui concerne les éventuelles fonctions que le dogmatisme pourrait remplir par rapport à ses motivations prévalentes, ainsi que pour la dépendance envers des autorités absolues et l'intolérance. Par contre, c'est aux items explorant les aspects cognitifs formels de ses croyances qu'il obtient des notes élevées. En effet, tout en favorisant des conceptions nettes et tranchées, il exprime des croyances dépourvues de connexions internes et dont l'isolement aboutit à des oppositions. En résumé, A ne manifeste aucun dogmatisme idéologique, mais on peut supposer chez lui l'existence de structures cognitives caractérisées par une certaine rigidité.

j) Questionnaire d'intolérance envers l'ambiguïté de S. BUDNER

En élaborant ce questionnaire, S. BUDNER a abordé des problèmes de même nature que ceux envisagés par M. ROKEACH, tout en précisant la notion de tolérance à l'ambiguïté telle qu'elle fut introduite par FRENKEL-BRUNSWICK [43]. Il définit l'intolérance à l'ambiguïté par la tendance à interpréter les situations ambiguës comme menaçantes. Par contre, la tolérance à l'ambiguïté, consiste en la tendance à percevoir les situations ambiguës comme désirables. Selon BUDNER une situation est dite ambiguë lorsqu'un individu n'est pas à même de la structurer ou de la catégoriser adéquatement en raison de l'absence d'indices appropriés. En ce sens trois types de situations peuvent être considérées comme ambiguës. Tout d'abord, il y a des situations complexes où un nombre élevé d'indices doit être pris en considération. Il y a également des situations qui, en raison de leur nouveauté, n'offrent pas d'indices utilisables à celui qui doit les affronter. Finalement, il y a les situations contradictoires qui, à partir d'indices opposés, suggèrent des interprétations incompatibles entre elles.

Des situations ambiguës seront donc soit complexes, soit neuves, soit contradictoires. A ces trois catégories correspondent les trois espèces d'items que comporte son questionnaire.

Les réponses fournies par A à ce questionnaire offrent deux particularités. La première est constituée par une note globale (79) exceptionnellement élevée qui le situe à plus de trois écarts-types au-dessus de la moyenne d'un groupe de 180 étudiants (moyenne : 54,11 ; écart-type : 8,4) et à plus de deux écarts-types au-dessus de la moyenne d'un groupe de 50 délinquants examinés au COP (moyenne : 64,28 ; écart-type : 10,34). Cette note représente également un résultat extrême par rapport aux nombreux groupes de sujets étudiés par S. BUDNER. La seconde particularité des réponses de A est que ce résultat provient essentiellement de l'attitude qu'il adopte envers les items ayant trait aux situations complexes et insolubles, car, en ce qui concerne les situations neuves, il manifeste, au contraire, une tolérance très marquée à l'ambiguïté.

On ne manquera pas de noter que ces données apportent d'utiles précisions à l'interprétation des réponses enregistrées aux questionnaires qui viennent d'être passés en revue.

---

[43] E. FRENKEL-BRUNSWICK, Intolerance of ambiguity as an emotional and perceptual personality variable, Journal of Personality, 1949, 18, 108-143.
E. FRENKEL-BRUNSWICK, Personality Theory and Perception, dans R. R. Blake et G. V. Ramsey (édit.), Perception : an approach to personality, New-York, Ronald Press, 1951.

CHAPITRE V ANALYSE DE LA STRUCTURE DU CAS PROGRAMMÉ A — INTERPRÉTATION ET DISCUSSION

Avant de discuter l'interprétation du cas A, il est indispensable d'analyser la structure du cas programmé. Il va de soi que le lecteur ne peut tirer profit de son travail d'interprétation que s'il possède une vue d'ensemble, claire et précise, sur les diverses relations existant entre les données dont il a successivement pris connaissance. Mais, indépendamment de toute application individuelle, cette analyse est de toute première importance pour une meilleure connaissance de la méthode des cas programmés. En effet, tout comme le cas B et C, le cas A a été construit sans qu'il ait été fait usage d'un plan préalablement élaboré. En réalité, nous nous sommes basés à la fois sur les meilleures données disponibles, c'est-à-dire celles offrant le plus de garanties d'objectivité, et sur une certaine interprétation de la biographie de A et de sa personnalité. Ce n'est qu'une fois la programmation achevée et en possession des premiers résultats qu'il a été possible de s'interroger sur le produit de celle-ci. Cette réflexion secondaire est d'importance capitale car les résultats auxquels elle aboutira commanderont les principes mêmes de l'élaboration de cas programmés c'est-à-dire la programmation de la programmation de biographies. Le moment où une telle programmation au deuxième degré pourra être envisagée est assurément encore éloigné. Mais d'ores et déjà, il importe d'esquisser les caractéristiques principales de nos cas programmés.

En première approximation, on peut dire que le cas A comporte quatre espèces de données :

1. L'arrière-plan socio-familial centré sur le père et la mère;

2. Une série d'épisodes ordonnés chronologiquement;

3. Un arrière-plan socio-familial concernant l'épouse. Cette source additionnelle d'informations s'avère indispensable dès qu'une personne, appelée à jouer un rôle important dans la biographie d'un individu, fait son apparition;

4. Les épisodes 48 à 52 ayant trait à des résultats obtenus à divers examens psychologiques et qui sont de deux espèces. D'une part il y a les épisodes 48 (intelligence générale non verbale) — 49 (fluidité ou Facteur F de Cattell) et 51 (vocabulaire) qui exigent de l'interprétateur une évaluation quantitative. D'autre part, les épisodes 50 (niveau d'aspiration) et 52

(solution de problèmes pratiques : épreuve de rangement de Sanders) [1] consistent en des descriptions de modalités de comportement bien déterminées et qui, de ce fait, ressemblent aux épisodes précédents.

Ce type d'épisode, pas plus que la présentation de photographies en fin d'épreuve, n'est évidemment pas indispensable dans un cas programmé. Et même, s'il est fait utilisation de ce genre de données, il n'est pas nécessaire qu'elles interviennent à la fin d'un cas programmé. On peut en effet tout aussi bien envisager de les y « injecter » à d'autres moments dans le but de vérifier l'efficacité et les modalités de leur utilisation. Dans le cas présent, il s'agissait uniquement de voir quel sort leur serait réservé une fois que les interprétateurs seraient en possession de tous les renseignements biographiques.

Toutefois, ce premier groupement des données composant le cas A n'apporte qu'une contribution mineure à l'analyse de sa structure. Celle-ci étant de nature séquentielle, c'est, de toute évidence, la suite des épisodes qu'il convient d'examiner de plus près. A cet égard, la répartition des épisodes par âge chronologique doit attirer l'attention.

Si l'on tient compte des 16 épisodes pour lesquels l'âge de A est connu avec précision, un graphique peut être établi (graphique page 195) qui permet d'évaluer la densité des épisodes biographiques propres à chaque « âge » de l'intéressé.

De cette manière il apparaît clairement que le nombre d'épisodes utilisés en fonction de l'âge du sujet correspond à peu près à une courbe en S, le nombre d'épisodes le plus élevé se situant entre 18 et 22 ans. Pour l'enfance, et en empiétant d'une année sur la période scolaire, on ne dispose que des deux premiers épisodes. Pour la période scolaire, qui dura 8 années, il y en a 13. Puis, pour les 3 années suivantes, c'est-à-dire jusqu'au service militaire, il y en a 6. Du début de la vie conjugale jusqu'à l'entrée à la gendarmerie, soit de 20 à 21 ans on compte 3 épisodes. A l'année qui suit, 10 épisodes sont consacrés. A partir de ce moment, on assiste à une décroissance du nombre d'épisodes par année : 9 pour les trois années de délinquance et 5 pour la dernière période de cinq années.

Cette particularité de la distribution des épisodes en fonction de l'âge s'explique aisément. En effet, il n'est pas facile d'obtenir au sujet de l'enfance d'un individu des renseignements précis concernant des conduites spécifiques apparues dans des circonstances bien déterminées. Il en va de même pour les années de détention qui se déroulent dans un milieu appauvri et uniformisé à l'extrême. Dans ce dernier cas, c'est l'homogénéité des événements et des situations qui s'oppose au souvenir et à la formulation de conduites en situation nettement découpées.

La distribution des épisodes par rapport à l'âge ne renseigne que sur leur représentativité biographique globale. Mais il y a

---

[1] C. SANDERS, Rangeertest, Proeve ener methode van quantitatief en qualitatief intelligentie onderzoek, Staatsdrukkerij en uitgeverijbedrijf, 's Gravenhage, 1954.

également lieu de tenir compte du contenu des épisodes et plus particulièrement des situations auxquelles ils ont trait. De plus, il importe de mettre en évidence leur distribution, leur succession et les relations existant entre elles.

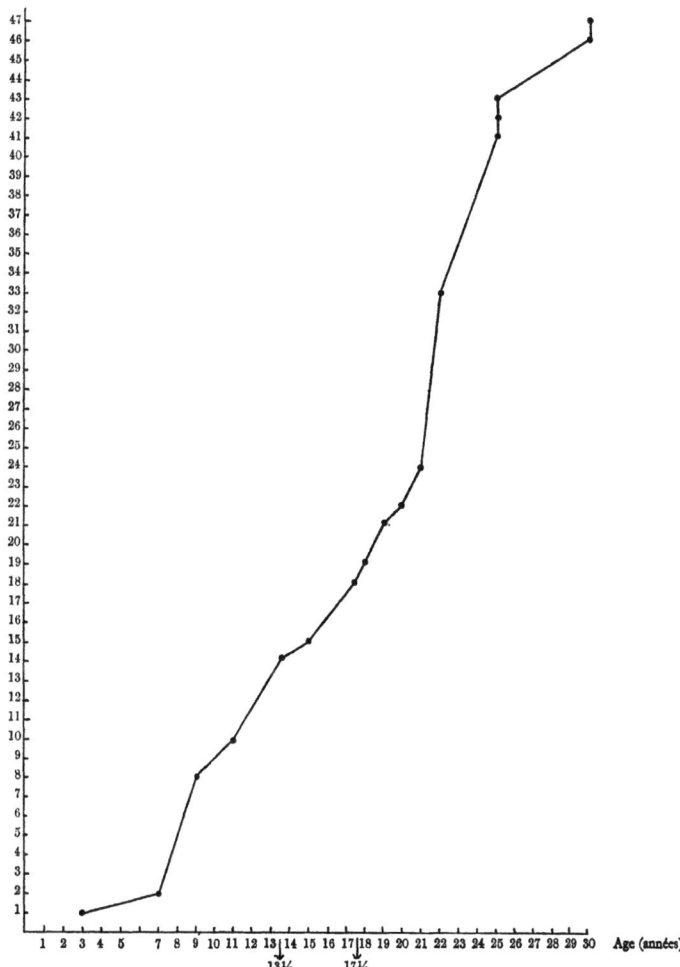

Afin de fournir une vue synoptique de cet aspect de nos cas programmés, nous avons eu recours à un procédé qui nous a été inspiré par celui dont Ch. Bühler [2] a fait usage pour représenter les traits principaux d'une biographie.

L'abcisse du graphique p. 196 est constitué par la suite des épisodes composant le cas programmé. En ordonnée, on trouve, étagés en ordre chronologique, les différents domaines ou « régions d'activité » dans lesquelles se situent les 47 épisodes biographiques. C'est ainsi que l'on peut distinguer successivement des épisodes ayant trait à la vie familiale, à la puberté accélérée,

[2] *(op. cit.)*.

aux flirts, à la vie professionnelle, aux fiançailles et au mariage, à la vie conjugale, au service militaire, à l'entrée dans la gendarmerie, au processus d'endettement progressif, à la délinquance et finalement à la détention. En tout, le cas A comporte donc 11 types de situations différentes. Chaque épisode étant représenté par un trait horizontal situé à l'intersection de son rang et du domaine auquel il appartient, ils peuvent tous être situés avec exactitude les uns par rapport aux autres, dans une double chronologie. Lorsqu'un épisode appartient simultanément à deux domaines, les traits horizontaux sont reliés en leur milieu par un trait vertical. Un trait vertical, joignant l'extrémité postérieure d'un trait horizontal à l'extrémité antérieure du trait suivant, a été utilisé pour marquer la continuité entre deux épisodes classés dans des domaines différents.

En ce qui concerne leur distribution par domaine on observe (tableau 29) que les domaines de la vie familiale (7 ou 9 épisodes selon que l'on tient compte ou non des deux premiers) de la vie conjugale (6) et de la délinquance (7) interviennent à part sensiblement égale pour constituer ensemble 42,2 % des épisodes de ce cas programmé. Cette proportion correspond sans nul doute, à leur importance réelle dans la biographie de A.

Mais on ne saurait s'attarder aux épisodes tels qu'ils sont rédigés sous peine de confondre le texte avec la réalité. Or, celle à laquelle les épisodes renvoient la débordent temporellement. Ceci signifie que la durée réelle des situations décrites dans les épisodes dépasse celle des conduites sur lesquelles les épisodes

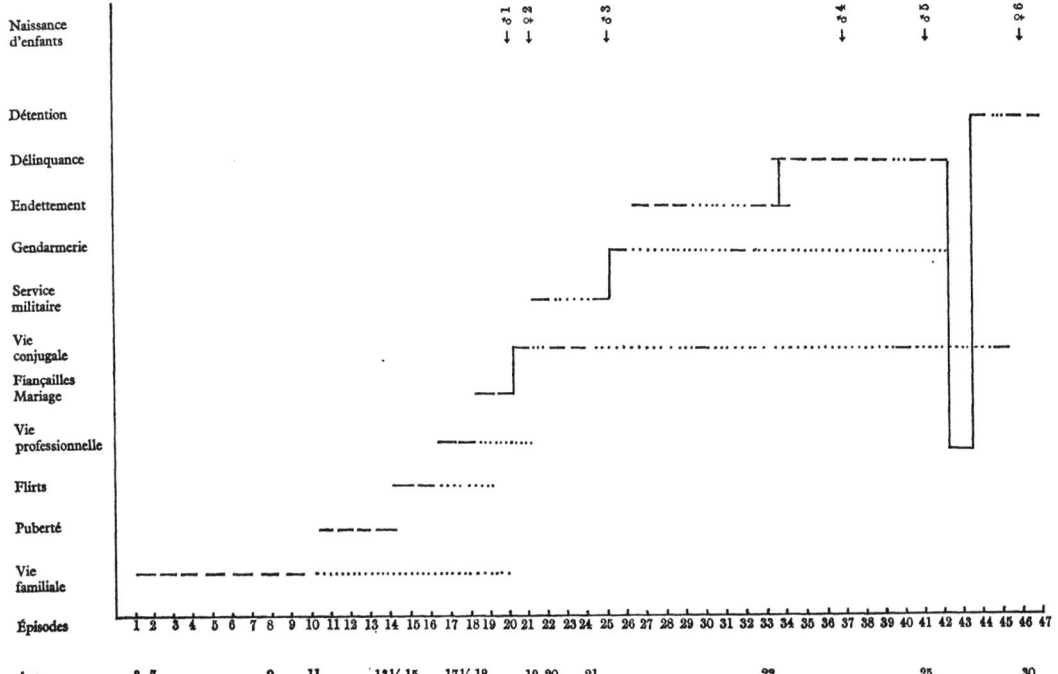

TABLEAU 29

1.	Vie familiale	7 (9)
2.	Puberté	4
3.	Flirts	2
4.	Vie Professionnelle	3
5.	Fiançailles/Mariage	2
6.	Vie conjugale	6
7.	Service Militaire	2
8.	Gendarmerie	3
9.	Endettement	4 (5)
10.	Délinquance	7 (8)
11.	Détention	4
	Somme :	45 (47)

sont centrés. Ainsi, il est évident que la vie familiale décrite dans les épisodes 1 à 9 se poursuit parallèlement aux événements de la série « puberté accélérée » (épisodes 10 à 13). De même, la vie conjugale décrite dans les épisodes 20, 22, 23, 29, 39, 44 se poursuit-elle entre ces épisodes. C'est pour cette raison que nous avons indiqué la persistance de situations correspondant à un certain type d'épisodes par une ligne pointillée. Aussitôt il apparaît que les épisodes du cas programmé ne sont pas seulement ordonnés chronologiquement à l'intérieur de domaines successifs, mais qu'ils possèdent éventuellement une certaine profondeur. En d'autres mots, et en nous référant à la terminologie de la psychologie de la perception, nous dirons qu'outre sa position dans une série ou dans un domaine, un épisode déterminé se présente également comme une figure sur un fond, notamment sur le fond constitué par la persistance de situations mentionnées dans d'autres épisodes. Par exemple, les deux épisodes 18 et 19 se déroulent sur le fond de la situation professionnelle de A décrite dans les épisodes 16 et 17.

Des relations plus complexes peuvent également exister et notamment lorsque le « fond » est en réalité un double arrière-plan. Ainsi les épisodes 26, 27 et 28 (endettement) ont pour toile de fond aussi bien des situations appartenant à la série « gendarmerie », qu'à la série « vie conjugale ». Outre la double localisation chronologique, il y a donc lieu de tenir compte des particularités « figurales » de chaque épisode par rapport à ceux qui le précèdent.

Une autre complication structurale résulte du fait qu'à la double localisation chronologique ne correspond pas nécessairement une transition ininterrompue vers de nouveaux domaines d'action. Bien au contraire, il se produit des interruptions caractérisées par la reprise d'un thème antérieurement abandonné. Citons ici, à titre d'exemple, les épisodes 22, 23, 29 et 39 de la vie conjugale et le cas le plus frappant de tous : l'épisode 42. C'est dire qu'une des tâches qu'impose l'interprétation d'un cas programmé consiste à suspendre et à retenir un fil momentanément interrompu du développement biographique pour ensuite le renouer avec des événements ultérieurs.

Ce que l'on pourrait appeler le « relief » d'un cas programmé, c'est-à-dire le degré de difficulté relative de chaque épisode est une caractéristique générale qui doit être prise en considération. Le graphique (p. 199 haut) représente le degré de difficulté propre à chaque épisode, c'est-à-dire le nombre moyen de tentatives effectuées par deux groupes de sujets pour trouver la réponse correcte au cours de 5 tentatives. Le premier groupe (n = 47) composé d'étudiants de licence en psychologie obtint des résultats nettement supérieurs à ceux du second groupe (n = 40) composé d'étudiants de première candidature. Alors que le degré de difficulté moyen constaté dans le premier groupe atteignait 1,99 avec un écart-type de 0,50, la moyenne correspondante dans le second groupe était de 2,23 avec un écart-type de 0,53.

La différence entre ces deux moyennes est statistiquement significative au niveau de $p < .02$. Néanmoins, on observera le remarquable parallélisme entre les deux courbes que l'on peut évaluer quantitativement en calculant le coefficient de corrélation entre les deux séries de degrés de difficulté. Celui-ci atteint la valeur élevée de $+ 0.82$. Cette constatation permet de supposer que ce premier cas programmé possède un relief de difficulté qui lui est intrinsèque. Dès lors, il s'avère intéressant de repérer les épisodes présentant des degrés de difficulté extrêmes et, plus particulièrement, ceux qui s'avèrent les plus difficiles. Or pour situer ceux-ci dans l'ensemble du relief de difficulté, il est intéressant de mettre en évidence les tendances générales des courbes observées par le calcul de moyennes mobiles. En appliquant la formule $$\frac{e_n + 2e_{n+1} + e_{n+2}}{4} = \bar{m}$$ aux triades successives de niveaux de difficultés, on obtient les deux courbes du graphique (p. 199 bas). Celles-ci révèlent deux tendances opposées : d'une part, une baisse générale du niveau de difficulté qui s'étend du premier au trentième épisode et, d'autre part, une remontée, amorcée par les sommets atteints aux épisodes 31 et 32. On observe également que la diminution du degré de difficulté au cours des 30 premiers épisodes est accompagnée d'oscillations dont les sommets, dans les deux courbes intéressent les épisodes 10, 13 et 14, 21 puis 26. Lors de la remontée du niveau de difficulté qui s'ébauche à partir de l'épisode 38, on note que les épisodes 39, 44, 48 et 51 constituent également des sommets. En ce qui concerne le degré de difficulté des épisodes 48 et 51, il contraste nettement avec celui des épisodes 50 et 52. Deux raisons peuvent être invoquées pour expliquer cet état de choses. La première a trait au contenu même de ces épisodes. Ce ne sont en effet que les meilleurs interprétateurs de ce cas programmé qui se montrent capables de jauger avec exactitude le niveau intellectuel de A dont le comportement n'est que trop souvent jugé comme « inintelligent ». Par contre la similitude des situations et des conduites évoquées dans les épisodes 50 et 52 avec celles décrites dans un grand nombre d'épisodes antérieurs semble avoir facilité considérablement le choix des réponses correctes. La seconde raison concerne la présentation purement quantitative des termes des alternatives faisant partie des épisodes 48, 49 et 51 qui semble avoir considérablement gêné les interprétateurs.

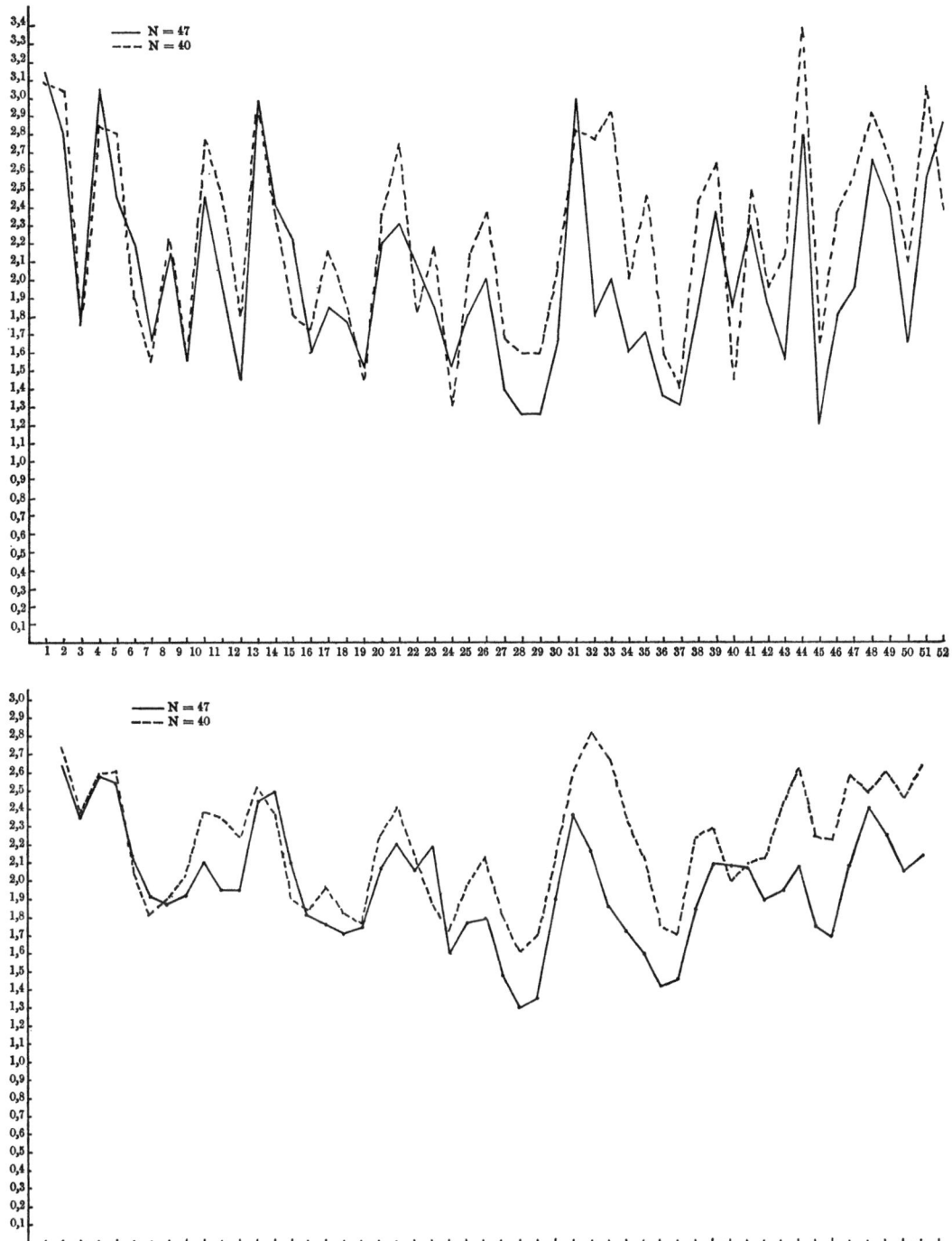

Quant aux autres sommets de difficulté, tant en ce qui concerne la phase descendante (1 à 30) que la phase ascendante (38 à 52), il est intéressant de passer en revue l'essentiel de leur contenu.

(1) Épisode 10 : Par crainte de son père, A falsifie ses bulletins.
(2) Épisode 13 : A se montre relativement indifférent envers une punition.
(3) Épisode 14 : En dépit de l'opposition de sa mère, A persiste à fréquenter une jeune fille.
(4) Épisode 21 : Au cours de son service militaire, A trompe sa femme à diverses reprises.
(5) Épisode 26 : Impatient d'assister à une émission de T. V., A achète à crédit un deuxième poste de T. V.
(6) Épisode 31 : En violation de ses fonctions de gendarme, A déchire un procès-verbal.
(7) Épisode 38 : Afin de ne pas être identifié, A se débarrasse des bijoux qu'il a volés.
(8) Épisode 39 : En raison de la tension qu'éprouvent A et sa femme, une certaine froideur s'installe entre eux et leurs relations sexuelles deviennent plus rares.
(9) Épisode 41 : Acculé par une patrouille de police, A tire afin de se dégager.
(10) Épisode 44 : Devant sa femme, A nie s'être rendu coupable d'un viol.

Ce n'est pas ici l'endroit de poursuivre l'analyse des résultats obtenus par divers groupes de sujets à nos cas programmés étant donné qu'un chapitre ultérieur sera entièrement consacré à cette question.

Néanmoins, il convient d'élucider la signification de ces épisodes particulièrement difficiles, en les situant dans l'ensemble de ce cas programmé. C'est dire que nous en sommes arrivés à un point où l'interprétation globale du cas de A s'impose.

L'arrière-plan socio-familial de A nous apprend que le mariage de ses parents fut celui d'un cadet avec une aînée nettement plus âgée que lui. Cette combinaison qui, considérée en elle-même aurait pu se révéler favorable, est toutefois lourdement hypothéquée par la personnalité des deux conjoints qui, par surcroît sont issus de milieux socio-économiquement assez différents. En effet, la mère de A, en passe de devenir une vieille fille laissée pour compte sans avoir pu réaliser son ambition de devenir institutrice, épouse en partie contrainte et forcée, un jeune homme sans situation, d'un caractère tout à fait opposé au sien et qui a toujours été outrageusement gâté par sa mère au détriment de ses frères et sœurs. En dépit de tous les efforts déployés par la mère de A, qui à cet égard prolonge envers son mari les attitudes que sa belle-mère avait adoptées envers ce dernier, la vie des parents de A n'est qu'une succession d'échecs professionnels. C'est ainsi que, tout en se coupant de sa famille et en devenant une femme austère et économe à l'extrême, la mère de A transpose sur celui-ci tous ses espoirs déçus. Sans qu'il en résulte une perspective d'avenir bien définie, elle le soumet à un régime éducatif froid et rigide d'une surprotection assez marquée à travers lequel transparaissent et ses soucis matériels et ses anciennes aspirations pédagogiques. Quant au père, il effectue également une transposition de ses échecs sur la personne de son fils en se montrant d'une sévérité extrême quant à ses résultats scolaires. L'enfance de A est donc caractérisée par l'action convergente exercée sur lui par les espoirs déçus du père et de la mère qui, chacun à sa façon, semblent voir en lui celui qui réalisera les objectifs qu'ils n'ont pas été capables d'atteindre. Du côté de la mère ce sont les préoccupations matérielles qui prédominent alors que les exigences du père concernent surtout la scolarité.

Mais le dénominateur commun c'est la réussite matérielle. On remarquera toutefois que les modalités de celle-ci ne sont guère définies. Aucun but professionnel n'est délimité. Au fond, les attentes des parents à l'endroit de leur fils sont en grande partie calquées sur les diverses tentatives entreprises par le père pour améliorer son statut socio-économique. C'est-à-dire, seul le but final importe et les moyens professionnels utilisés ne sont que d'importance secondaire.

C'est à partir de cette matrice fondamentale d'interactions personnelles et de l'ensemble des espoirs placés en lui que l'on voit s'élaborer chez A trois thèmes fondamentaux qui, dans la terminologie de F. H. ALLPORT, peuvent être considérés comme autant de « tendances téléonomiques »[3].

Tant sous l'influence de la surprotection maternelle qu'en conséquence de la sévérité paternelle, A manifestera un ensemble de conduites caractéristiques envers les différentes formes d'autorité auxquelles il se trouvera confronté au cours de son existence. Ainsi, lorsque l'autorité exercée sur lui est assortie de sanctions il se soumet soit passivement (épisode 7 : remplit à la lettre ses tâches scolaires par crainte de son père, épisode 8 : obéit aux exigences de sa mère) soit en manifestant une décompensation anxieuse (épisode 11 : crise d'angoisse devant la crise de colère de son père ; épisode 43 : arrêté à son travail, il s'effondre en pleurs et avoue). Mais si l'autorité et les sanctions exercées sur lui se relâchent, il se montre plutôt indifférent (épisode 13 : punition modérée encourue à la suite de l'admonestation par le Juge des Enfants). Se trouve-t-il disposer d'une certaine marge de liberté, qu'il s'efforce de se concilier les faveurs des personnes ayant autorité sur lui (épisode 8 : flagornerie à l'égard de ses professeurs ; épisode 24 : profitant de ses fonctions de téléphoniste à l'armée il devient l'homme de confiance de son major et lui rend divers services).

Lorsqu'il ne se trouve pas confronté à plus fort que lui, il adopte aussitôt une attitude dominatrice (épisode 9 : comportement à l'égard de ses camarades de classe ; épisode 45 : attitude de quasi-surveillant en prison). S'il se trouve en position de supériorité et capable d'exercer une autorité sur autrui, il se montre agressivement taquin envers de plus faibles que lui (épisode 4 : observation de la grand-mère ; épisode 47 : comportement en prison envers certains codétenus). Finalement, se sent-il coincé

---

[3] F. H. ALLPORT, Teleonomic description in the Study of Personality Character and Personality, 1937, 5, 202-214.

à l'égard d'autorités qu'il a recours à la falsification ou au mensonge (épisode 10 : falsifications de son bulletin; épisode 32 : cache l'étendue réelle de ses dettes).

Que le contrôle exercé sur lui par diverses autorités soit plus ou moins rigoureux, ou encore qu'il ne soit soumis à aucune contrainte, on voit A s'adapter en fonction des pressions auxquelles il est soumis. C'est que, pour A, les sources d'autorité et les normes qui en émanent constituent essentiellement des champs de force extérieurs à sa personne auxquels il réagit par différentes formes de conduites d'évitement. C'est en vain que l'on chercherait chez lui des signes témoignant d'une véritable intériorisation de règles de conduite. Il va de soi que son « excellente manière de servir » à l'armée, dans la gendarmerie et en prison relèvent du même type d'adaptation.

Dans le même ordre d'idées on notera que, tant les données, fournies par le « Role Repertory Test de Kelly », les descriptions de Personnalité (Père, Mère, Moi et Moi-Idéal) que la 4e et la 7e histoire du T. A. T., apportent la preuve d'un manque d'identification aux parents. C'est aussi le même thème des relations d'autorité que l'on trouve évoqué aux phrases incomplètes de Sacks et Levy et de Rotter (Sacks et Levy : Supérieurs 1 à 4; Subordonnés 1 et 4; Aptitudes : 2; Passé : 1).

Chronologiquement, c'est la sexualité, la vie sentimentale et conjugale de A qui constituent la seconde tendance téléonomique dans ce cas programmé.

A partir d'une puberté précoce, apparaissent chez A une série de comportements oppositionnels envers la discipline imposée par les parents (épisodes 10, 11, 12, 13 et 14) qui se prolongent par une fixation précoce et tenace envers celle qui deviendra sa femme (épisodes 15, 18 et 19). Simultanément il manifestera une considérable rigidité dans la manière dont il s'efforce d'obtenir la satisfaction de ses besoins sexuels. Non seulement il s'accroche à la jeune fille qu'il désire épouser, mais c'est à force d'insister qu'il parvient à vaincre l'éjaculation précoce résultant de son impulsivité sexuelle; et, finalement, c'est le caractère impérieux de ses besoins sexuels et l'importance qu'il attache à la satisfaction de ceux-ci qui lui font négliger toute précaution et qui entraînent six naissances fort rapprochées les unes des autres. Mais la rigidité dont témoigne A dans le domaine sexuel concerne bien plus les buts qu'il poursuit que les moyens dont il se sert pour les atteindre. Ainsi, lorsque sa future épouse refuse d'envisager le mariage, il la rend enceinte. Ultérieurement, les relations affectives entre A et son épouse sont encore lorsque empreintes d'une considérable ambivalence, il la trompe. Le même type de comportement substitutif réapparaîtra en pleine période de délinquance sous la forme d'un viol survenant au cours d'une expédition de cambriolage (épisodes 39 et 40).

Le désir de gagner beaucoup d'argent, de pouvoir bénéficier d'un niveau de vie élevé et d'atteindre un statut social lui permettant de se comparer avantageusement aux autres membres de sa famille constitue la troisième tendance téléonomique propre à la biographie de A. Si cette aspiration apparaît comme très intense chez lui, c'est qu'elle s'alimente à diverses sources convergentes. En effet, il n'y a pas seulement lieu de tenir compte de l'influence exercée par l'ensemble de la famille en tant que groupe de référence, mais également des aspirations frustrées des parents de A et des espoirs qu'ils placèrent en lui. En outre, le mode de vie très modeste de ses parents avait laissé chez A bon nombre de besoins insatisfaits. Comme sa femme, en raison du comportement très particulier de sa mère avait été soumise à un régime semblable, leur union ne pouvait que renforcer les aspirations de A à plus de bien-être matériel.

Par ailleurs, au moment de leur mariage, A et sa femme sont entièrement démunis sur le plan matériel et, ultérieurement, six naissances se succédant en une douzaine d'années les placeront sans cesse devant de nouveaux problèmes matériels et entretiendront leurs aspirations communes.

Cette motivation est apparue précocement chez A car on en perçoit les premiers signes dès le début de sa vie professionnelle (épisodes 16 et 17). Fait capital, elle est intimement liée chez lui à l'absence d'un véritable engagement professionnel. A la fin de ses études primaires, A est entièrement dépourvu de projets professionnels et c'est son père qui l'orientera vers le métier d'électricien. Le plan de ses études professionnelles sera rapidement modifié au profit de sa position de prestige à l'égard de sa future épouse, et en dépit des moyens intellectuels dont il dispose, il préférera gagner plus plutôt que d'acquérir une spécialisation. C'est également la double perspective d'augmenter ses revenus et de rehausser son statut social qui l'incitera à abandonner son métier pour s'engager à la gendarmerie alors qu'il ignore tout de la profession de gendarme et que l'exercice de celle-ci ne répond en lui à aucun intérêt préalable. Pour A, il s'agira tout au plus d'une continuation de son service militaire sous une nouvelle forme et les particularités du service auquel il fut affecté vinrent apparemment confirmer cette assimilation. De là sa relative indifférence devant l'échec qu'il subit à un examen (épisode 30); de là aussi la conduite assez surprenante de l'épisode 31. En réalité, A n'a jamais assumé le rôle professionnel de gendarme parce que l'exercice de ce métier, avec toutes les normes et valeurs qu'il implique, ne constituait qu'un ensemble de conduites aussi étrangères à ses propres objectifs que ne l'avait été son service militaire. De toute évidence, c'est ce même manque d'engagement professionnel et, corrélativement, l'importance exclusive attachée à l'obtention de gains matériels maximaux pour des efforts minimaux qui soustendent les explications apparemment contradictoires qu'il fournit au sujet de ses désirs et de ses satisfactions professionnels. Quant à sa singulière hiérarchisation des professions, on ne peut manquer d'y voir le produit d'une élaboration cognitive défensive qui, au prix d'une distorsion considérable de la réalité sociale et en dépit de ses échecs, lui permet de toujours se situer dans la première catégorie tout en rationalisant son indifférence envers tout type particulier d'activité professionnelle.

Une fois admis à la gendarmerie, A découvre toute la gamme de possibilités qui s'offrent à lui dans le domaine de l'achat à crédit. Au début, il est contraint d'y avoir recours, mais très rapidement, il en abusera. Parallèlement, son inexpérience et celle de sa femme aidant, il s'octroie un niveau de vie qui dépasse largement ses ressources réelles. Tant chez sa femme que chez lui, ce ne sont pas seulement des besoins actuels qui régissent son comportement mais également des aspirations plus anciennes éveillées et entretenues par le milieu familial d'origine. Il s'agit pour A de se prouver à lui-même et à sa famille qu'il a atteint un statut social supérieur. Par ailleurs, les enfants constituent une source de rationalisations faciles. Mais surtout, en devenant indépendant, A échappe à tout contrôle extérieur et, tout en s'enkystant par nécessité dans son ménage, en vient à ne plus rien se refuser. Les époux qui n'élaborent aucun budget se gratifient mutuellement dans tous les domaines. L'alimentation est de qualité et les enfants portent les meilleurs vêtements que l'épouse de A remplace par de nouveaux achats plutôt que de les raccommoder et de les réutiliser. L'achat d'un second poste de T. V. (épisode 26) est typique pour toute cette période qui rapidement oblige A à contracter une série d'emprunts (épisodes 27 et 28). Ceux-ci s'élèveront à une dizaine en moins de deux ans et porteront sur des sommes variant entre 5 000 et 30 000 Fr. Mais, en dépit des difficultés qui vont en s'accumulant, A ne modifie en rien son mode de vie car les emprunts successifs ne constituent pour lui qu'une substitution de moyens destinés à assurer la réalisation des mêmes objectifs. Aussi, lorsque dans l'optique de A, la situation paraîtra sans issue, c'est à de nouveaux moyens, notamment le cambriolage qu'il aura recours. Mais aussi longtemps qu'aucune contrainte extérieure suffisamment puissante ne s'exerce sur lui, on ne le voit guère renoncer à ses visées initiales.

Malgré quelques échecs (épisodes 34 et 26), et tout en ayant à faire face aux complications résultant du fait de mener une double vie, le comportement de A manifeste toujours la même orientation « rectilinéaire » vers le but qu'il s'est fixé. Il améliore sa technique, prépare minutieusement ses expéditions, s'entoure de toutes sortes de précautions et s'efforce de tirer parti de tous les renseignements auxquels il a accès en tant que gendarme (épisodes 35, 37 et 38). Il lui arrivera même de participer à des patrouilles ayant pour but de repérer l'auteur des cambriolages auxquels il s'était livré lui-même. La coalescence des diverses tendances téléonomiques que l'on peut distinguer chez A s'accomplira de manière impulsive dans un viol (épisode 40). Son obstination à rechercher le « grand coup » qui lui permettrait de régler tous ses problèmes l'entraîne dans une situation limite où il doit affronter la police et dont il ne parvient à se dégager qu'en prenant d'énormes risques (épisode 41).

La relation existant entre la période de délinquance de A et les trois grands thèmes téléonomiques que comporte sa biographie permet de déceler d'importantes caractéristiques que ceux-ci possèdent en commun. Il est en effet évident que le comportement délinquant de A représente un ensemble de conduites substitutives qui apparaissent lorsque les moyens qu'il a jusqu'alors utilisés pour arriver à ses fins se révèlent insuffisants. Par son comportement délinquant, A ne poursuit pas de nouveaux objectifs. Ses aspirations restent fondamentalement les mêmes, mais ce sont les moyens adoptés qui subissent d'importantes modifications. Or cette rigidité des buts d'une part, et le recours fréquent à la mise en œuvre de moyens substitutifs d'autre part définissent une modalité de comportement commune à tous les vecteurs motivationnels régissant ses conduites.

Ainsi, pour échapper aux punitions sévères qu'il risque d'encourir de la part de son père, il falsifie son bulletin lorsqu'il ne suffit plus de le faire signer par sa mère.

Lorsqu'il a fait la connaissance de sa future épouse, il substitue l'école du soir à l'école professionnelle de jour afin de pouvoir jouir d'un statut semblable au sien. Au refus de la jeune fille de s'engager à son égard, il réagit en la rendant enceinte. Ultérieurement, il recherchera auprès des prostituées la satisfaction sexuelle qu'il ne trouve pas auprès de sa femme. Quant au viol qu'il commettra au cours d'une tentative de cambriolage, il présente toutes les caractéristiques d'un acte substitutif. De même, l'achat du deuxième poste de T. V. et les emprunts qu'il contracte sont autant d'adaptations substitutives par rapport au même objectif final. Enfin, il y a jusqu'à l'acte le plus grave qu'il ait commis (épisode 41) qui est de nature substitutive.

Dans ces conditions le niveau de difficulté propre aux épisodes 10, 13, 14, 21, 26, 31, 39 et 41 — soit 8 des 10 plus difficiles — peut en grande partie s'expliquer par le fait que la solution des problèmes qu'ils posent exige la compréhension des thèmes téléonomiques fondamentaux. En outre, dans 4 de ces 8 épisodes (10, 21, 26 et 41) ce sont précisément des conduites substitutives, typiques pour A, qu'il s'agit de prédire.

Si l'on établit la distribution des différents thèmes téléonomiques rencontrés dans le cas programmé de A ainsi que des conduites substitutives qui y sont associées on obtient le tableau suivant :

TABLEAU 30

	Nombre d'épisodes	Comportements Substitutifs
Relations d'autorité	16	1
Vie sentimentale et sexuelle	15	4
Manque d'engagement professionnel et recherche de Statut	12	5
Délinquance	8	8

Toutefois, étant donné que plus d'une tendance téléonomique peut se manifester dans un épisode, il y a lieu de compléter ce tableau par le mode de représentation déjà adopté antérieurement pour analyser la structure du cas programmé. Cette fois (page 206) ce sont les thèmes téléonomiques qui sont indiqués

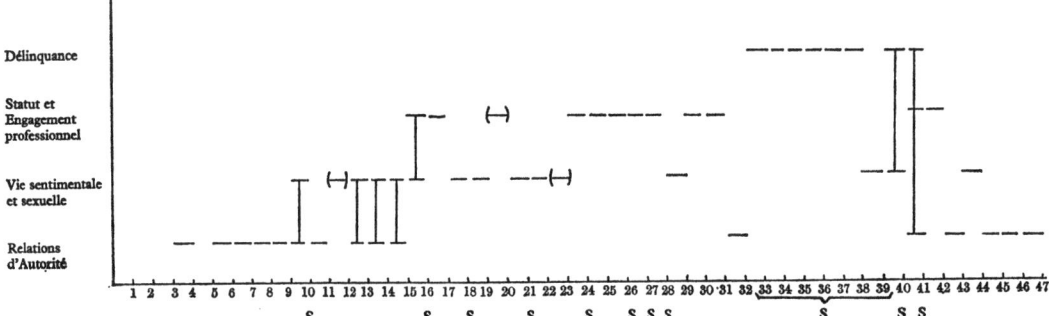

en ordonnée selon leur ordre d'apparition chronologique. Les épisodes où s'expriment simultanément plusieurs thèmes ont été reliés par un trait vertical. Quant à ceux qui ne sont apparentés à une tendance téléonomique que par leur contenu, ils ont été placés entre parenthèses. En abcisse, on trouvera marqués d'un « S » les épisodes se rapportant à des comportements substitutifs.

L'analyse à laquelle nous venons de nous livrer a sans doute eu pour effet de clarifier l'articulation interne de ce premier cas programmé et de permettre au lecteur d'améliorer son niveau de compréhension concernant le comportement de A. Mais il serait erroné de croire que, de ce fait, tout ait été dit au sujet de sa personnalité. Il subsiste en effet un ensemble de données qu'il convient d'organiser et d'interpréter.

Parmi celles-ci, la corrélation existant entre constitution physique et tempérament occupe une place importante chez A. En effet, il n'est pas exagéré de dire qu'il sort tout droit des livres de Kretschmer. Car outre, toutes les caractéristiques somatiques de l'athlétique il en manifeste toutes les particularités psychologiques.

Du point de vue psychomoteur, A en impose par la calme assurance de ses attitudes et de sa démarche. Ses gestes sont prudents et précis et il fait preuve d'une économie de mouvements marquée. Son langage est simple et dépouillé et il s'exprime de façon assez laconique. Fournir verbalement des explications détaillées lui coûte incontestablement un effort.

Il y a chez lui une véritable pauvreté expressive qui concerne aussi bien son faciès, sa voix que ses gestes. Comme elle n'est pas en opposition avec ses motivations et qu'il l'assume consciemment sous forme d'attitudes « militaires », il se dégage de A une impression de phlegme imperturbable. Son goût pour la lutte gréco-romaine qu'il pratiqua avec succès pendant quelques années et l'intérêt qu'il porte aux sports exigeant plus de force et de sûreté que d'habileté motrice sont typiquement « athlétiques ».

Quel que soit le travail auquel il se livre, il s'y engage tout entier et l'exécute avec une application et un soin frisant le pédantisme. Loin d'exiger de lui des efforts particuliers, sa diligence, son assiduité et sa régularité sont naturelles et spontanées. Aussi n'éprouve-t-il aucune difficulté à exécuter des tâches exigeant une attention soutenue et concentrée et à résister à toute espèce de distraction.

C'est évidemment dans le contexte du tempérament athlétique qu'il convient de situer la remarquable opiniâtreté avec laquelle il s'est toujours efforcé d'atteindre ses objectifs. Mais, si la tenacité est une caractéristique éminente des individus de type athlétique, ses relations avec la persévérance d'une part et avec la persévération d'autre part ne sont pas bien connues. Ni Kretschmer ni les typologistes qui ont suivi ses traces ne se sont clairement expliqués à ce sujet. Sans doute peut-on supposer que la tenacité est fonction à la fois de la persévérance et de la persévération, cette dernière possédant en quelque sorte une relation curvilinéaire avec la persévérance dont le maximum correspondrait à un optimum de persévération. Mais ce n'est là qu'une hypothèse.

Ce problème se pose chez A dans la mesure où l'on constate chez lui une persévérance notable associée à un niveau d'aspiration élevé et rigide alors qu'au test de persévération de Zazzo il ne se situe qu'au niveau du 4e décile.

Par ailleurs, lorsque A doit résoudre des problèmes de difficulté croissante (cfr. épisode 52) la rigidité des procédés dont il use saute aux yeux; et on se rappellera le résultat extrêmement élevé qu'il obtint au questionnaire de tolérance envers l'ambiguïté de Budner. Mais peut-on assimiler ces manifestations de rigidité, ainsi que la rigidité de ses aspirations à de la persévération au sens usuel de ce terme? L'état très peu satisfaisant des études dans ce domaine ne permet guère d'envisager l'application de connaissances plus générales au cas individuel de A. Nous devons donc nous borner à constater chez lui une tenacité peu commune résultant d'une rigidité cognitive et motivationnelle très élevée et une persévération quelque peu inférieure à la moyenne. Sans doute, des déterminants situationnels, familiaux et sociaux ainsi que des adaptations secondaires à ceux-ci ne sont-ils pas étrangers à cette rigidité, mais les données permettant de débrouiller l'écheveau complexe des interactions en jeu font défaut. Quoi qu'il en soit, c'est incontestablement cette rigidité cognitive et motivationnelle qui constitue l'armature des séries téléonomiques que l'on peut discerner dans sa « biographie ». Et, à condition de l'entendre au sens Lewinien, c'est-à-dire comme « Wandfestigkeit » des systèmes cognitifs et motivationnels, c'est également cette rigidité qui a favorisé la séparation des deux aspects de la « double vie » qu'il mena pendant de nombreux mois. Ce cloisonnement renvoie d'ailleurs à d'autres, tels que celui qui isola sa vie familiale et conjugale de sa vie professionnelle et des autres domaines de son existence.

Sa faible « fluidité », ses goûts peu affinés et stéréotypés, son manque de fantaisie et d'imagination, ses intérêts peu diversifiés, sa tournure d'esprit prosaïque et terre à terre sont encore autant de manifestations de son tempérament athlétique. Il en va encore de même en ce qui concerne son humeur et son affectivité. La tonalité thymique qui sous-tend son comportement quotidien est remarquablement stable. Ses extériorisations affectives, mises en sourdine par son attitude phlegmatique, se limitent principalement à quelques manifestations d'irritation qu'il contrôle assez facilement.

Il ne subsiste rien de l'anxiété phobique dont quelques épisodes furent relevés au cours de son enfance, et, à aucun moment de son incarcération, des manifestations de tension émotionnelle semblables à celles qui apparurent chez lui au cours de sa période de délinquance ne furent relevées. Pourtant, durant tout son séjour au C. O. P., sa capacité de contrôle émotionnel fut soumise à rude épreuve. En effet, l'enjeu des examens qu'il devait subir était d'importance capitale puisqu'il s'agissait ni plus ni moins de savoir s'il pouvait être proposé pour une libération conditionnelle. A était parfaitement conscient du caractère inusité des problèmes soulevés par son cas. Tant les démarches effectuées par son conseil que celles entreprises par sa femme lui avaient fait comprendre qu'après 4 années de détention, les autorités judiciaires persistaient dans leur attitude de pure pénalité répressive à son égard et que par conséquent il risquait de devoir accomplir les deux tiers, sinon la totalité des 10 années de prison auxquelles il avait été condamné. Dans l'entre-temps, l'épouse de A avait appris à gérer son ménage et à élever ses 6 enfants avec les moyens financiers réduits que constituait l'aide accordée par la Commission d'assistance publique. Mais, en dépit de l'aide supplémentaire que lui accordait la famille ainsi que certaines personnes qui s'étaient émues de sa situation, les difficultés matérielles et sociales se succédaient et se renouvelaient sans cesse et commençaient à user sa résistance. En particulier, les aînés parmi les enfants posaient des problèmes d'une acuité croissante étant donné que les fictions invoquées pour justifier l'absence prolongée du père, telles que « séjours à l'étranger » ou « maladie » s'effritaient rapidement. Leur remplacement par des versions plus réalistes de la situation s'avérait d'ailleurs être une tâche ardue, étant donné que les questions posées par les enfants étaient en majeure partie induites par la discordance entre les propos de la mère et l'image qu'ils entretenaient de leur père et les remarques de plus en plus désobligeantes émanant de leurs compagnons de classe. Un des garçonnets commençait à manifester une intolérance marquée à la tension engendrée par l'absence de son père et, outre une baisse importante de son rendement scolaire, il présentait divers symptômes nerveux.

En dépit de tous ces soucis qui l'accablaient d'autant plus qu'en raison de sa détention il ne pouvait aider sa femme que par ses conseils et ses encouragements, A, à aucun moment, ne se décompensa. A part quelques plaintes au sujet de l'incertitude dans laquelle il se trouvait quant à l'octroi d'une libération conditionnelle, de brefs épisodes de cafard et quelques manifestations d'irritation et d'impatience, aucune perturbation émotionnelle notable ne put être observée chez lui.

Ses réponses à divers questionnaires ne fournissent également aucune indication de cet ordre. Sans doute obtient-il à l'échelle IPAT de Cattell une note assez élevée au facteur C de « Force du Moi » qui peut être interprétée comme une incapacité de contrôler ses tensions ergiques et de les extérioriser par des voies appropriées. Mais d'autre part, au MMPI, sa note à l'échelle de « Force du Moi » (T : Es = 59) de Barron est nettement supérieure à la moyenne. Cette discordance n'est pas tellement surprenante. En effet, la synonymie de ces deux échelles ne signifie pas qu'elles soient identiques voire ressemblantes. Alors que l'échelle de Barron est une échelle de pronostic psychothérapique construite par application de procédés empiriques à deux groupes contrastés, l'échelle C de Cattell doit son unité et sa signification à l'analyse factorielle qui a permis de la mettre en évidence. En outre, l'échelle de Cattell vise à diagnostiquer un état actuel de la personnalité alors que celle de Barron a pour but de formuler un pronostic. Toute divergence résultant des populations sur lesquelles les étalonnages furent établis mise à part, il n'y a donc pas lieu de considérer ces résultats comme contradictoires. Il reste néanmoins que la signification exacte de la note obtenue par A à l'échelle C de Cattell est obscure étant donné que l'on ne dispose pas de données indépendantes auxquelles elle pourrait être comparée. Mais en fin de compte, on ne doit pas perdre de vue que l'échelle incriminée n'est qu'une partie d'un questionnaire d'anxiété auquel la note globale de A est, conformément aux données cliniques, très basse.

Le MMPI pose un autre problème notamment en ce qui concerne l'élévation de l'échelle d'Hypochondrie (Hs : T = 65).

Dans l'interprétation de R. Fowler, ce résultat est mis en relation avec le résultat observé à l'échelle Pd. par l'intermédiaire d'un mécanisme substitutif. Des individus tels que A seraient en effet capables de contrôler leurs impulsions asociales mais ils y substitueraient une attitude d'apitoiement sur soi. Et, ajoute le protocole de Fowler, « de toute manière, on peut s'attendre à ce qu'il soit égocentrique, exigeant et préoccupé par des plaintes physiques ». Quoique l'interprétation, selon le système de la Mayo Clinic n'aille pas si loin, il y est également question d'un nombre de plaintes physiques légèrement supérieur à la moyenne et de quelques préoccupations de type hypocondriaque. Or, ni les explorations cliniques répétées, ni les observations journalières ne permettent de mettre en évidence des plaintes ou des préoccupations de cet ordre. Il en va d'ailleurs de même pour un item critique du MMPI (337; G1) par lequel A affirme : « J'éprouve presque toujours de l'anxiété soit pour quelqu'un, soit pour quelque chose. » A nous offre donc le tableau d'un individu aux prises avec une situation de conflit complexe, génératrice de difficultés croissantes et chez qui des signes de tension émotionnelle n'apparaissent que de manière très fragmentaire et indirecte à travers ses réponses à des questionnaires. On ne saurait évidemment incriminer son niveau intellectuel pour expliquer son attitudes et ses réponses aux questionnaires. Non seulement ses résultats aux tests, mais également les diverses conduites substitutives que l'on relève dans sa biographie, apportent la preuve qu'il est doué d'une intelligence très nettement supérieure à la moyenne. En outre au MMPI ses notes aux échelles d'efficience intellectuelle (Ie : T = 60) et de niveau intellectuel (Iq : T = 63) sont nettement supérieures à la moyenne et, à l'échelle d'originalité (Or : T = 73), son résultat est très élevé.

Pour ce qui est de ces conduites, il ne s'agit en effet pas de substitutions de but ou de motivation, mais de substitutions instrumentales. En d'autres mots les diverses conduites substitutives qui sont tellement frappantes dans le cas de A sont autant de conduites de détour mises en œuvre pour atteindre des objectifs invariables.

Son attachement profond et durable à sa famille est également hors cause. Tous ses propos, sa correspondance et l'ensemble des témoignages disponibles à ce sujet le démontrent. Dès lors, pour expliquer l'attitude de A pendant son séjour au COP, durant sa détention et, pour autant que l'on sache, au cours de sa vie antérieure, il faut invoquer à titre de mécanisme adaptatif l'existence d'un contrôle répressif particulièrement rigoureux. A cet égard les données fournies par l'observation continue concordent parfaitement avec l'interprétation des échelles de contrôle du MMPI. L'élévation des échelles L (T = 67) et K (T = 59), l'importance de la différence F — K (T = 38) et aussi le fait qu'il obtient un résultat fort bas à l'échelle de contrôle (Cn) de Cuadra sont en effet symptomatiques d'une attitude de contrôle répressif et de négation de problèmes et conflits personnels. Celle-ci se trouve confirmée par les résultats qu'il obtient à l'échelle de réponses socialement désirables (So — r : T = 64) et l'échelle de « simulation positive » (Mp : T = 69). Ce n'est d'ailleurs pas uniquement envers les questions du MMPI que cette réaction défensive apparaît. On se rappellera qu'au questionnaire d'adaptation conjugale, A tend également à minimiser les difficultés qu'il rencontra au début de son mariage.

Sans doute, la sous-culture pénitentiaire favorise-t-elle déjà d'une manière générale pareilles modalités d'adaptation défensive, et les raisons du séjour effectué par A au COP n'ont-elles fait que renforcer celles-ci. Mais on aurait tort de croire que cette attitude défensive et son corrélatif, notamment le besoin de se montrer sous un jour exagérément favorable, ne fait que traduire l'adaptation de A à la situation spécifique de la détention et des investigations de personnalité pratiquées au cours de celle-ci. On la voit, en effet, s'exprimer aussi bien envers son épouse qu'à l'endroit des représentants de l'administration pénitentiaire. Car en dépit de la « prescription psychologique » dont il sait pouvoir bénéficier de la part de sa femme, il refuse obstinément de lui avouer l'agression sexuelle dont il s'est rendu coupable afin, dit-il, de ne pas la décevoir.

Mais déjà auparavant, lorsqu'il se trouva aux prises avec des difficultés matérielles et, ultérieurement, lorsqu'il s'endetta progressivement, il veilla constamment à cacher sa situation réelle aux yeux de sa famille et de ses proches. Seuls certains aspects de sa « réussite » étaient accessibles à ces derniers. C'est là, conjointement avec le genre de perpétuelle lune de miel économique qu'il mène avec son épouse, la raison pour laquelle il vit entièrement replié sur son propre ménage. Et, parallèlement à l'accroissement des problèmes et à la dégradation des moyens qu'il utilisera pour y remédier, son isolement autarcique ne fera que s'accentuer.

En outre, encore que la chose n'ait pas été démontrée, on peut admettre que cette attitude de contrôle répressif corresponde à un mécanisme d'adaptation auquel des individus d'un tempérament athlétique accentué sont particulièrement prédisposés, en raison notamment de leur rigidité. Toutefois, la généralité de cette attitude n'est pas seulement fonction de facteurs constitutionnels. Elle dépend également de la conception que A se fait de lui-même et de son image idéale de soi. C'est que, à l'attitude de contrôle répressif correspond une motivation bien définie, notamment celle de se conformer à une certaine image normative de soi de manière à, tout à la fois, se percevoir et être perçu par autrui comme tel. Or, nous savons qu'en s'appliquant la « checklist » de Leary, A s'est décrit, à travers la conception qu'il se fait de ses relations interpersonnelles, comme un individu ambitieux, avide de succès et de réussite, cherchant à s'imposer aux autres et s'efforçant de recueillir leur approbation et leur soumission. Cet aspect dominateur de sa personnalité est confirmé, mais sous forme moins intense, par la valeur des indices calculés à partir des échelles classiques du MMPI et par les résultats qu'il obtient aux échelles spéciales de Domination (Do : T = 55) de Statut (St : T = 66) et de Responsabilité (Re : T = 57) ainsi qu'à deux sous-échelles de Harris et Lingoes (Pd3 = T : 63 ; Ma3 : T = 59) ayant trait à l'assurance manifestée dans des situations sociales.

Les ratings et l'interprétation de ceux-ci à la lumière de l'analyse factorielle dont nous avons fait état dans le chapitre précédent démontrent en outre le « réalisme » de son image de soi, étant donné que les observateurs en contact journalier avec lui le jugent de la même manière. Quant à la description de son moi-idéal elle occupe une position extrême dans l'octant 8, dit de « responsabilité hypernormale ». Alors qu'il se décrit comme étant en réalité animé par le désir de contrôler les personnes et les choses composant son entourage, et de les organiser selon ses plans, il aspire à devenir un individu manifestant une affiliation affective plus étroite avec autrui, s'efforçant d'exprimer sa sympathie par de l'aide et des conseils et adoptant une attitude protectrice. Mais, si la perception de soi qu'a A est adéquate, en ce sens qu'elle se révèle congruente avec les jugements portés sur lui, il n'en reste pas moins que, tant sa description de son Moi réel que de son Moi idéal, le situent dans un réseau de relations interpersonnelles caractérisées par un conventionalisme très poussé. Ce sont là deux conceptions de soi qui, par leur contenu comme par leur unilatéralité, impliquent un manque de compréhension envers la complexité des faits psychologiques. L'élément de correction ou d'autocritique propre à son Moi-Idéal est sans doute représenté par le souhait d'une participation affective plus intense avec autrui, mais on notera aussi qu'il désire devenir encore un peu plus dominateur qu'il ne l'est déjà et que, somme toute, il se montre très satisfait de cet aspect de sa personnalité.

La formulation de son Moi-Idéal offre également la particularité qu'elle tend à le rapprocher de la description qu'il donne de son épouse qui occupe une position extrême à la limite de deux octants du cercle interpersonnel. Le test du répertoire de rôles de Kelly nous a d'ailleurs déjà appris qu'elle est une des personnes auxquelles il tend à s'identifier. Aux yeux de A, elle apparaît comme une personne extrêmement affectueuse et sociable, traitant tout le monde avec gentillesse et amabilité, dont le souci dominant est de coopérer et de s'harmoniser avec autrui.

Il s'agit là, sans nul doute, d'une idéalisation due en partie à la séparation. Car s'il est certain qu'elle s'est toujours montrée une épouse et une mère aimante et dévouée, sa personnalité est également marquée par d'autres traits que la description de A sous-estime ou néglige. Ainsi, cette jeune femme fraîche et avenante, quelque peu empâtée par des grossesses successives, tout en manifestant une gentillesse spontanée et dénuée d'artifices qui ne peut qu'éveiller la sympathie, révèle également une anxiété et une insécurité diffuse qui ne s'explique pas uniquement par la situation pénible dans laquelle elle se trouve. Quoique disposant des ressources intellectuelles et énergétiques nécessaires pour réaliser l'adaptation requise d'elle par la tâche d'élever toute seule six enfants, elle n'atteint pas le niveau intellectuel de son mari. Outre sa spontanéité, elle se distingue également de lui par une beaucoup plus grande naïveté qui, au début de son mariage, frisait l'immaturité affective. Mais surtout, elle est beaucoup plus soumise et docile que A. En dépit du comportement autoritaire et égocentrique de sa mère à son égard, jamais elle ne se rebiffa contre elle. C'est encouragée par sa mère qu'elle accueillit favorablement la cour empressée que lui fit un homme marié. Sans doute résista-t-elle aux avances de A, et en dépit du fait qu'il l'avait rendue enceinte s'opposa-t-elle au mariage que les familles initialement défavorables finirent par approuver. Mais jamais elle ne rompit définitivement avec lui et continua à lui offrir la possibilité de revenir sans cesse à la charge. Indécise, mais aussi flattée par la cour que lui faisaient deux hommes d'âges aussi différents, elle les fréquente tous les deux pendant pas mal de temps. Une fois mariée, la tutelle exercée sur elle par A se substitua à celle qu'elle avait subie de la part de sa mère. Cette subordination envers son mari se doubla d'une dépendance à son égard lorsqu'elle devint amoureuse de lui. Les exigences qu'il posait étaient certes variées. Comme nous l'apprend une des phrases incomplètes du test de Sacks et Levy son idée d'une femme parfaite est « dans la cuisine et à la maison une servante, dans la rue une dame et au lit sans-gêne ». Mais par l'importance qu'elles lui conféraient, elles constituaient également une importante source de valorisation.

Non seulement elle n'était pas de taille à se définir de manière autonome par rapport à son époux, mais toute son existence antérieure avait fait naître en elle des besoins qui convergeaient avec ceux de A. Elle aussi désirait échapper à une atmosphère familiale opprimante et pouvoir jouir d'un confort et d'un niveau de vie dont jusqu'alors elle avait été privée. Enfin, dans l'empressement que A lui témoignait, elle trouvait une importante compensation à l'attitude réjectrice de sa mère. Ne pouvant guère compter sur l'aide de leur famille et dépourvus de relations, les jeunes époux, avant de se tenir à l'écart pour masquer leurs difficultés financières, réagirent à leur isolement en prolongeant indéfiniment leur lune de miel. Et, au fur et à mesure que la famille s'agrandissait, les enfants devenaient autant de nouveaux participants aux jeux bruyants auxquels tous deux aimaient se livrer.

Ultérieurement, et quels que furent les problèmes que les deux époux eurent à affronter, l'épouse de A finit toujours par être d'accord avec son mari. Ni la succession rapide de naissances, ni l'accumulation d'achats à tempérament ne suscita chez elle de l'opposition ou une prise de position critique. Et, lorsque A lui fit part de ses projets de cambriolage, plutôt que de s'y opposer et de l'inciter à rechercher d'autres solutions, elle paniqua. Il est incontestable qu'elle n'approuvait pas les moyens extrêmes auxquels il avait décidé de recourir, mais elle plaçait par-dessus tout l'entente avec son mari et pour cette raison s'abstint de toute opposition ouverte. Même lorsque les diverses péripéties qui marquèrent sa carrière délinquante eurent créé en elle un état d'anxiété chronique tel qu'elle consulta un médecin, elle persista dans son attitude. Il ne faudrait évidemment pas sous-estimer le rôle joué par son absence totale d'expérience en matière de gestion d'une famille nombreuse. Toutefois son incompétence eut surtout pour effet de renforcer sa dépendance envers son mari et de les faire participer tous deux à ce type fort rare de structure familiale que réalise la division syncratique des fonctions.

Cette dernière ne manqua d'ailleurs pas d'influencer A et ce n'est qu'à condition d'en tenir compte que l'on peut expliquer le résultat relativement élevé qu'il obtient aux échelles Mf_4 et Mf_5 à travers lesquelles s'exprime une identification à des préoccupations et à des activités de type féminin.

Beaucoup plus surprenante est la constatation à laquelle on aboutit lorsque l'on reporte le codage des 10 histoires du T. A. T. effectué selon la méthode de T. Leary sur le cercle des relations interpersonnelles. Car le point M_4 correspondant à la résultante des notes obtenues dans les huit secteurs est situé dans l'octant HI, ce qui signifie que les héros inventés par A correspondent à un personnage effacé, modeste, soumis et réservé, ayant tendance à se déprécier lui-même et à éprouver de la culpabilité envers sa faiblesse et son infériorité. Or, si l'on admet que c'est l'auteur des récits élaborés aux différentes planches du T. A. T. qui s'exprime à travers le héros principal, il nous faut bien admettre que ce personnage passif, effacé, enclin aux auto-accusations et aux attitudes de retrait doive être mis en relation avec certains aspects de la personnalité de A. Mais comment réconcilier l'image de soi de A résultant de son autodescription et du calcul de certains indices au MMPI avec les données du T. A. T.? Car il ne s'agit pas de deux descriptions présentant un certain degré de divergence mais de caractérisations diamétralement opposées, comme l'indiquent les positions des points représentatifs sur le cercle interpersonnel. Sans doute, A n'obtint-il qu'un résultat très bas à l'échelle d'intérêts psychologiques du MMPI, mais ce fait ne suffit pas pour expliquer que A fournisse deux descriptions totalement opposées de lui-même en fonction du degré de structuration de la technique dont il est fait application.

Pour résoudre ce problème, il importe tout d'abord de prêter attention aux positions occupées par les points représentatifs correspondant aux descriptions que A a données de son père et de sa mère.

Cette dernière située dans l'octant ED est décrite comme une personne froide, sévère, boudeuse et punitive, visant par ses attitudes à induire des sentiments de culpabilité en autrui. Quant au père, il se trouve localisé dans l'octant BC c'est-à-dire que A le perçoit comme un individu compétitif et narcissique cherchant à exploiter les faiblesses d'autrui à son avantage et à affirmer sa supériorité à leur détriment. Les enquêtes effectuées dans le milieu familial de A permettent de considérer que les portraits qu'il a brossés de son père et de sa mère correspondent bien à la réalité. Par ailleurs, l'interprétation dynamique des relations interpersonnelles répertoriées dans le cercle interper) sonnel permet de concevoir les attitudes prévalentes du père (BC- et de la mère (DE), soit comme la cause immédiate du type d'adaptation correspondant à l'octant HI, soit comme la cause médiate de conduites réactionnelles localisées dans l'octant AP. Or, si l'on se réfère aux données contenues dans les 20 premiers épisodes contenus dans le cas programmé, il apparaît clairement. que c'est bien ce qui s'est produit successivement chez A Après avoir occupé pendant toute son enfance une position de type « HI » envers des parents « BC » et « DE », il passe par une période de conflits à laquelle prélude sa puberté précoce, pour ensuite se dégager de l'emprise de ses parents et, après un mariage précoce, se ménager une existence indépendante. C'est au début et à la fin de cette évolution que correspond la distance du point M4 aux points M3 et M1 (pages 165 et 166). Tout se passe donc comme si, à travers les histoires inventées au T. A. T., surgissait un passé conservé dans le présent et contre lequel A s'affirme en le niant. Ainsi, le contrôle répressif qui est si frappant chez lui est-il en quelque sorte à double face dont l'une, orientée vers le présent et l'avenir, correspond à une définition de soi opposée à l'autre où sont inscrites les traces du passé.

Ce serait toutefois simplifier dangereusement les faits que de croire que la conception de soi de A puisse être uniquement définie par une opposition totale à la position qu'il occupa autrefois parmi ses parents.

Car à côté de l'opposition, il faut faire la place de l'identification. En effet, A s'est complètement assimilé les aspirations de ses parents à la réussite matérielle ainsi que la manière opportuniste dont ceux-ci l'envisageaient et c'est en s'appuyant sur cette motivation, c'est-à-dire au nom même de leurs ambitions reprises à son compte, qu'il se définit réactionnellement contre son propre passé.

C'est à cet aspect profondément réactionnel de la personnalité de A qu'il faut faire appel pour comprendre toutes les particularités du thème téléonomique que constituent ses diverses attitudes envers l'autorité étant donné que celles-ci se meuvent entre les deux pôles que nous venons de mettre en évidence. Il en va de même en ce qui concerne la superstructure idéologique de sa personnalité dont le caractère lacunaire et concrétiste contraste avec son intelligence et qui le révèle trop peu « radical » par rapport aux traditions politiques de son milieu et trop « tendre » par rapport à sa personnalité. Et on se rappellera aussi sa curieuse hiérarchisation des professions. Ici aussi on retrouve à la fois l'héritage opportuniste de ses parents dépourvus d'une conception du monde opérante et le fait que sa personnalité, loin de devoir son intégration à un engagement progressif envers l'un ou l'autre système de valeurs et de normes, doit l'essentiel de son unité au point de convergence de toutes les réactions qui l'animent.

C'est ici que nous arrêterons notre analyse de la personnalité de A car la boucle de la démarche par laquelle nous avons tenté de l'interpréter s'est refermée. Partant des données de la biographie programmée nous avons commencé par dégager trois tendance téléonomiques correspondant aux motivations prévalentes de A et à envisager leur enchevêtrement. Ensuite, la prise en considération des aspects constitutionnels particulièrement marqués de sa personnalité a permis de définir un ensemble de paramètres venant moduler de façon spécifique les processus téléonomiques.

Enfin, c'est le schéma situationnel de A qui a été examiné de plus près c'est-à-dire l'ensemble organisé des relations — et plus particulièrement des relations interpersonnelles — à travers lesquelles se révèlent à la fois les actions qu'il exerce sur son environnement vécu et les réactions que celui-ci à son tour exerce sur lui. Mais, ce faisant, nous nous sommes une nouvelle fois trouvés en présence du premier enchaînement téléonomique dont nous étions parti.

Ce n'est là assurément pas la seule interprétation possible de la personnalité et de l'évolution biographique de A. Mais c'est en tout cas celle qui a servi de base à l'élaboration de ce cas programmé. Seule l'expérience pourra démontrer si c'est en la retrouvant que les interprétateurs de ce cas programmé en viendront le plus facilement à bout, ou si une autre conception se révélera plus efficace.

FIN DU PREMIER VOLUME

APPENDICE

RÉPONSES : a

Épisodes	1— 2— 3— 4+ 5— 6— 7— 8— 9— 10— 11+ 12— 13+
Épisodes	14— 15— 16— 17— 18— 19— 20+ 21— 22— 23— 24— 25— 26+
Épisodes	27— 28— 29+ 30— 31— 32— 33— 34— 35— 36+ 37— 38+ 39—
Épisodes	40— 41— 42— 43+ 44— 45— 46— 47— 48+ 49— 50— 51— 52—

La réponse « a » fournie à l'un des 52 épisodes est correcte si le numéro correspondant à un épisode est suivi du signe + et fausse si ce numéro est suivi du signe —.

RÉPONSES : b

Épisodes	1— 2+ 3— 4— 5— 6— 7— 8+ 9— 10+ 11— 12— 13—
Épisodes	14— 15— 16— 17— 18+ 19— 20— 21— 22+ 23— 24— 25— 26—
Épisodes	27— 28— 29— 30— 31— 32— 33+ 34+ 35— 36— 37— 38— 39+
Épisodes	40— 41— 42— 43— 44— 45+ 46— 47— 48— 49— 50— 51— 52+

La réponse « b » fournie à l'un des 52 épisodes est correcte si le numéro correspondant à un épisode est suivi du signe + et fausse si ce numéro est suivi du signe —.

RÉPONSES : c

Épisodes	1+ 2— 3— 4— 5— 6+ 7— 8— 9— 10— 11— 12+ 13—
Épisodes	14— 15+ 16— 17— 18— 19+ 20— 21+ 22— 23— 24+ 25— 26—
Épisodes	27— 28— 29— 30— 31+ 32— 33— 34— 35— 36— 37+ 38— 39—
Épisodes	40— 41+ 42— 43— 44— 45— 46— 47+ 48— 49— 50+ 51— 52—

La réponse « c » fournie à l'un des 52 épisodes est correcte si le numéro correspondant à un épisode est suivi du signe + et fausse si ce numéro est suivi du signe —.

RÉPONSES : d

Épisodes	1—	2—	3—	4—	5+	6—	7—	8—	9+	10—	11—	12—	13—
Épisodes	14—	15—	16+	17+	18—	19—	20—	21—	22—	23—	24—	25+	26—
Épisodes	27—	28—	29—	30+	31—	32—	33—	34—	35+	36—	37—	38—	39—
Épisodes	40—	41—	42+	43—	44+	45—	46—	47—	48—	49—	50—	51—	52—

La réponse « d » fournie à l'un des 52 épisodes est correcte si le numéro correspondant à un épisode est suivi du signe + et fausse si ce numéro est suivi du signe —.

RÉPONSES : e

Épisodes	1—	2—	3+	4—	5—	6—	7+	8—	9—	10—	11—	12—	13—
Épisodes	14+	15—	16—	17—	18—	19—	20—	21—	22—	23+	24—	25—	26—
Épisodes	27+	28+	29—	30—	31—	32+	33—	34—	35—	36—	37—	38—	39—
Épisodes	40+	41—	42—	43—	44—	45—	46+	47—	48—	49+	50—	51+	52—

La réponse « e » fournie à l'un des 52 épisodes est correcte si le numéro correspondant à un épisode est suivi du signe + et fausse si ce numéro est suivi du signe —.

TABLE DES MATIÈRES

Avant-propos 9

PREMIER VOLUME

PREMIÈRE PARTIE : INTRODUCTION

Chapitre I : Origine de la méthode des cas programmés et investigations   13
   I Préliminaires 13
   II Les travaux de Ch. Dailey 15
   III Premières recherches sur les cas programmés . . . 35
   IV L'efficacité différentielle de théories explicites de la personnalité   42
   V Exactitude et validité de la perception d'autrui . . . 54

Chapitre II : Deux conceptions de cas programmés . . . 61
   I Quelques considérations générales 61
   II Règles de conjecturations selon R. G. Wright et Ch. Dailey   63
   III Premier exemple de cas programmé selon la technique de Dailey   68
   IV Second exemple de cas programmé selon la technique de Dailey   76
   V Critique 85
   VI Nouvelles propositions 91

DEUXIÈME PARTIE : TROIS CAS PROGRAMMÉS

Chapitre III : Le cas A 117
   Introduction 117
   Le cas A 119

Chapitre IV : Données complémentaires sur le cas A . . . 145
   I Aspects physiques 147
   II Épreuves de performance 148
   III Questionnaires de personnalité 148
   IV Description de personnalité 158
   V Épreuves projectives 168
   VI Données d'ordre sociopsychologique 174

Chapitre V : Analyse de la structure du cas programmé A, interprétation et discussion 193

Appendice 217

Fin du premier volume

DANS LA MÊME COLLECTION

André Rey
Les troubles de la mémoire et leur examen psychométrique

Richard Meili
Le développement du caractère chez l'enfant

C. De Buyst, W. Huber, P. Lievens, G. Schaber, P. Dikes, F. Hastert, J. Hochmann, M. Blanc, G. Bajard et J. Joos
La criminologie clinique

Dr L. Cassiers
Le psychopathe délinquant

Claude Kohler et Françoise Beruard
Les états dépressifs chez l'enfant

Gérard Lutte
Le moi idéal de l'adolescent